吕思勉手稿珍本叢刊

中國古代史札録

26

吕思勉 著

四裔（北）三

四裔（敵）

東史拾遺暨渤海女真史料

第二十六册目録

四裔（北）三
札四……一
札五……八七
四裔（敵）
札一……八九
札二……九七
東史拾遺暨渤海女真史料
札一……一〇七
札二……一八七
札三……二九三

札三
札二
札一
東[illegible]
札一
九日
四[illegible]（[illegible]）
札五
札四
四論（[illegible]）

第十一冊

四裔（北）三

未整理稿

資料

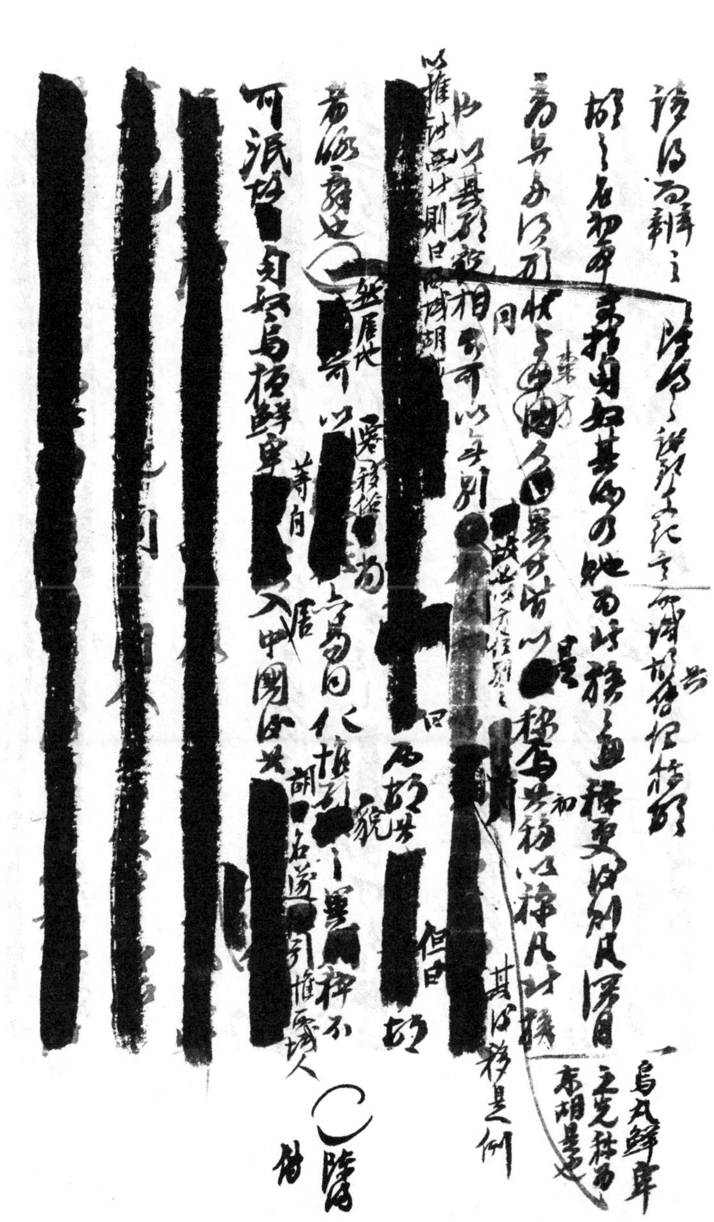

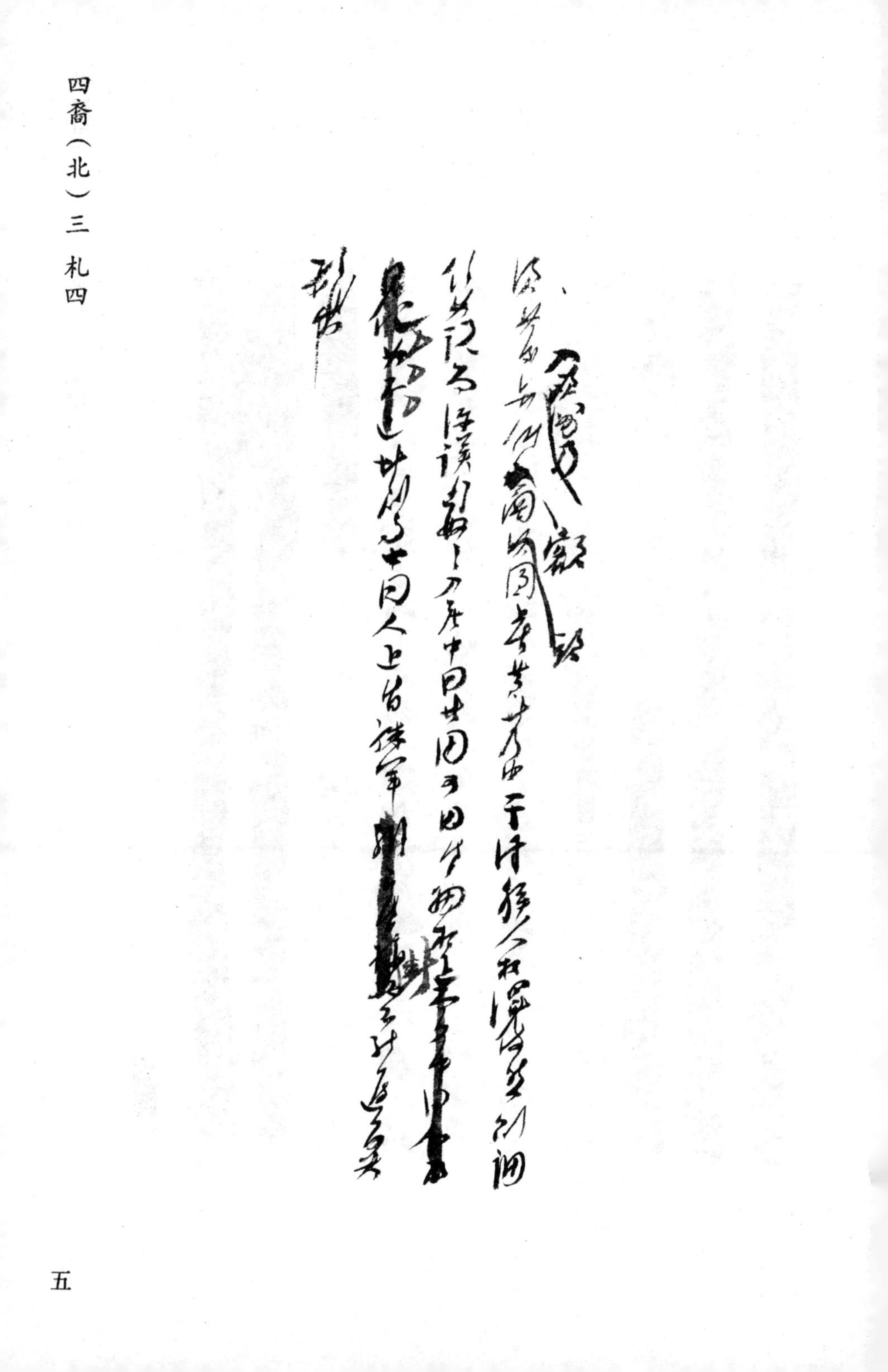

四裔（北）三　札四

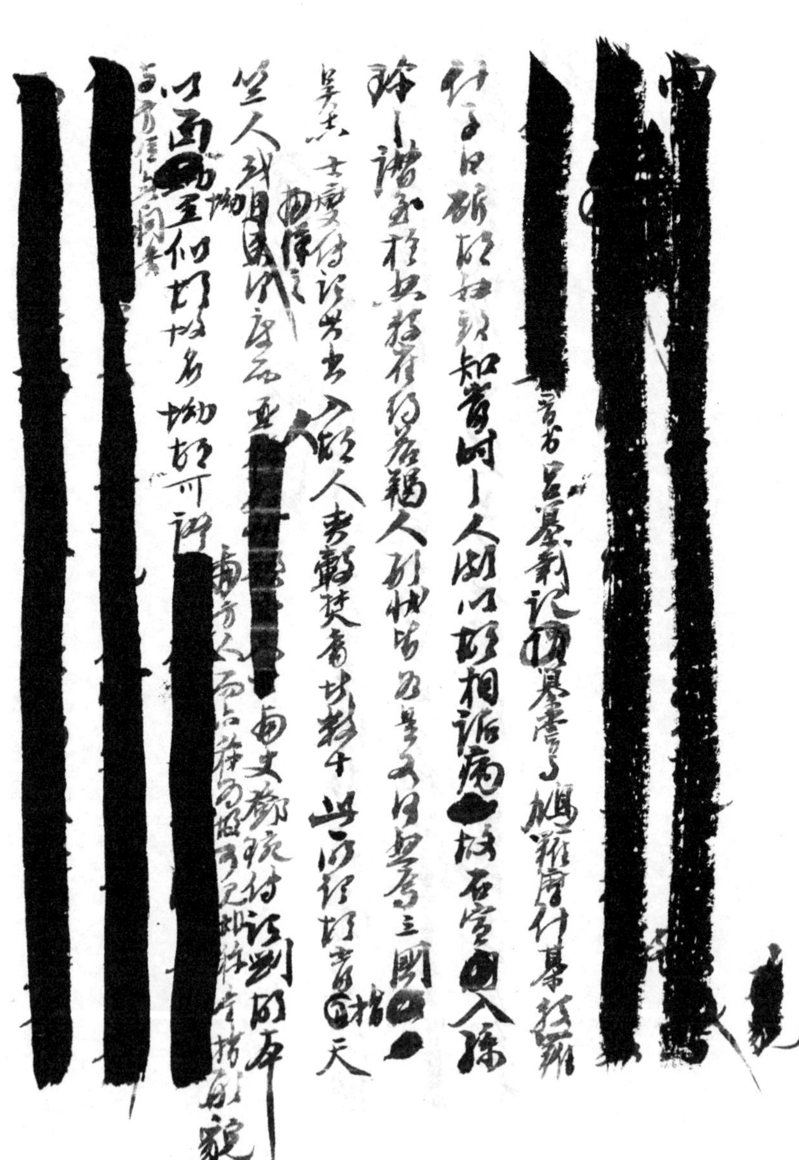

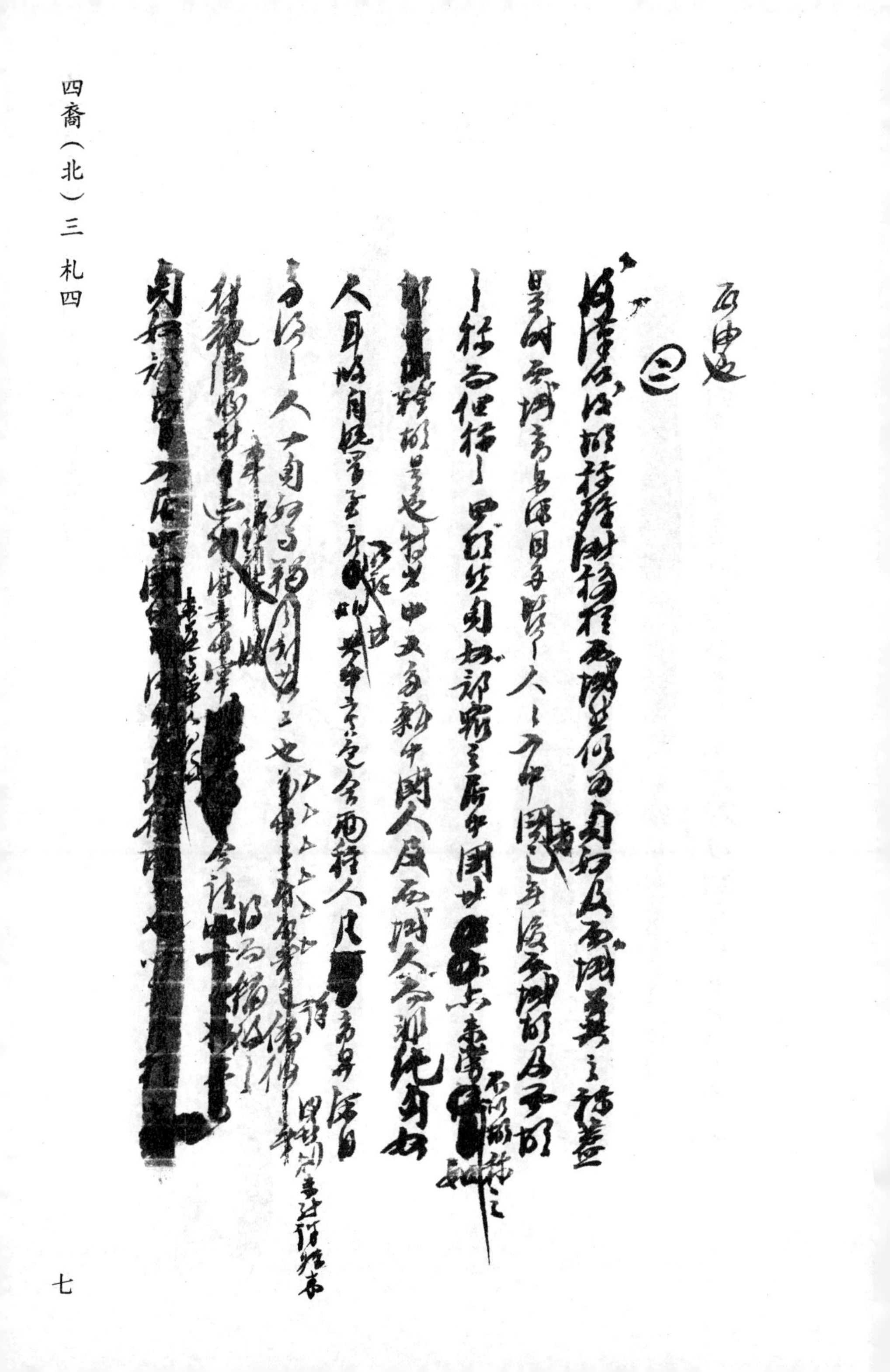

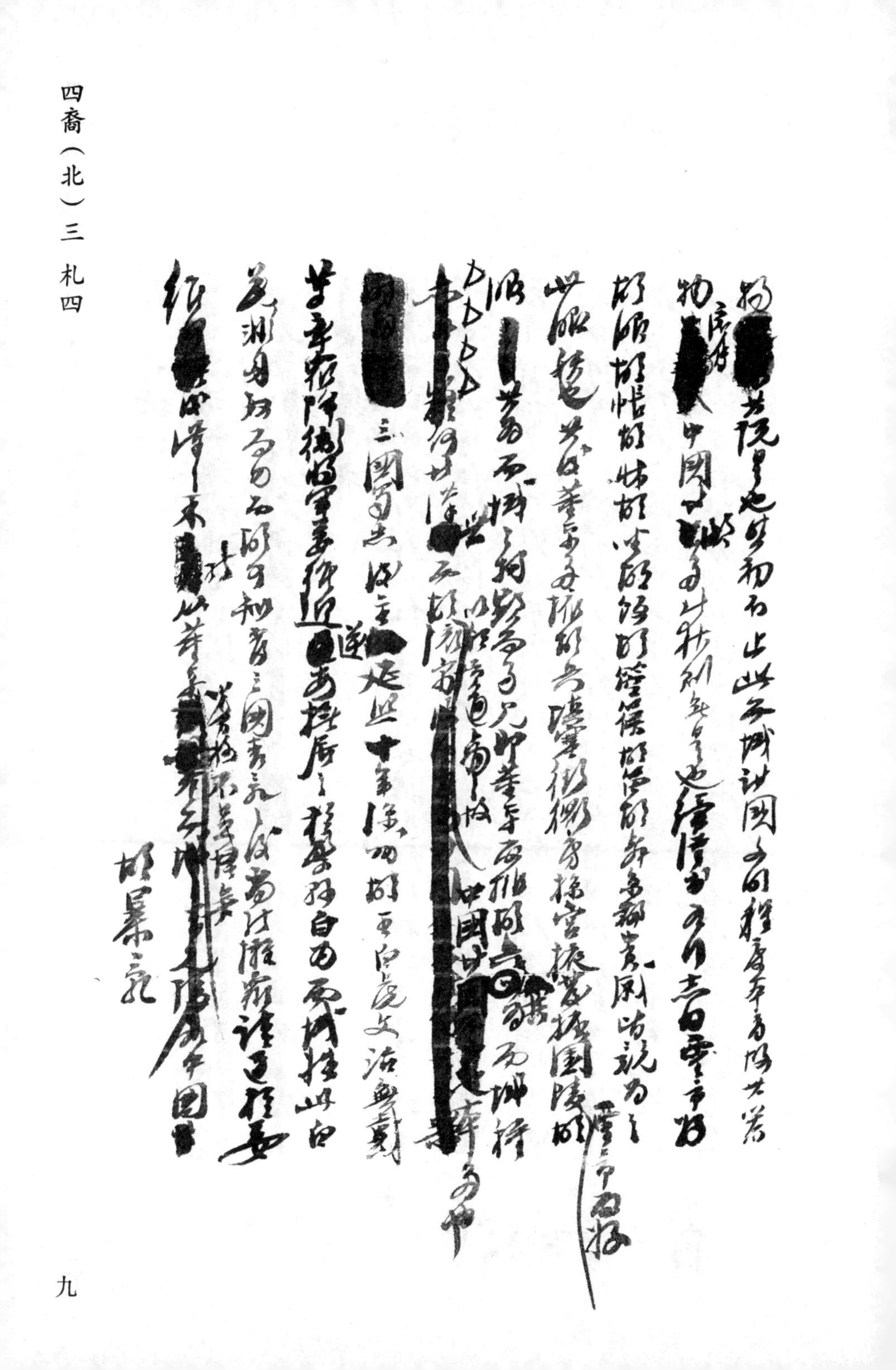

四裔（北）三 札四

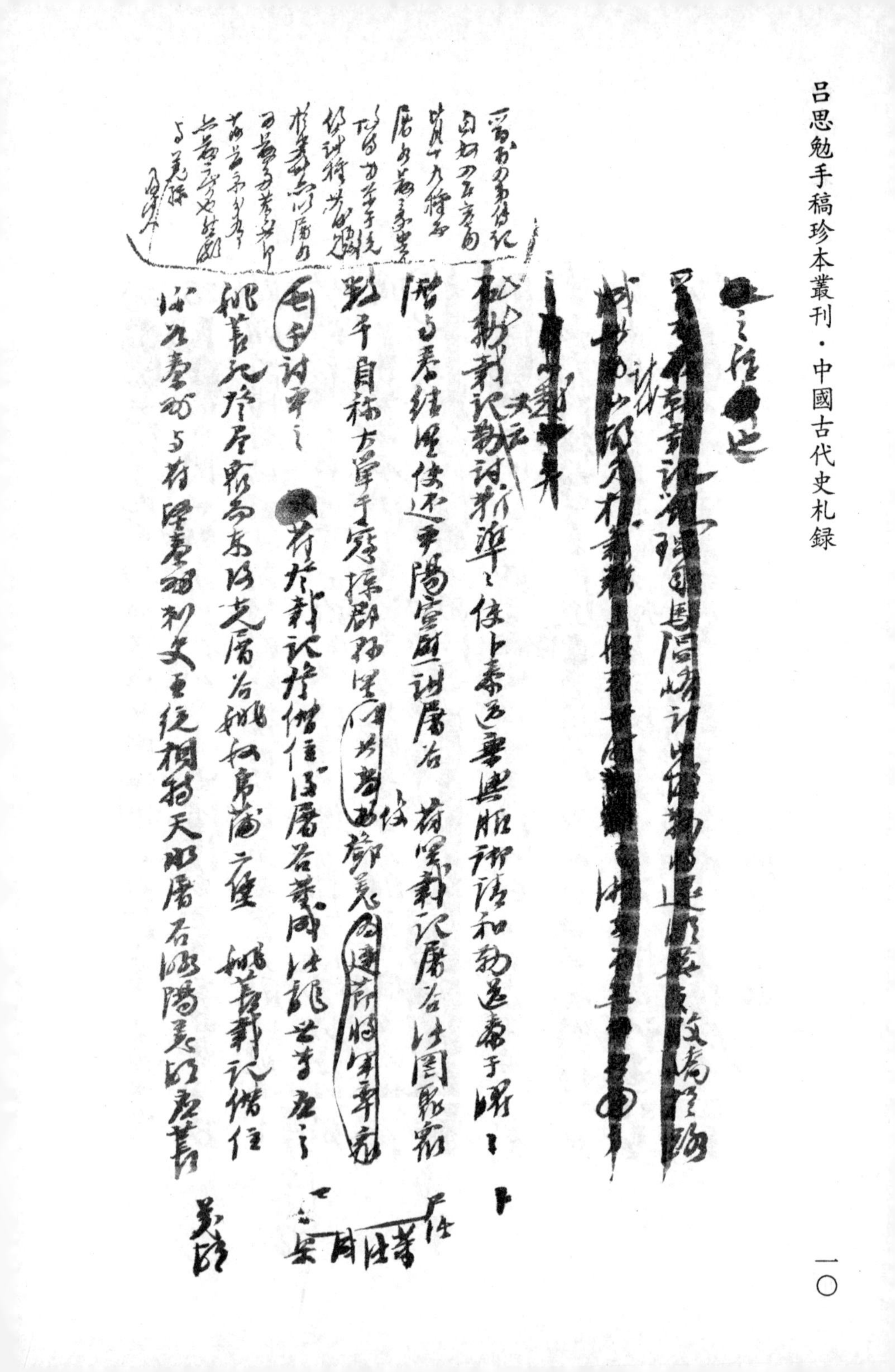

坊

周如行旅因袁而止入山居比始自營足庶之積以為庶于山
營之稱之四山鄉間有倩亦則無論尋常之邑者皆有戍
者稱之的之語曰以第役男女之的役兩漕者為自身一種
安之寧 塢堡等與塢田有屯傳而記比有[illegible]

劉翊

劉平伏[illegible]傳見周書之之記[illegible]之後之七策之于譯[illegible]居[illegible]屏秋自梁格[illegible]

鄭阿保見三國志傳

鄭渾傳

劉壽孫見三國魏志傳

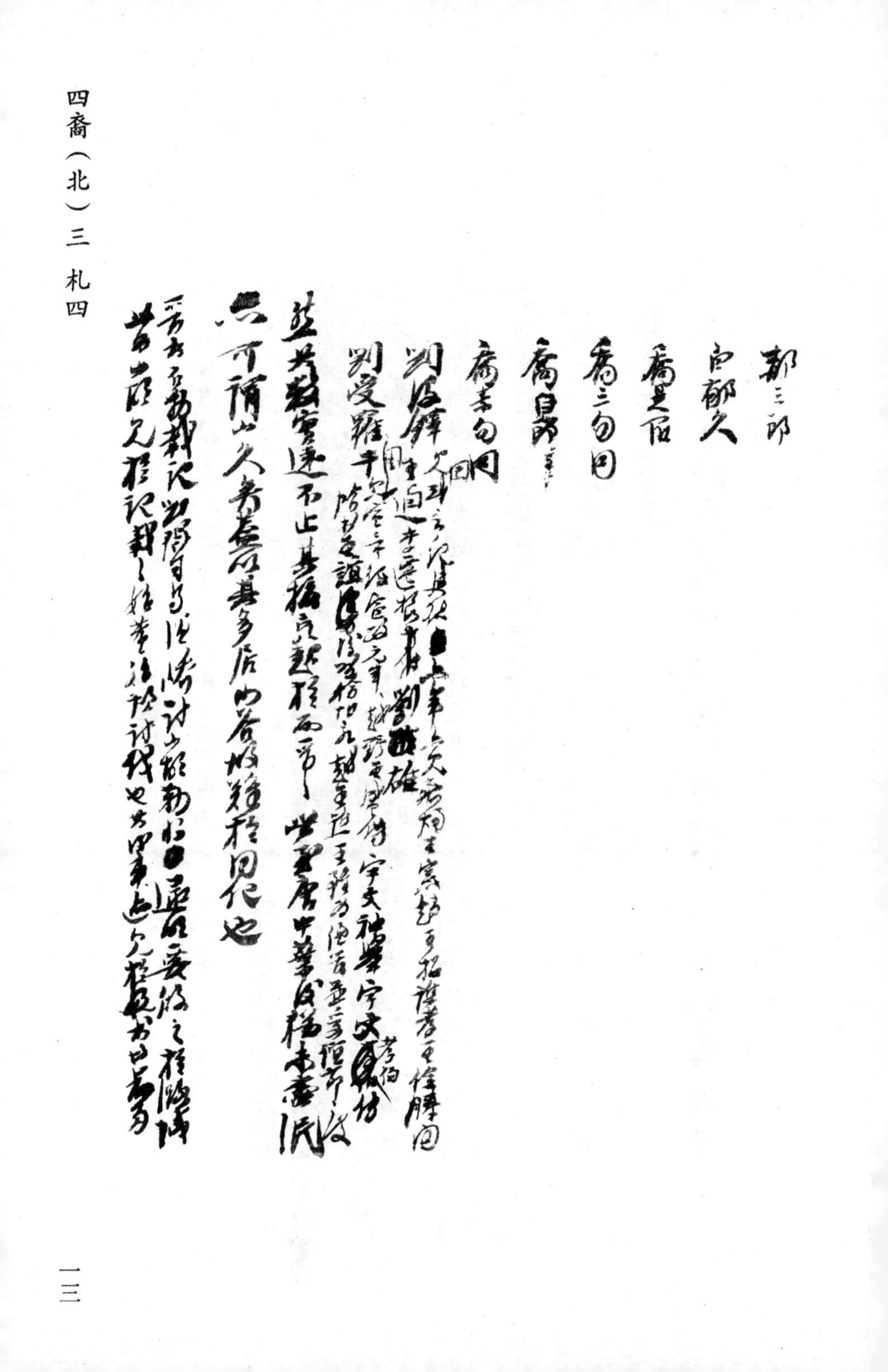

魏書太祖紀：登國六年，山胡酋大幡頹、業易于等降附。

天興元年，離石胡帥呼延鐵、西河胡帥張崇等叛，使庾岳討平。見岳傳。

鄜城屠各董羌、杏城盧水郝奴、河東蜀薛榆、氐帥苻興各率其

部內附

二年，西河胡帥護諾于內附

太宗永興二年，詔將軍周觀率眾詣西河離石，鎮撫山胡

三年，詔北新侯安同等持節循行并定二州及諸山居雜胡丁

零，問其疾苦 宣撫 本新郡縣本諸種雜居者[illegible]雜[illegible]

是歲，西河胡張外、侯條等千餘家內附

五年，赦天下。西河胡張外建興王[illegible]自以河西[illegible]稱[illegible]

又屯鎮[illegible]以[illegible]，詔[illegible]與[illegible]澤以[illegible]征東將軍三

巴[illegible]招為[illegible]置[illegible]，[illegible]建興郡居等討平之。河西胡[illegible]

雜胡

洪大頭等入蒲子遂陷洪外外推誰為大單于誰降獲執送洪

外斬之

是歲北京叛胡因推引耕遣屈丐之臣情劉潔魏勤討之失敗

勤死●豬執送屈丐見神元平文屈女安公泥子諸子孫傳

[illegible]見劉潔見[illegible]子輝表傳

神瑞元年并州刺史樓伏連討西河胡曹成北京胡劉和原路

殺屠子兩貴北當破平并密叛胡阿度支等[illegible]遁付

是[illegible]傳四

屠各帥張興等率流民七千餘家河西胡酋劉遮劉退孤等

率部落萬餘家渡河內屬

二年河西胡劉雲等率數萬戶內附

河西饑胡屯聚上黨推白亞栗斯為盟主自號單于稱建平元年

建[illegible]

諸公狀奏若有將討之類厥罪奴為主則若是乎善重秋無服
用崔玄伯計使叔孫建擬奏軍討平之時泰常元年矣亦見天
微志公孫表崔玄伯
叔孫建郎雅計傳
三年河東胡蜀五千餘家相率内屬
五年河西屠各帥黄大虎遣使内附
世祖始光四年正討赫連昌渭君子津三城胡酋鵲子相率内
附
神䴥元年冀州胡酋卜田謀反伏誅餘類不安詔西信行鎮虚底
慰撫之　王建子　見建傳
●上郡休屠胡酋金崖率部内屬屠各隗詰歸率萬餘家

照舊

延和二年崔与安定鎮將延普及涇州刺史狄子玉爭權，誣陷普不(實見崔浩傳)
克，乃保胡空谷，據平凉，據險自固，招誘後為安定鎮將進討
崔等討擒之　見陸俟傳　陸俟傳狄子玉為羌
蓋隴西休屠王弘祖聚衆內附
金崖沈死部人，並其徒黨東奔，三年四月帝山西妻討擒之，斬
於長安以徇
是歲帝討山胡白龍於西河，克之，斬白龍及其將帥，屠其
城(見魏書濟渠春傳)　太延三年討其餘黨於西河，國之祖世
討白龍以権其爵為將，宋加陸俟與邪(?)傳亦有傳云刺史
審謀陸建以免見建傳　北賀泪擊及斬白龍子滅之
太平真君六年二月丙子，以將討徒叛胡於北部。

是月海泉公郝溫反於杏城殺守將王幡縣吏蓋鮮率宗族討溫

溫棄城走自殺

九月盧水胡蓋吳復反于杏城　遣其部落白廣平西掠新平安

定分兵[illegible]川胥長安　河東薛永宗入汾曲受其位號（永宗即[illegible]人少羽某族種）魏兵

廣山世祖親征經年僅乃克之

其餘各為

百十某種

只薛部

付考為胡

高明閱否

深

吴希平付金城邊開天以後舉合攻石橋上郡 秦州任官唐世以下以諸將户兵常分分别援 秦州刺史有勅文

督軒問邪修斯雅合西師 安丰以副根与勅文並付合西之

諸中 蕃兵四二四團 蕃國舊都那羅 西陲開府之道後同畢

安宫國中州路那羅之与一合

全了衣廉留攻城指引休

官居若事那雅天將休官至宦典為處地至後為勅文存後以上

尊稽

勅文付

六年吐京胡阻險爲逆，卽昌王提、淮南王他討之不下。山胡曹僕渾等渡河西保山以自固，招引朔方諸胡。提等引軍討僕渾。高涼王那自安定討平朔方胡，因與提等共攻僕渾，斬之。見神元平文諸子孫及道武七王傳

高宗興安元年隴西屠各王景文叛，詔統萬鎮將南陽王惠壽討平之。亦見于梁彌傳

和平元年遣樂安王良及豹子兩道討河西叛胡

高祖延興二年右將軍元隆大破涇州叛胡

二十一年南巡次離石叛故陷羅宥之

世宗正始四年汾州劉龍駒反薛和討破之（亦見本紀，先作云胡賊，又云作逆華州）

肅宗正光五年汾州[illegible]

[illegible]山胡薛羽等西寇正平平陽二郡尤被其害以裴延儁為西北道行臺被圍於汾州裴延儁率章武王融等討之延儁以疾還融等與賊戰郎山賊馮宜都賀悅回成等與戰敗績[illegible]宜都等乘勝圍城長史封于陳於是宜都復護[illegible]逆（同城）宜都首然劉蠡升龍後據長年（亦見融及延儁傳）孝昌元年蠡升遂自稱天子十年綠[illegible]陳[illegible]獻武王自晉建平王遣長孫稚討平之其屠胡[illegible]

於南道經蜀北至磨狳自翦開入討於其地立部（至陽胡城）■郡僕使　見彰延

而鎮北村居雲陽谷西土人嵗被其患請之胡荒至孝靜帝天平五

年北齊神武帝乃討平之■亦見北齊書神武紀（前殺傷以下云云之）降

在元東山路作過■降平陽太守郝破所餘部人少安

其後年汾州胡王迫觸青武戴張又立百官建年号神武臨討

平之　見北齊神武紀　[illegible]

武定二年復与文襄討山胡僅獲一家俾戶分■於　見北齊靜帝紀

周石樓一郡據險為寇　[illegible]其地總管自穎[illegible]

北齊亡宣帝天保四年山胡團聚石帝討之[illegible]　見[illegible]

仙後周[illegible]四年乃与[illegible]■[illegible]

而胡始稍安其陰矣

以上皆見於本紀此其不見本紀但見列傳者則有宋(?)[illegible] 魏書

秦州屠各王法智推州主簿呂苟兒為主（楊椿傳□作李苟兒為主）年號建明置百官

□涇州屠民陳瞻亦聚眾稱反

官政遣州郡[illegible]隆王之子鬱為秦州刺史討平之 見羊[illegible]十 二五及楊

小新門 平楊椿[illegible]

椿傳

又南安王（高祖初）第二子彬為章武王太洛後以章武王故反[illegible] 以自[illegible]章武王[illegible]

事討平之因除汾州刺史胡民去居等六百餘人諸反文帝[illegible]

諸言（平）平傳及美康生傳 [illegible]

穆崇[illegible]北鎮將山胡劉什婆寇掠郡縣穆羆討滅之傳 見由 見晉書 常傳

陸真為長安鎮將胡賊帥賀略孫[illegible]反於石樓真擊破之

因[illegible]又[illegible]劉[illegible]討[illegible]之

上郡屠各呂[illegible]虜名王飛虜等八千餘家據險為逆[illegible]石羅侯

討虜之役　[illegible]　見封

[illegible]外來大千[illegible]劉九等　見封　林反約日討[illegible]鬬據山頭之事

齊[illegible]長和　鮮于世榮　綦連猛　元景安同　以上齊將[illegible]為[illegible]

周李穆　[illegible]崇　達奚武　[illegible]　楊忠

韓果　[illegible]盛　宇文深　見測　[illegible]熾　韋孝寬　楊摽　以上周[illegible]

[illegible]均子　王子直　[illegible]　[illegible]　皆有征討

陸[illegible]　[illegible]據山[illegible]之事

[illegible]而弟孝寬文[illegible]功[illegible]

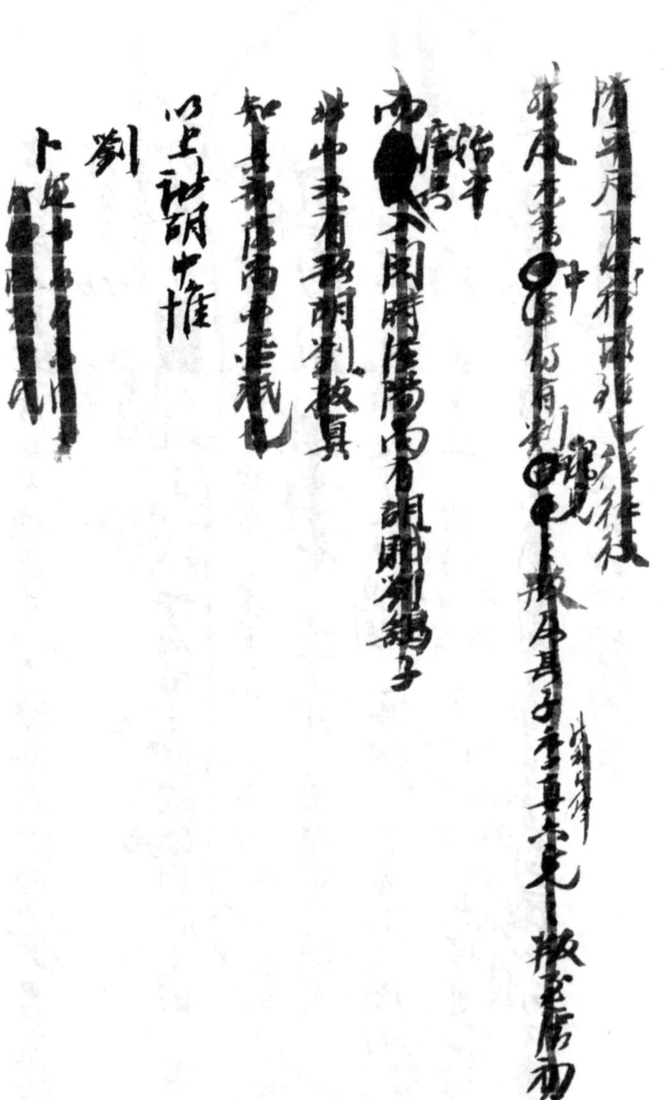

蓋北本夷狄未業稼狄以游牧為恆民

呼延

賀拔

為北族之姓自為西域姓（餘皆漢姓矣

觀其行為則

據山險Ⓐ

事劫掠Ⓑ

漏籍Ⓒ

而不供租稅Ⓓ

然征討所至虜獲動至千萬Ⓔ

白廣平

向亞榮彰

指以仁政亦有不待兵而服者(F)

具其人本亦服從[illegible]役(G)

輸軍資(H)用之則可紀郡縣[illegible]

統與三國時之山越、南北朝之蠻同

知諸漢人[illegible]與胡雜居者實以漢人為多也[illegible]

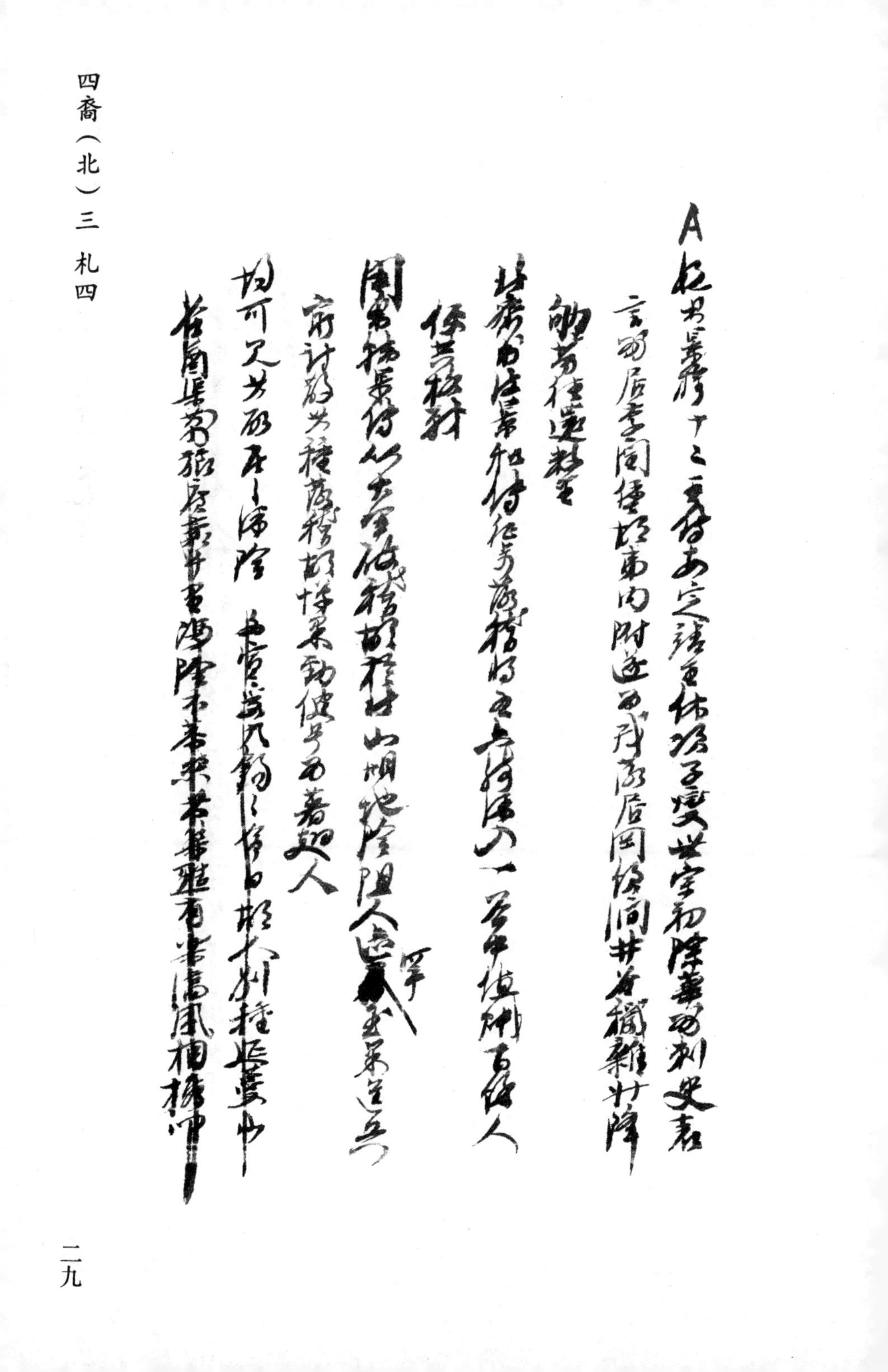

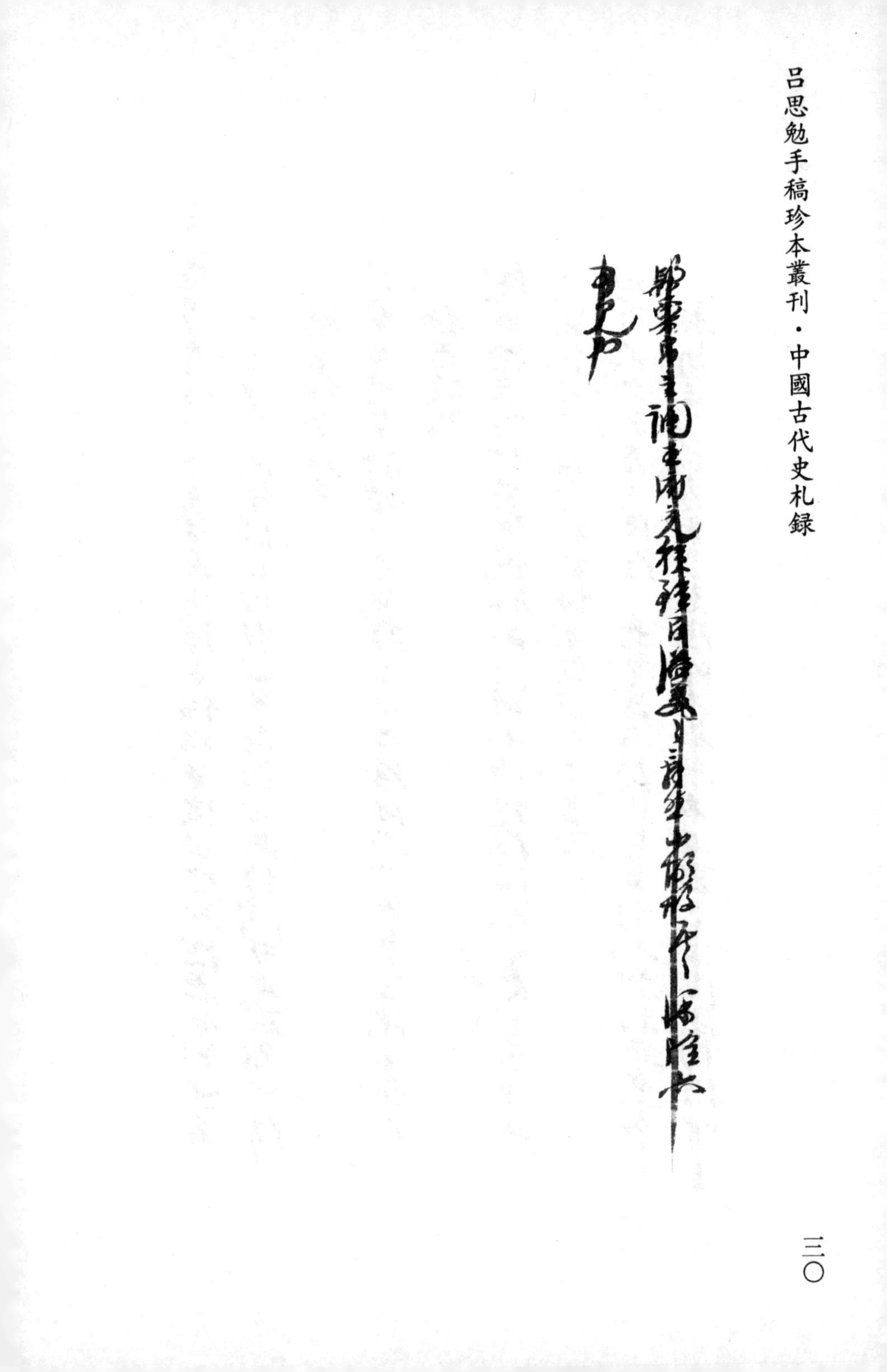

[illegible]

[illegible]

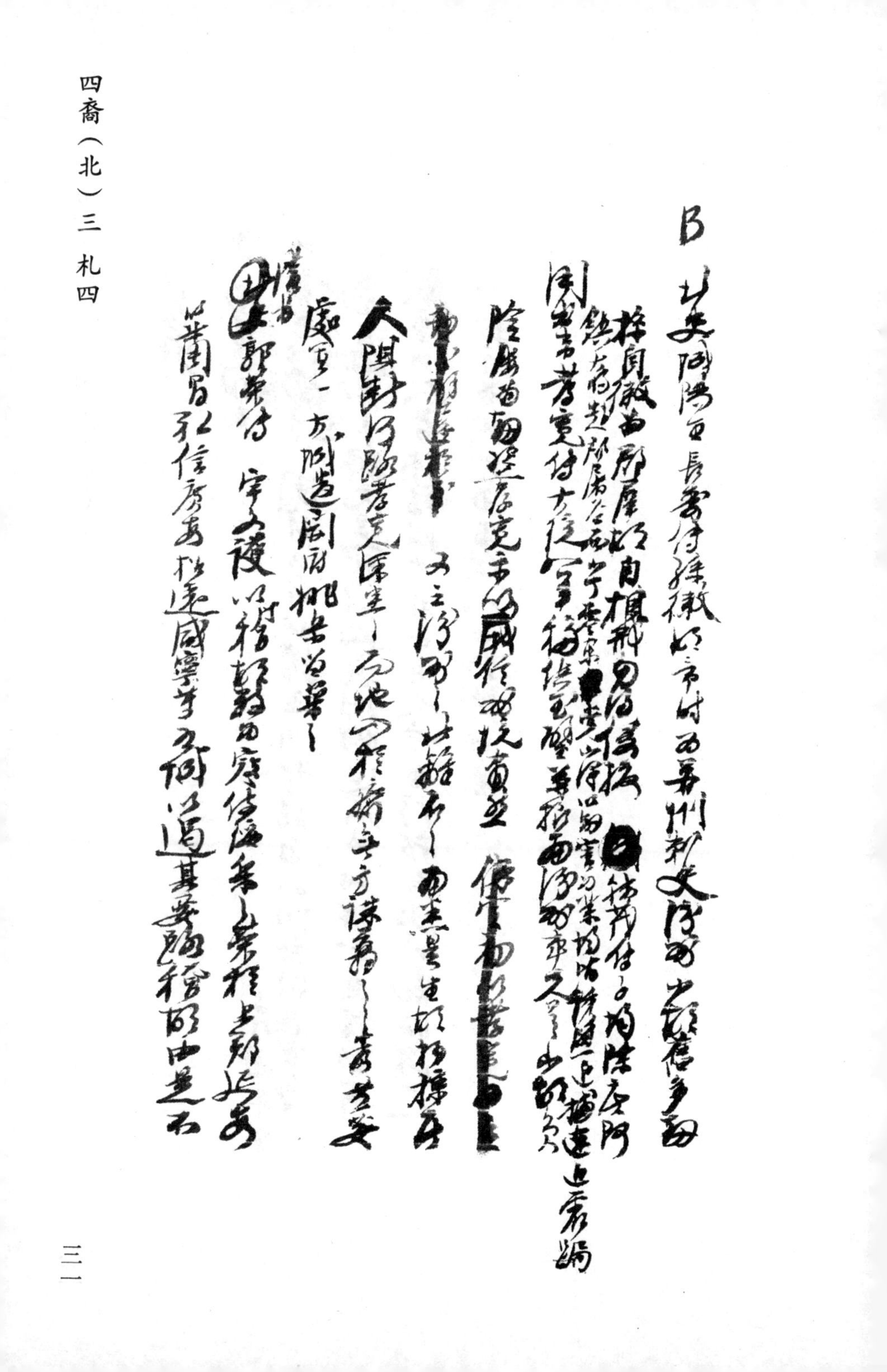

B

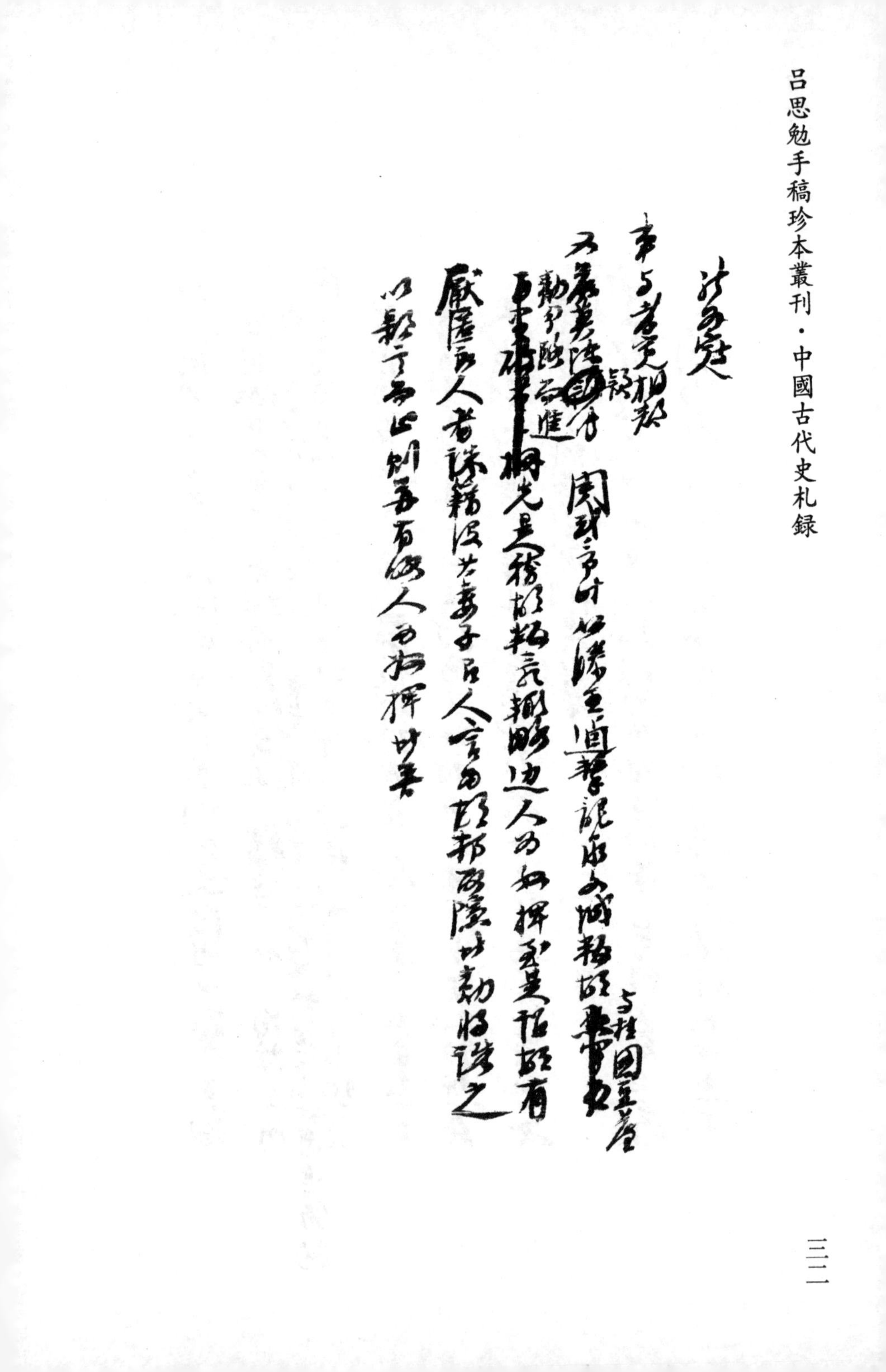

詐爲匿

事與者定相郟 疑

[illegible]

勳[illegible]進

閩越三年[illegible]以陰王道擊[illegible]

[illegible]相先是[illegible]邊人[illegible]揮[illegible]

厥匿亡人者誅[illegible]人[illegible]勒[illegible]誅之

以[illegible]人[illegible]揮[illegible]

C 昭

奉檄十二 更付來札 更子張子邊審 而遂其勢 勸史以詆政先

D 今鞭其殺 坐貝莫難甚出 鞭文以訓頭 設鞭亦難從之以完軍

聞城人不服 乃其梅遂

君閣我公奉章而由閣 以虜民戮千家負壑 不供輸賦我以長壽

務望王憲示福禮此遂述

E

其最多者曹儁軍之平起陷死廿以万數

劉曜之敗斬首萬餘級餘衆爭走投河而死以水爲不流屍共

男女十餘万口

劉庫仁之亡魏書云獲通逃二萬餘户北史云胡魏[illegible]五万户

則通逃及胡人亦算也

冉閔之平鄴石斬首數万級獲雜畜十餘万

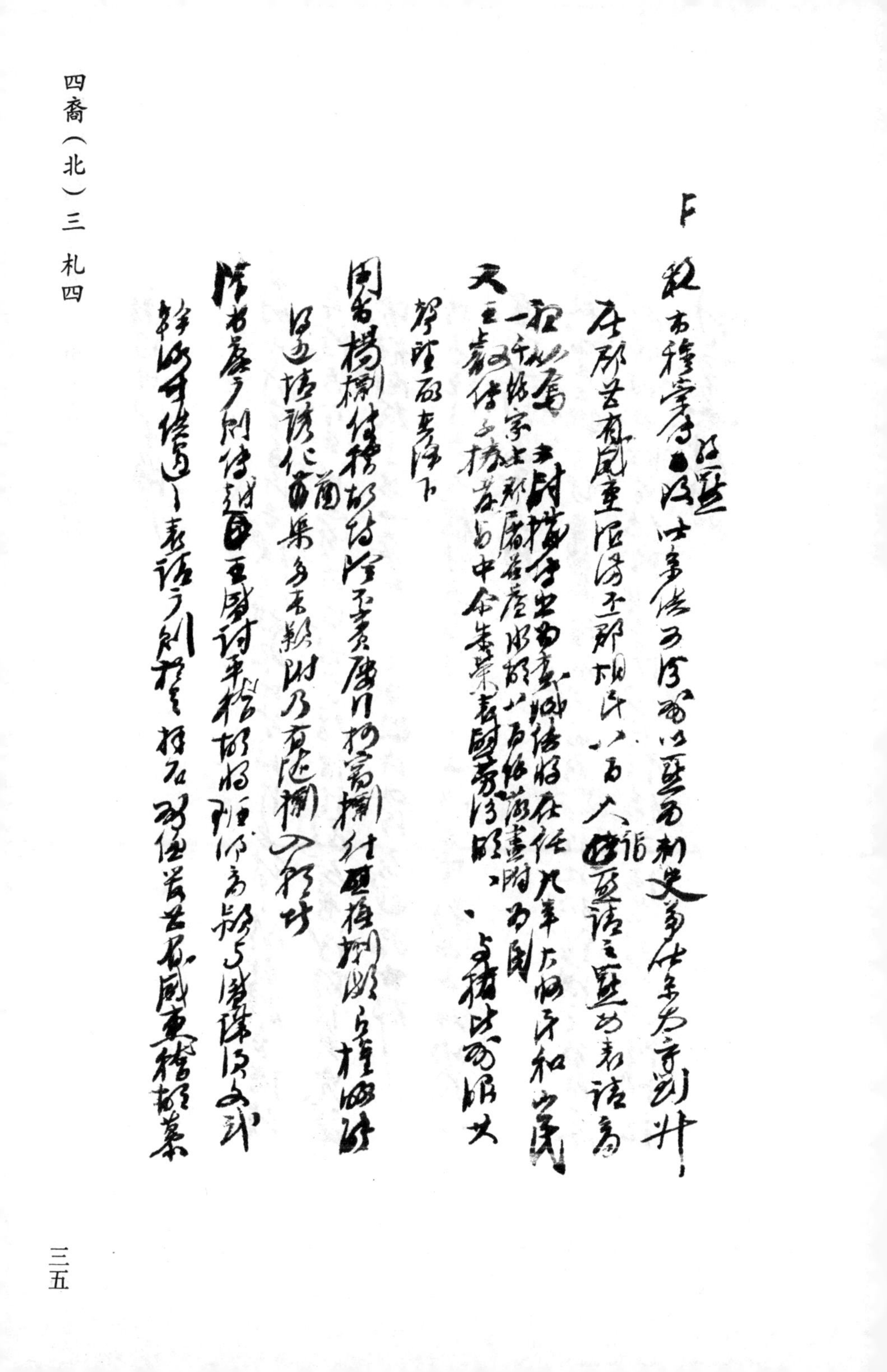

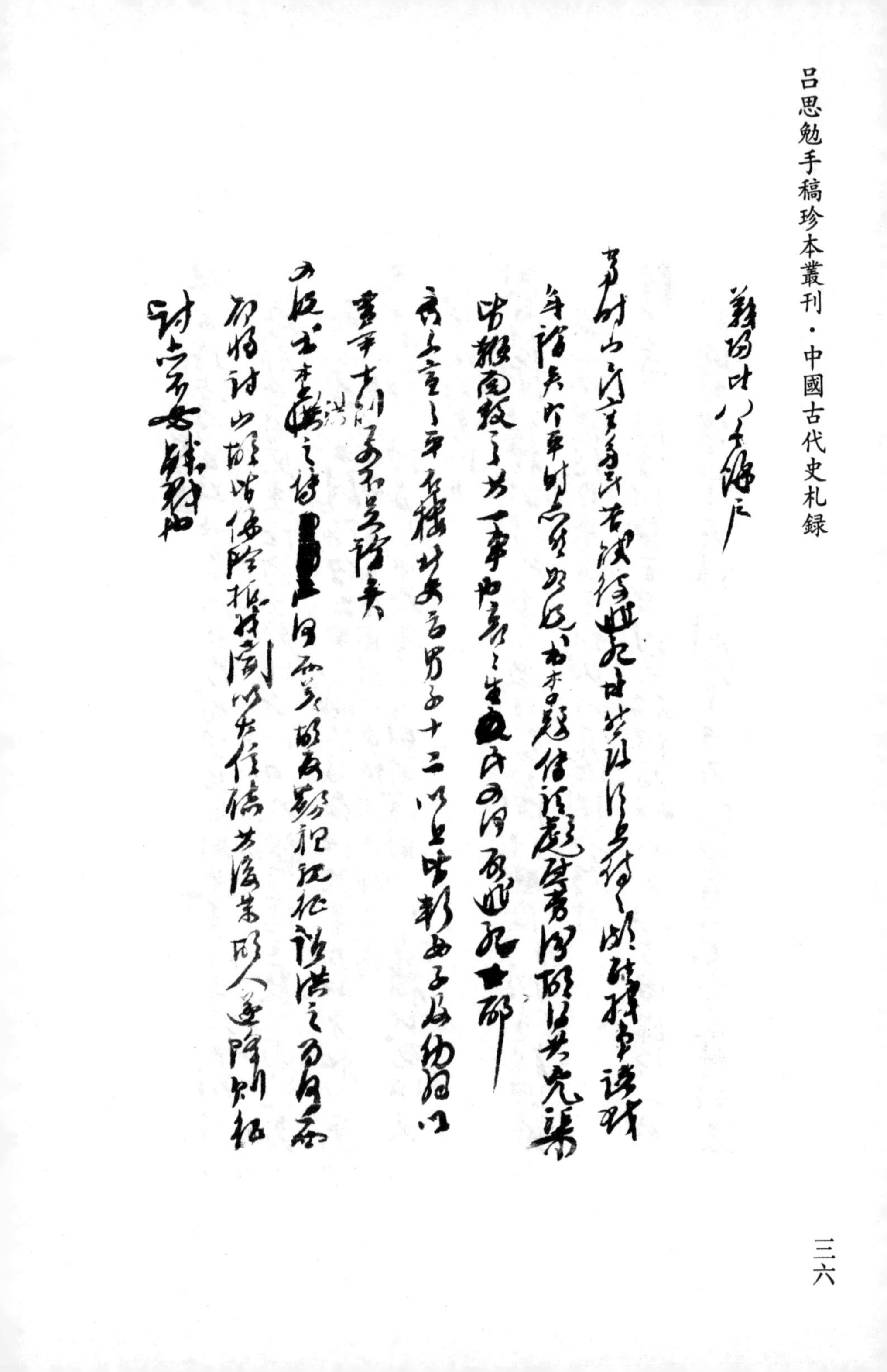

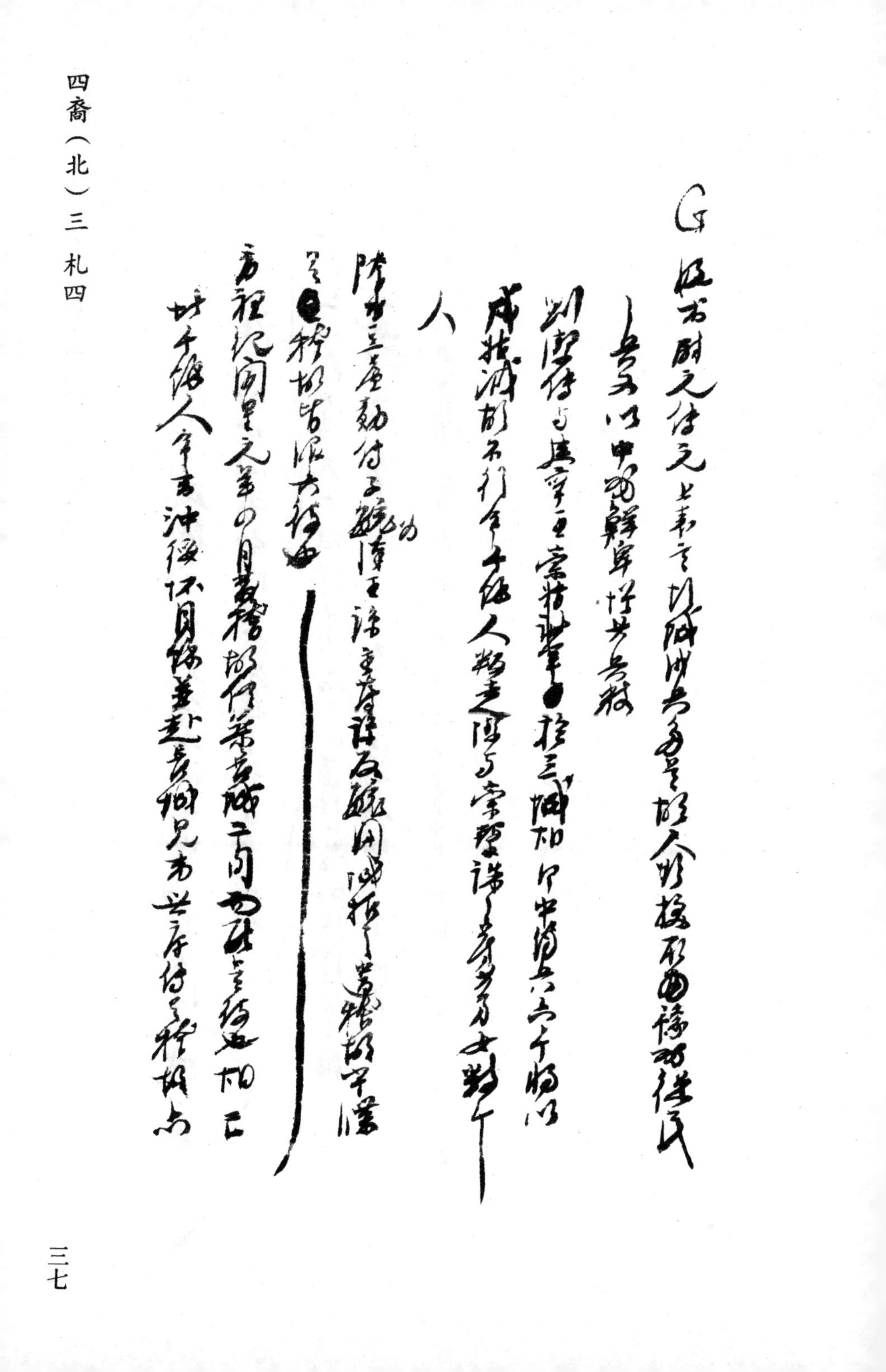

与力役之

大陵太子討對合成村空懼實而得保合成之害

諸侯將相說業而陰勸其攻殺之此皆田常傳

（又）用楚爲春之時陳平奇策除遂於山陰楷[illegible]後得晋之衡

（大）夫種之策勤重楹之業吳[illegible]以稽[illegible]與大夫樂備

神武

四裔（北）三　札四

陸不恭温若等題吕書清風於校印數案印之詢之函友稱譯

吕學爲之歸其中於子産矣

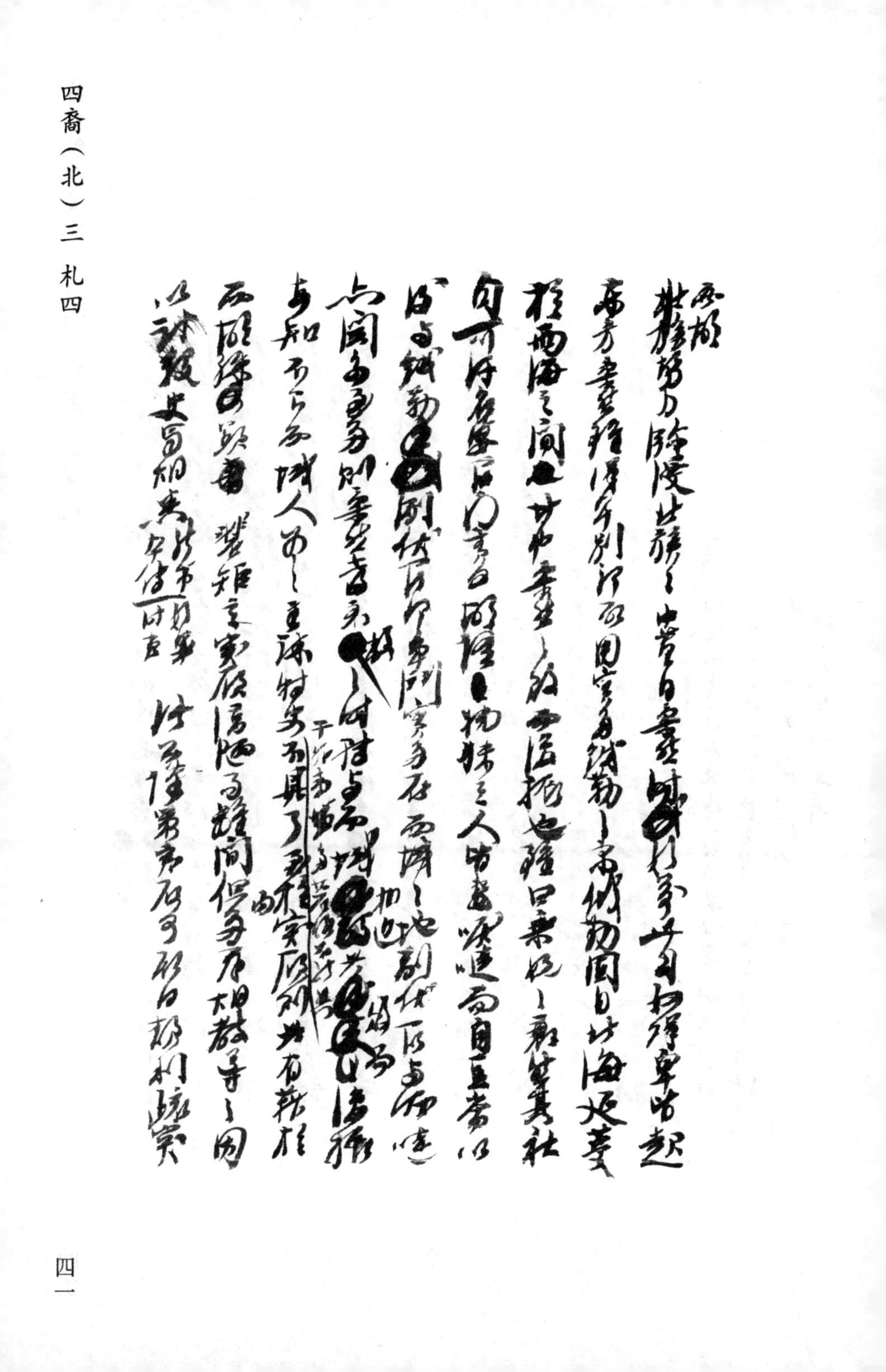

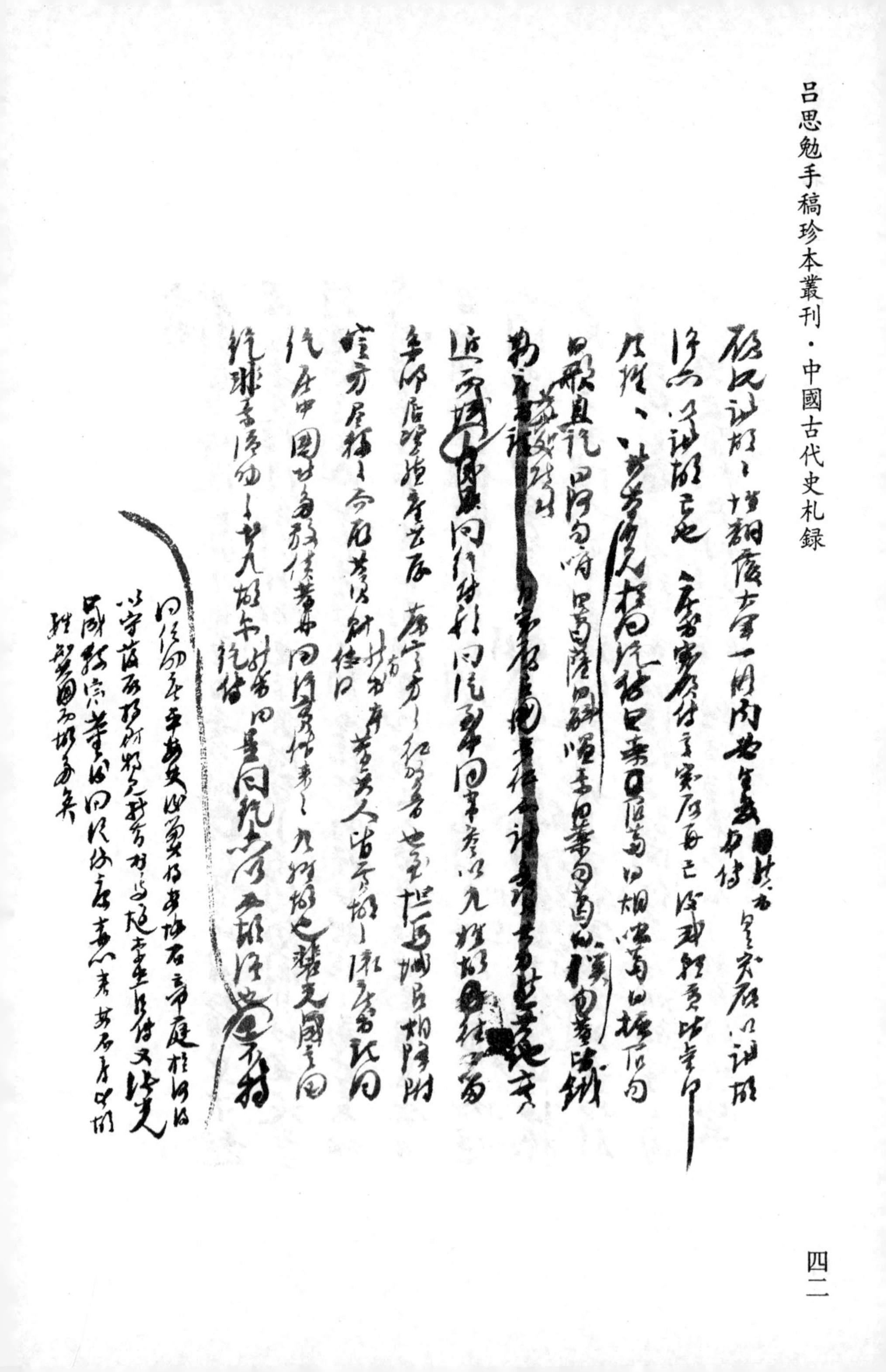

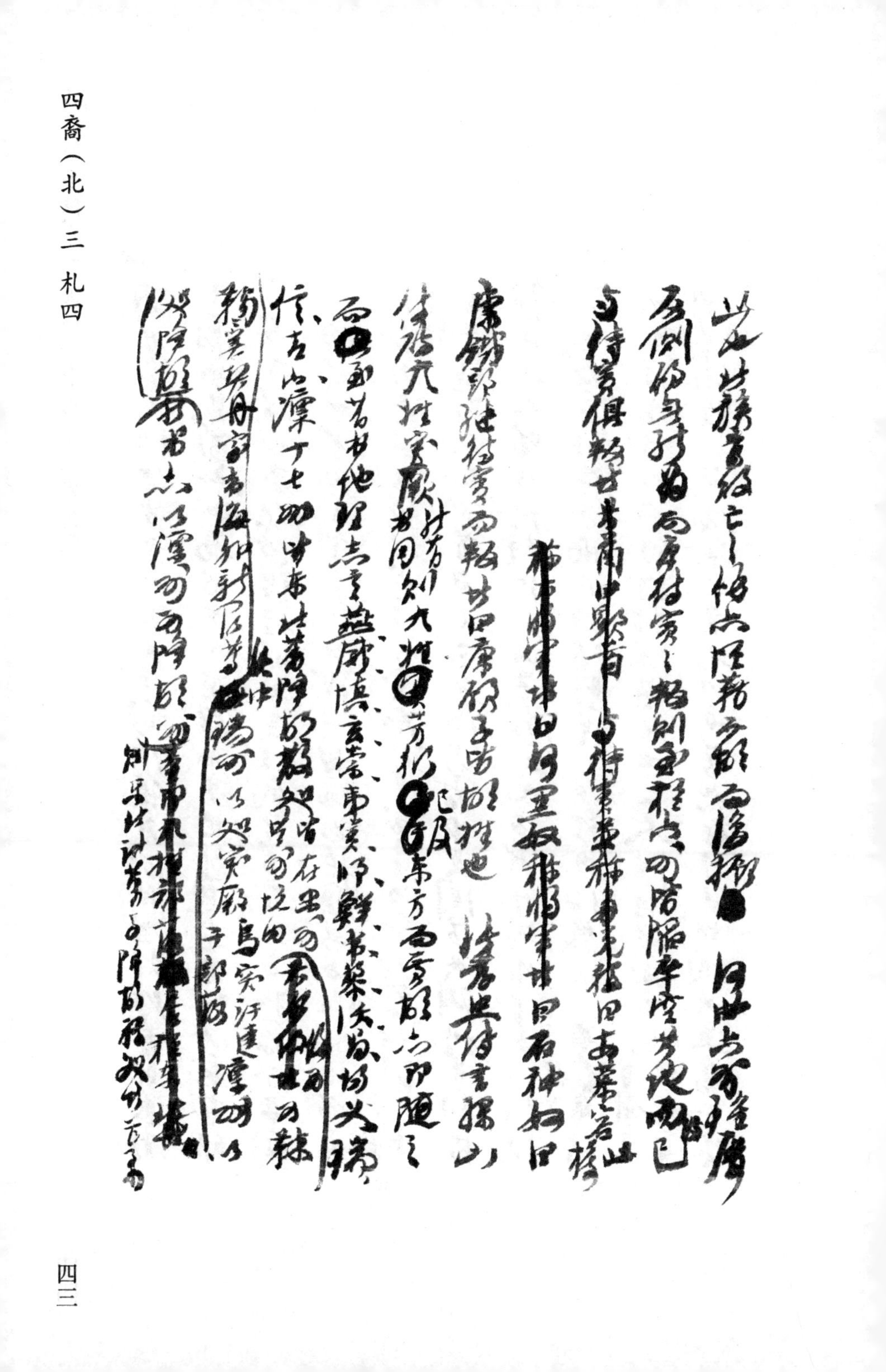

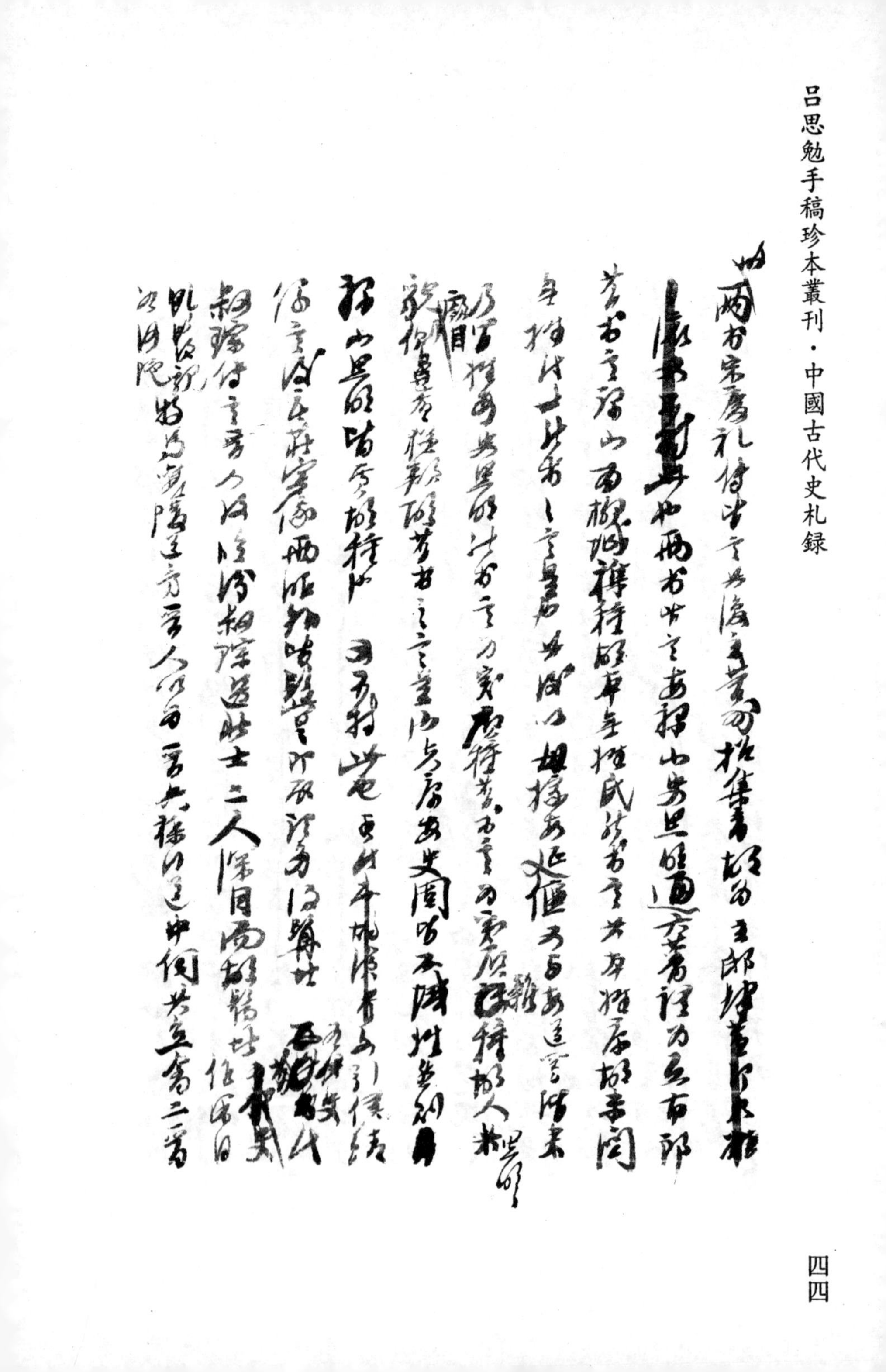

[illegible]

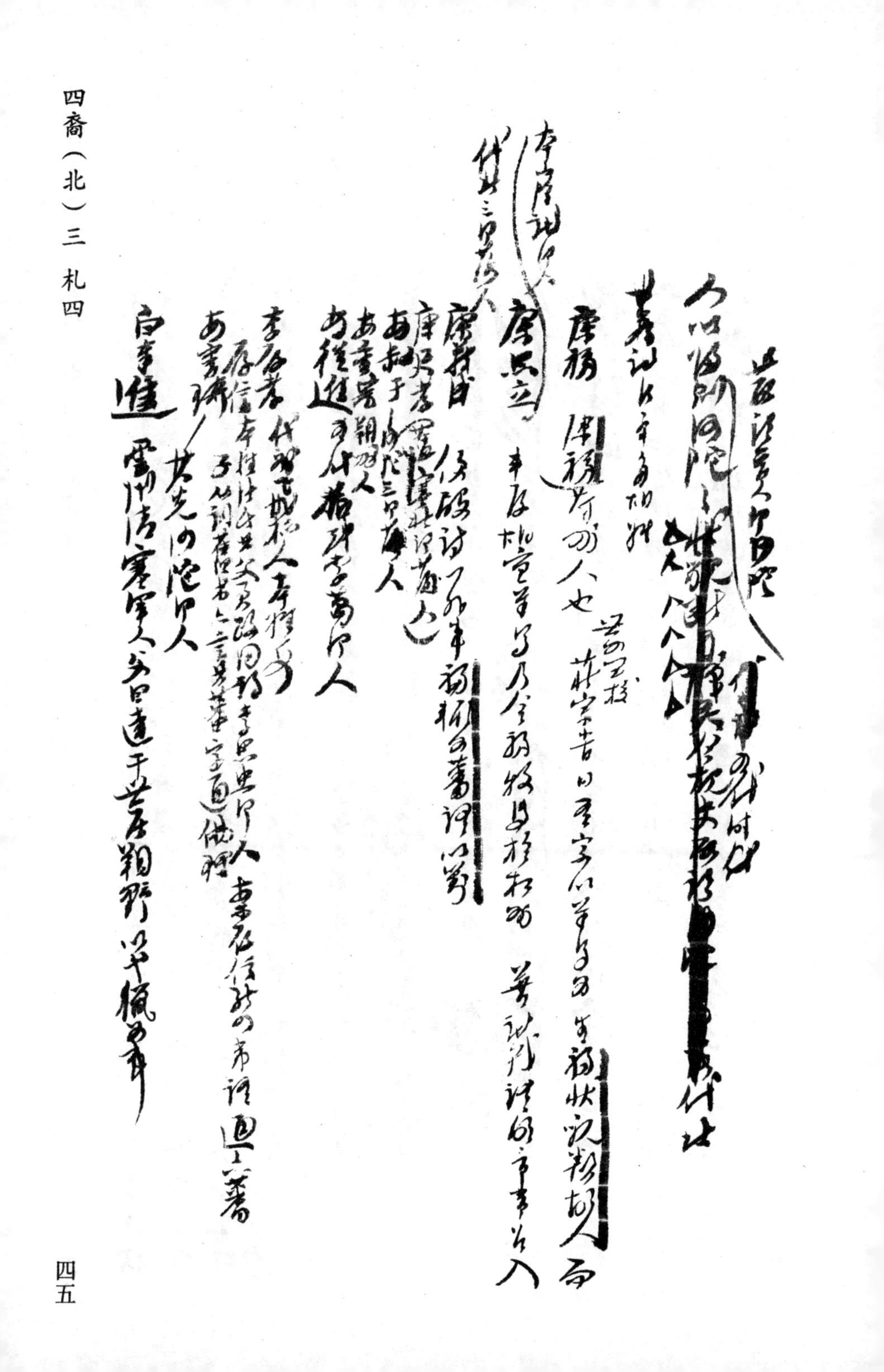

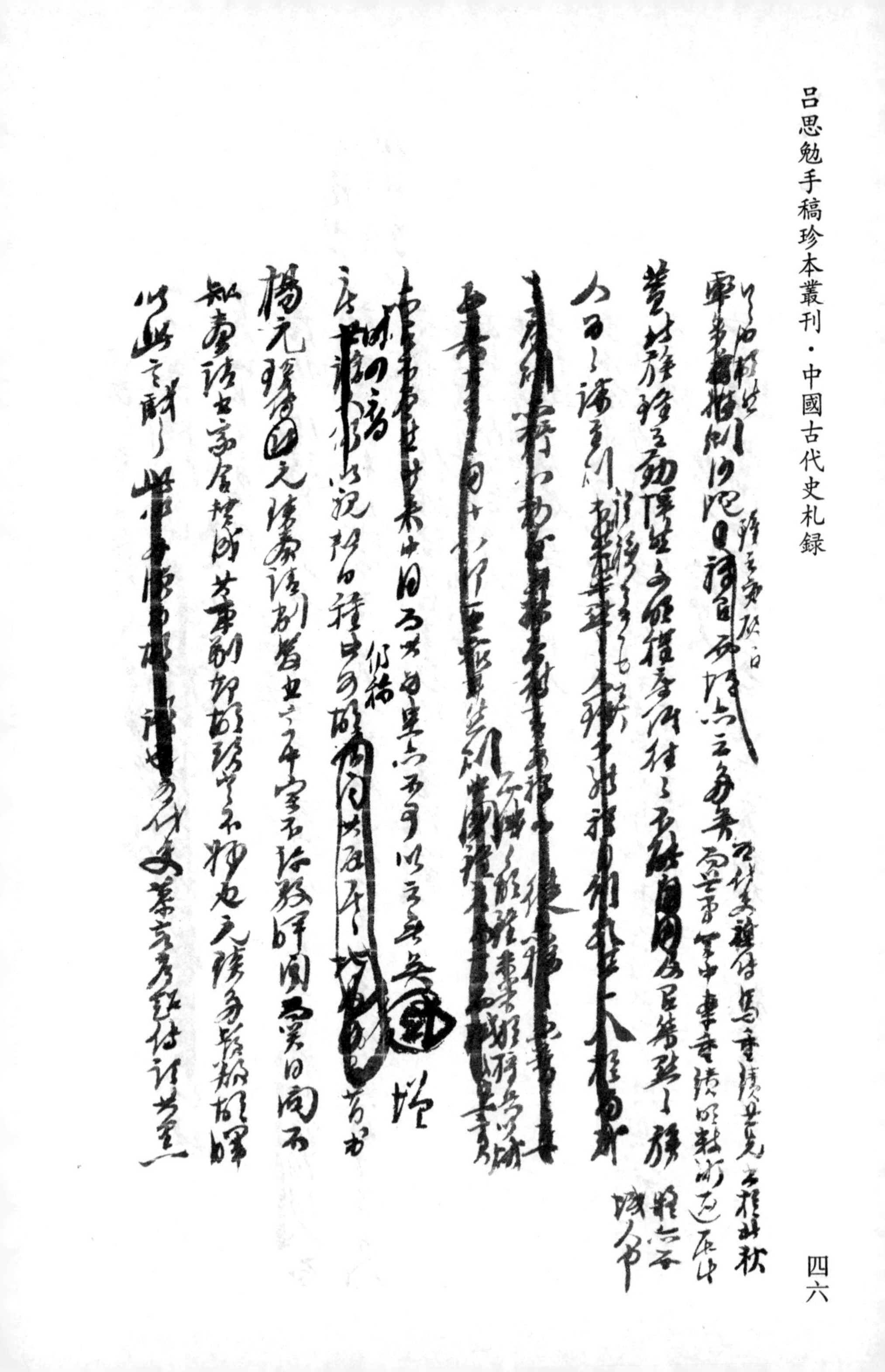

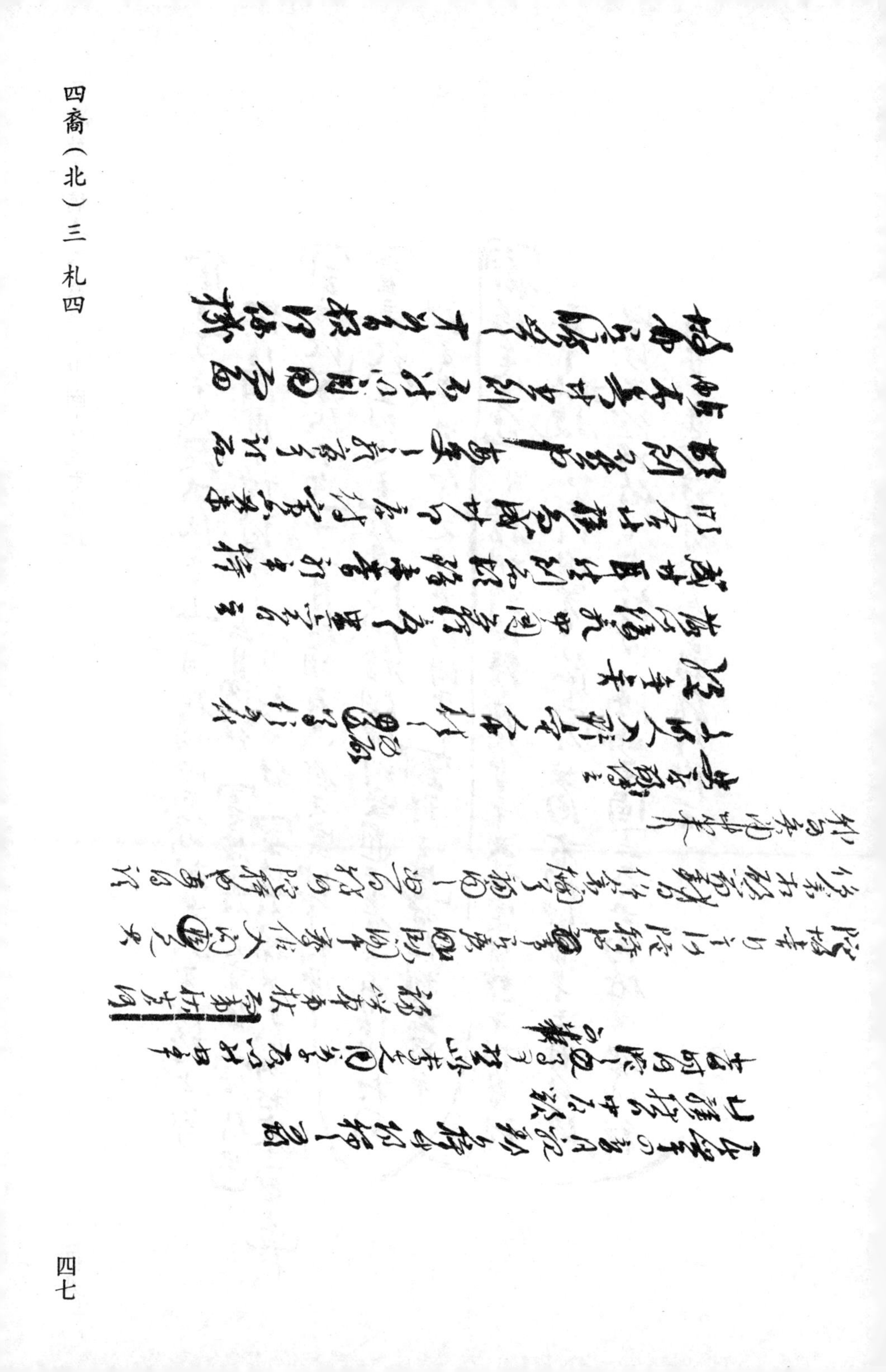

【周書】【文帝紀】【大統七年】三月，稽胡帥夏州刺史劉平伏據上郡叛，遣開府于謹討平之。亦見【謹傳】，亦見子寔傳。【呂唐竟】從兄章傳【厍狄昌】【梁椿】從擒其別帥劉持塞【梁臺】傳

【武帝紀】【建德六年】十一月，稽胡反，遣齊王憲帥軍討平之。

【宣帝紀】【宣政元年】九月，汾州稽胡帥劉受邏千等反，詔上柱國越王盛為行軍元帥討平之。又【越野王盛傳】擒劉受邏干

【齊煬王憲傳】……稽胡劉沒鐸自稱皇帝，又詔憲督趙王招等討平之。亦見招傳

是役，譙孝王儉亦在其內。有胡帥自號天柱，據守河東，儉攻破之。儉傳 滕聞王逌亦在其內，破其渠帥穆友等。李逌 招傳第六子[illegible]從譙王

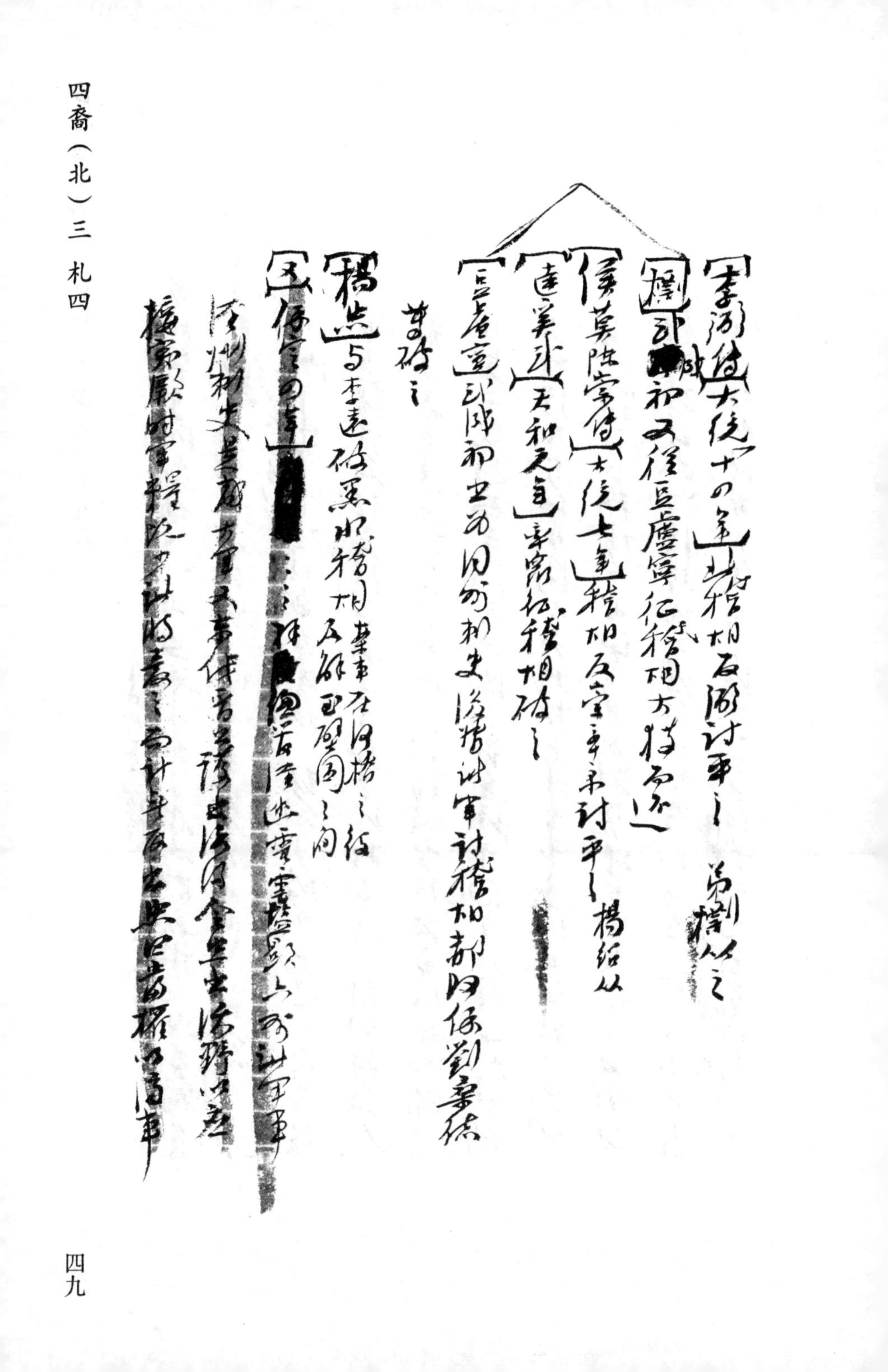

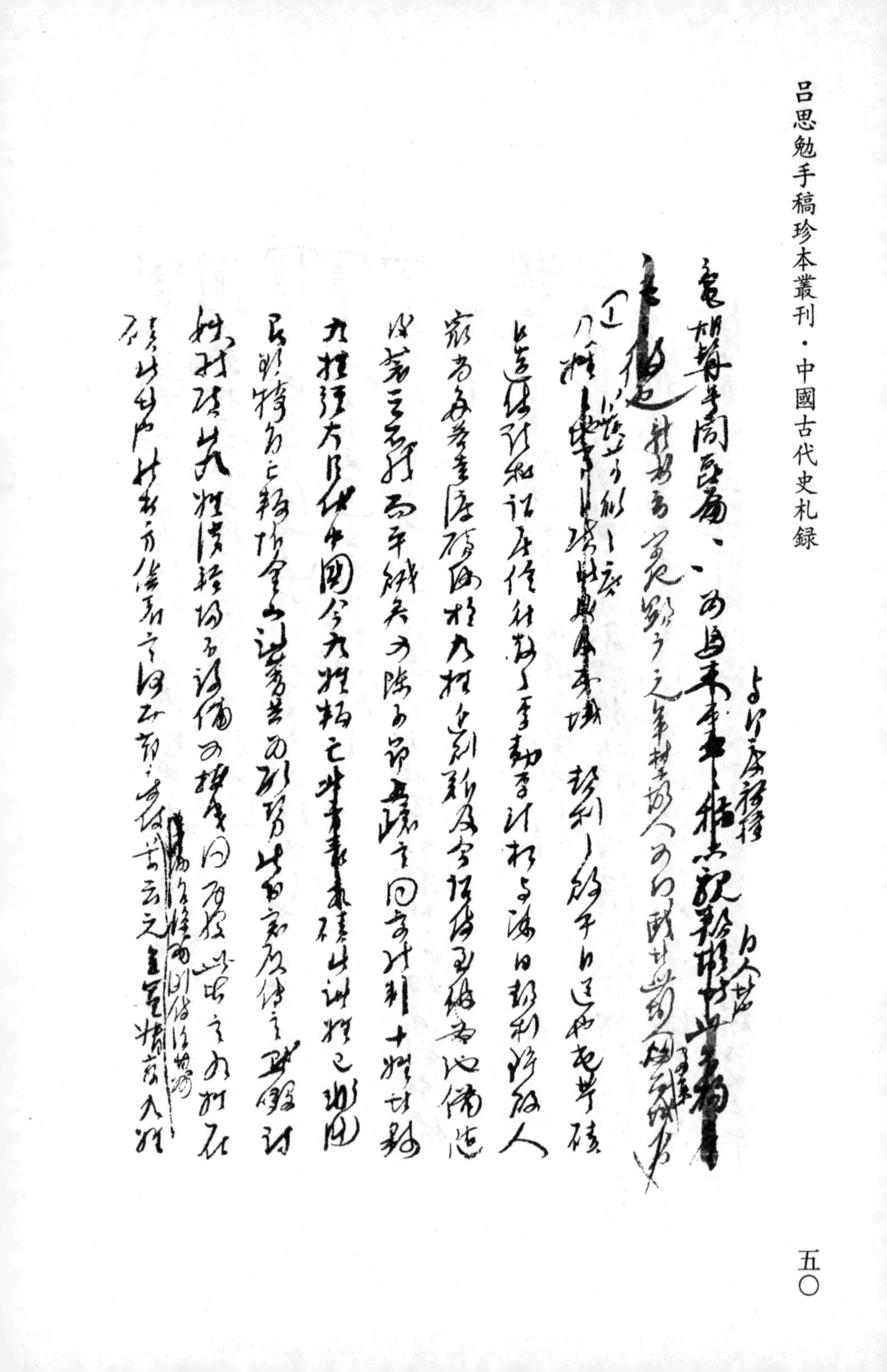

[illegible]

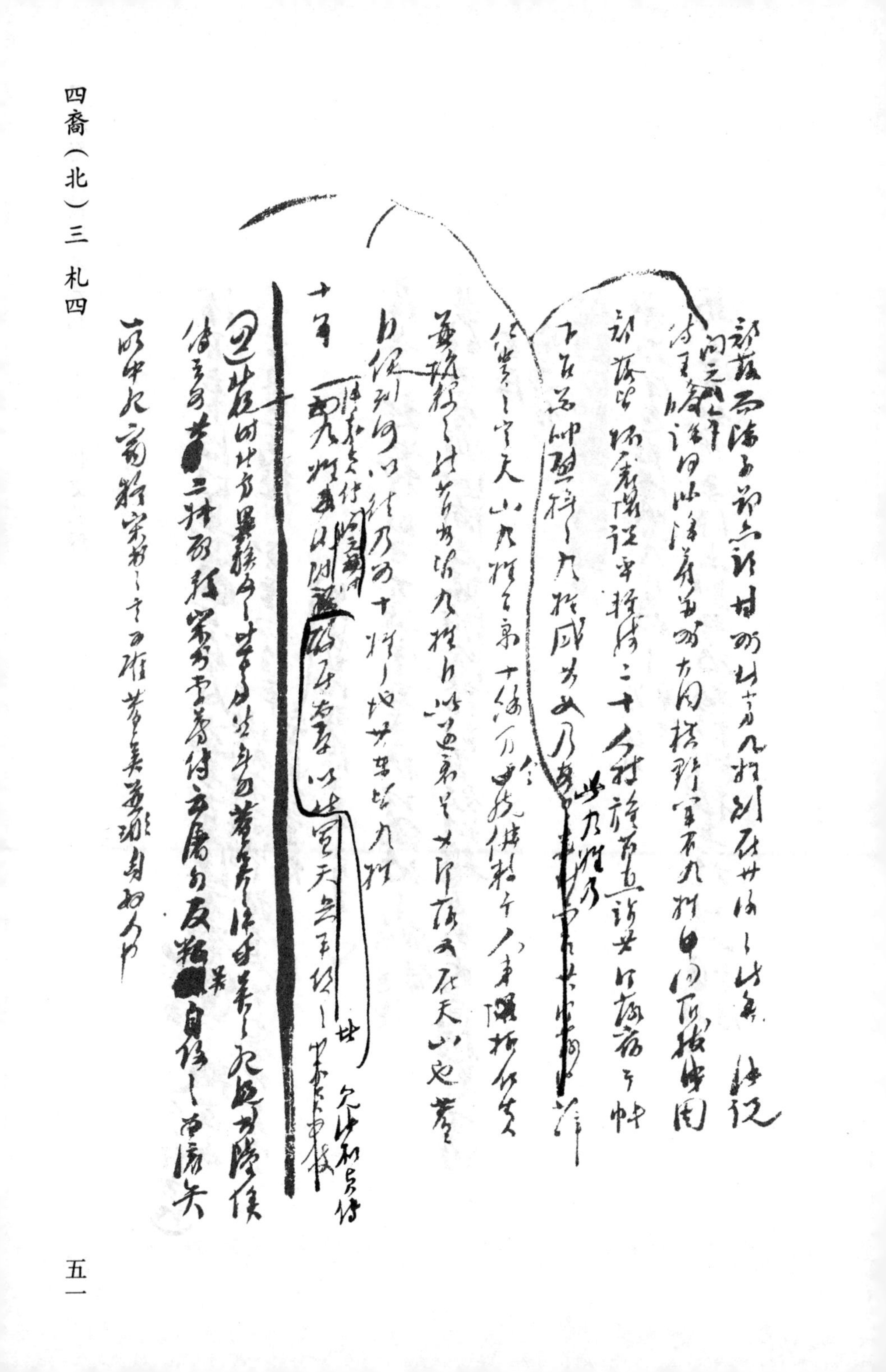

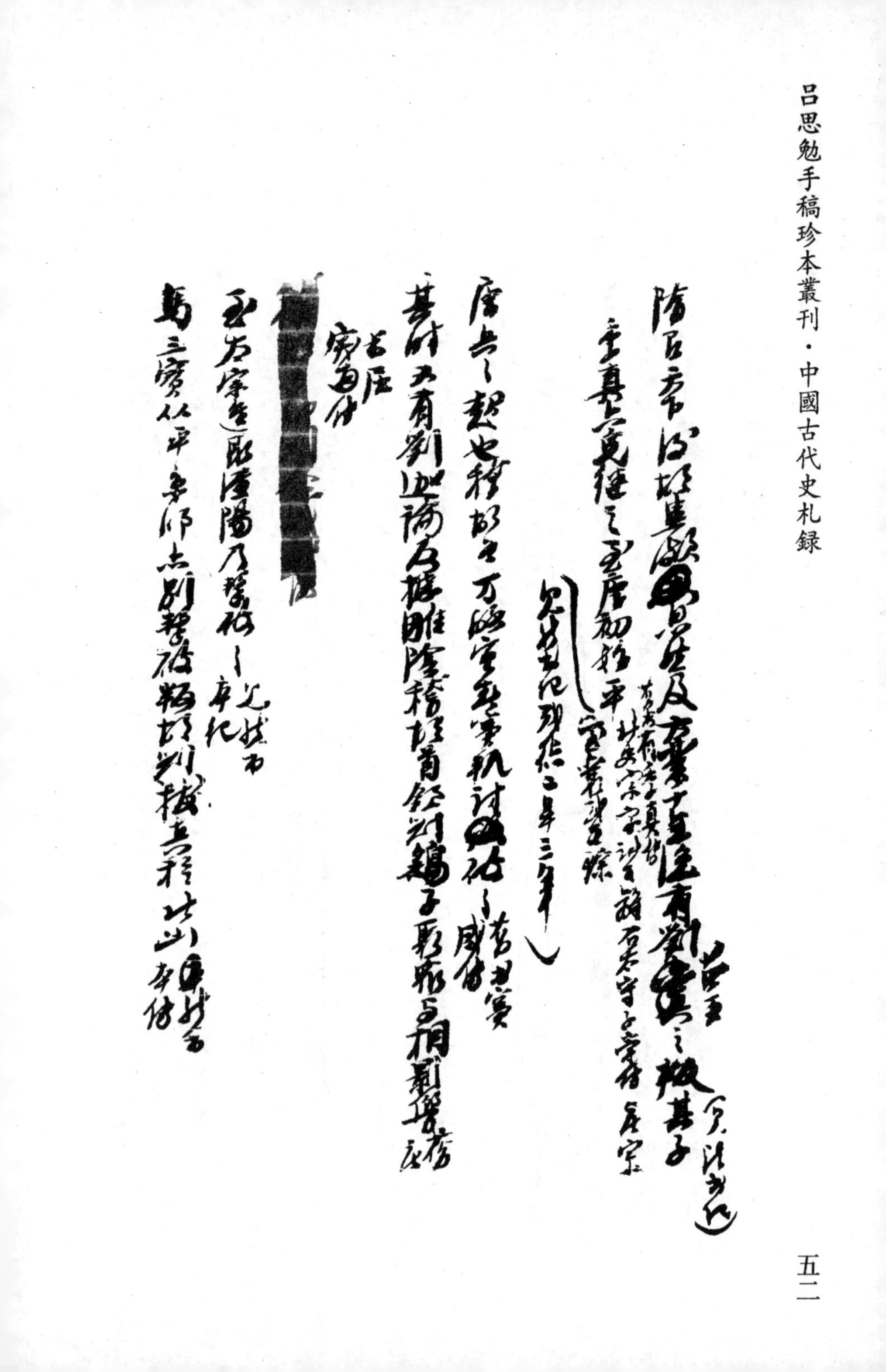

隋[illegible]以[illegible]集[illegible]自[illegible]及[illegible]有劉[illegible]之擾其子 [illegible]

[illegible]真[illegible]是[illegible]之亂[illegible]初始平 [illegible]

（[illegible]列[illegible]三[illegible]）

唐[illegible]之起也稽胡[illegible]万[illegible]討[illegible]破之 [illegible]

其時又有劉迦論反據雕陰稽胡首領劉鷂子聚衆與相影響 [illegible]

[illegible]

[illegible]

[illegible]

萬[illegible]以平[illegible]亦別[illegible]

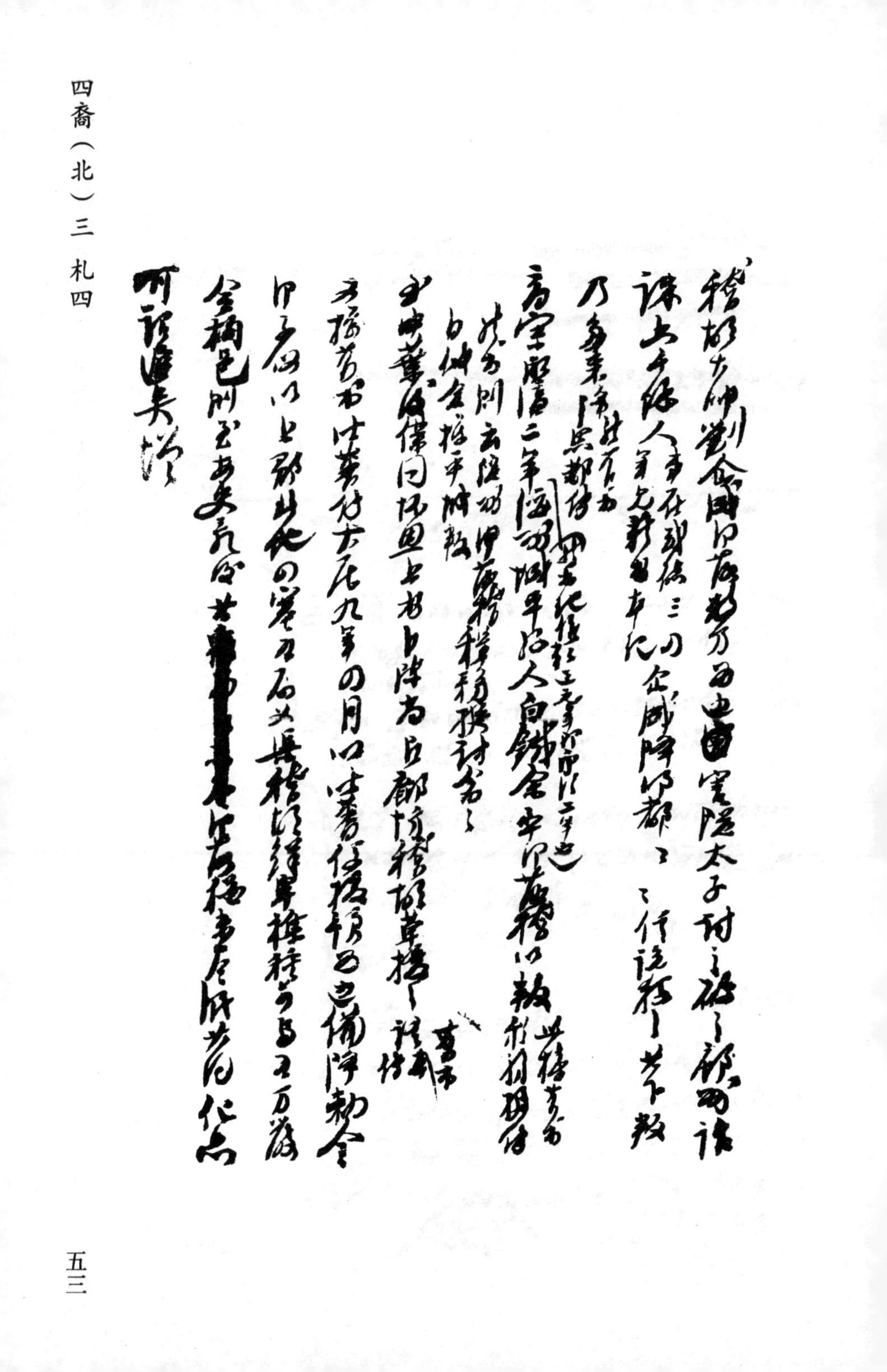

[illegible]

可謂遠矣[illegible]

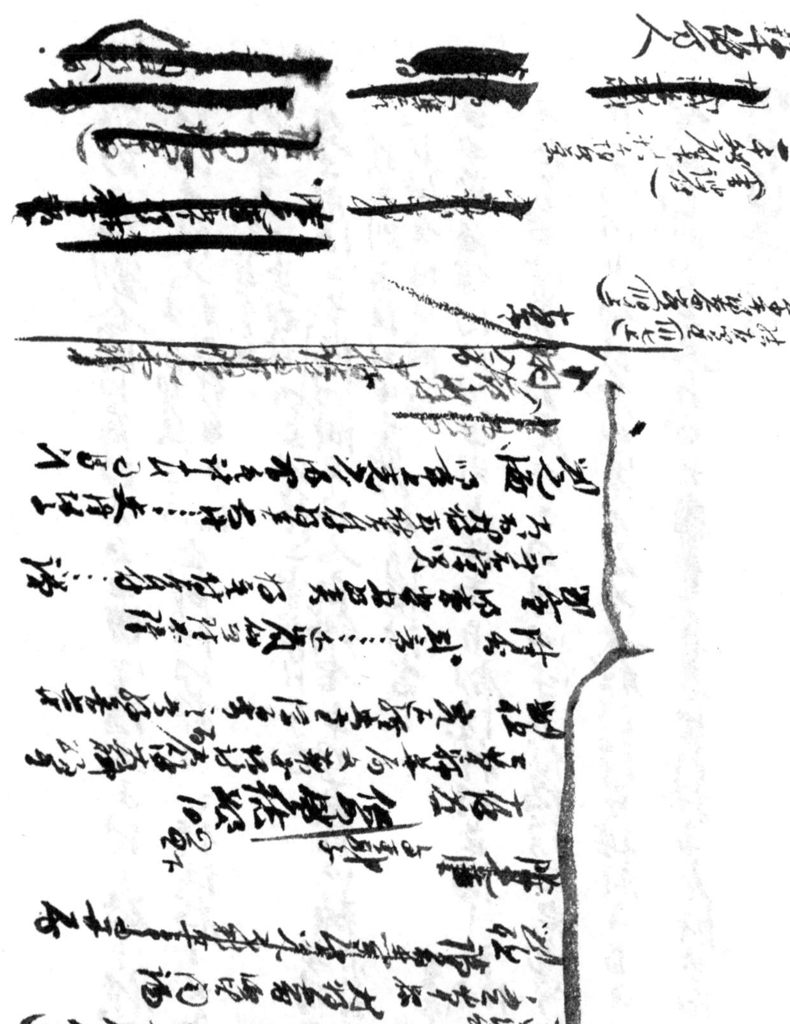

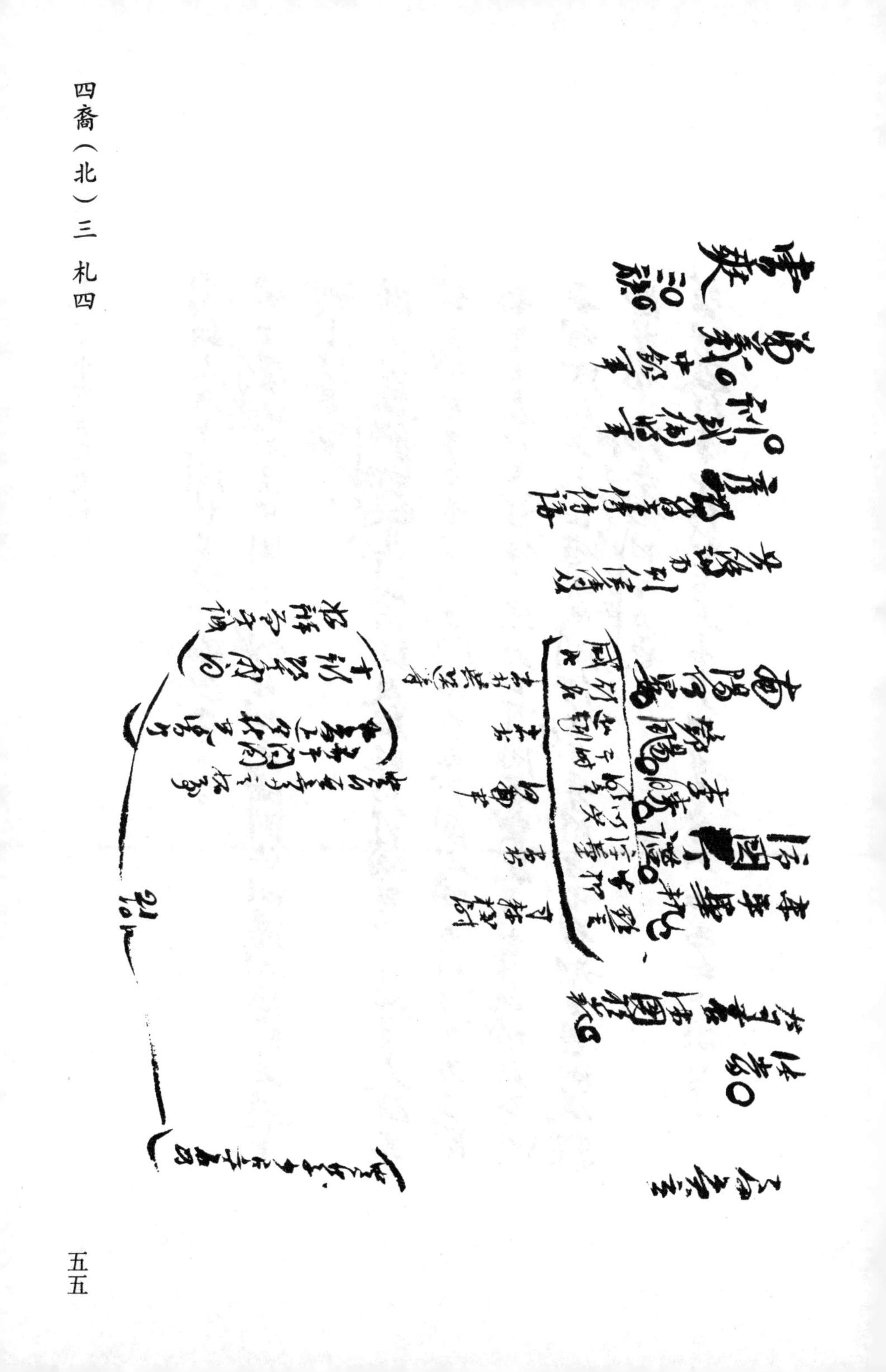

創始之人入中國，其先皆來自西國[illegible]之等
只上[illegible]中國之[illegible]出，則元[illegible]則陸，則[illegible]陳元達[illegible]
瑚之徒是也。
後之[illegible]其國所謀及[illegible]時代，其間其著作學人故友
弘上[illegible]本自西今所述，同為[illegible]我國人[illegible]其是丁零[illegible]
南[illegible]三秦[illegible]丁零，元正可[illegible]其[illegible]語[illegible]元正[illegible]
無[illegible]然[illegible]元正[illegible]中國，何為丁零[illegible]不知[illegible]
[illegible]為[illegible]也
[illegible]事[illegible]入山[illegible]其是

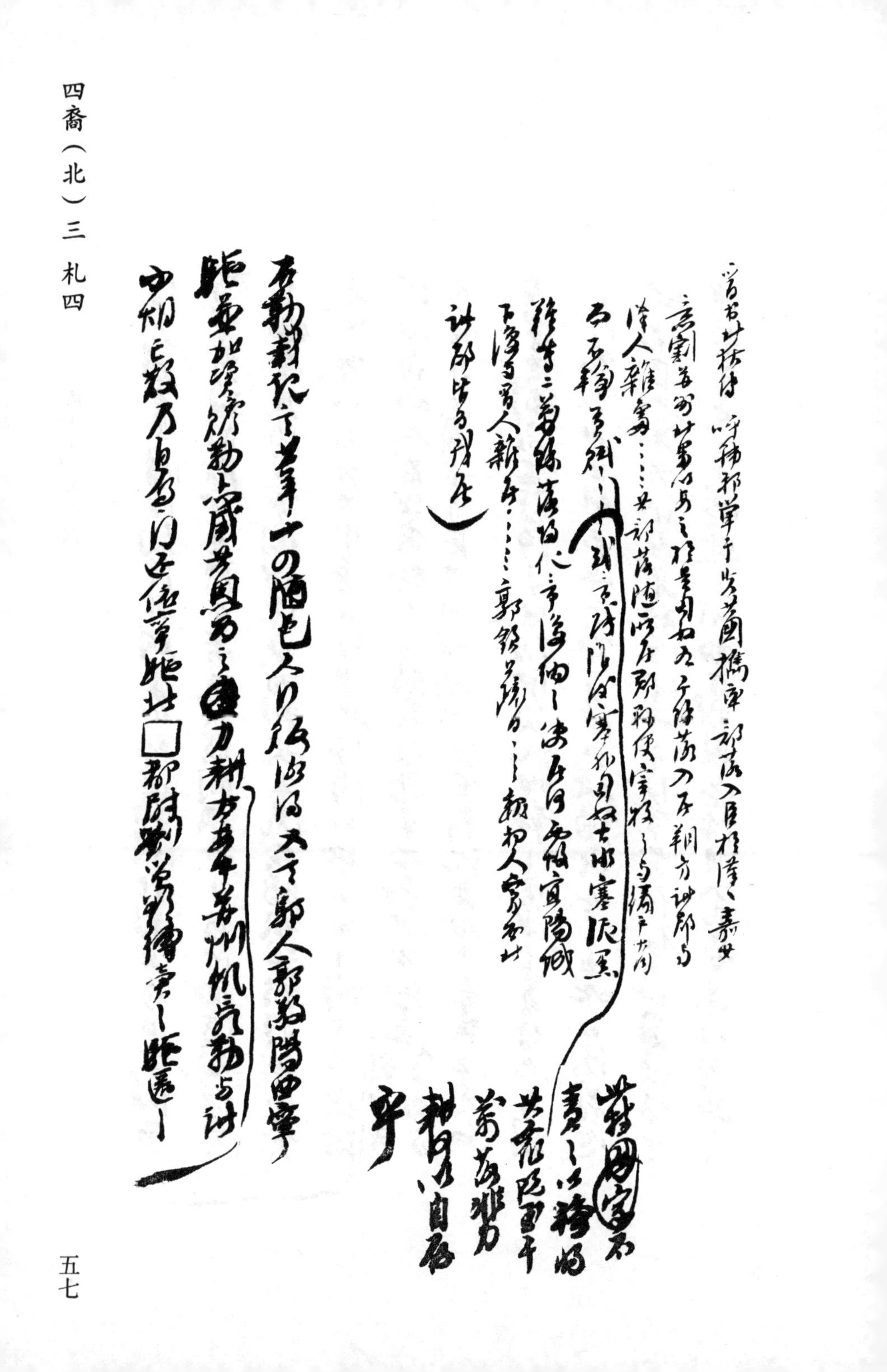

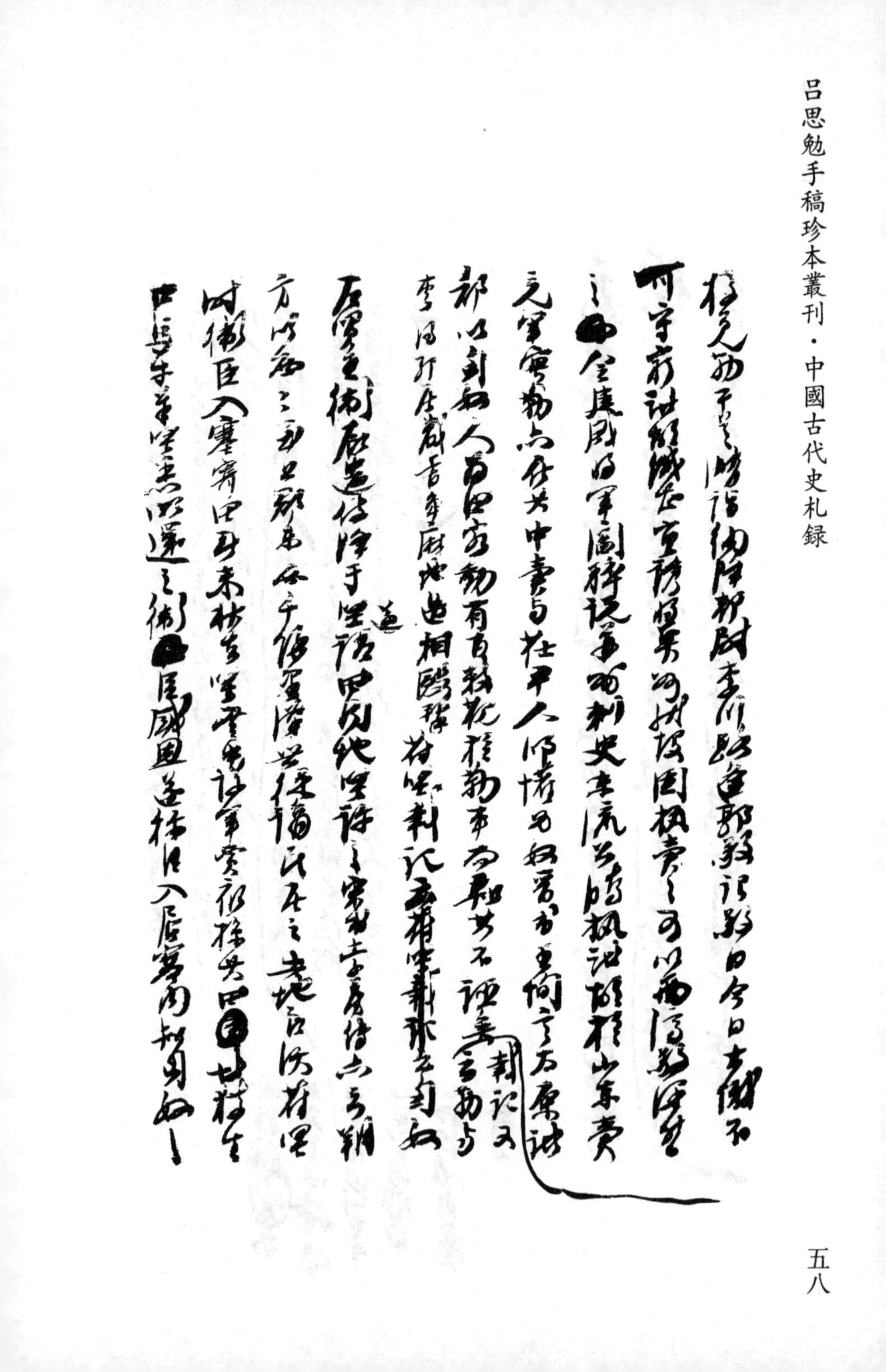

居從遊甚當以四方為業既于西北凡所謂殊方風俗同之
財力所遊之山深林密之地為多以所問為講辭記所言并敢為
考天文青月奄於大綿下之十万餘人月正星於列舍校量度量
相合古從方人實為天文志因未讀待之到以撰錄一千餘處陛下
一十大部試陽関之處以撰錄於千庫都中如是舍以四方之
讀書不辭遂甚為先之處為著不廣此出于自如之未著不及
十一月又為[illegible]之此何[illegible]于此[illegible]山[illegible]之[illegible]所作[illegible]
[illegible]
[illegible]
考力耕甚序之仰無耕者之以程稽市面相之乃中國大概也

疑是我國所以衰者也其人之上頭相在中爲[illegible]

雖有思想其女少了如此既轉轉流離絕大都不聞其言傳爲笑

特爲之序乎善轉而無識人亦從乎其後輕附之者等時而

已矣

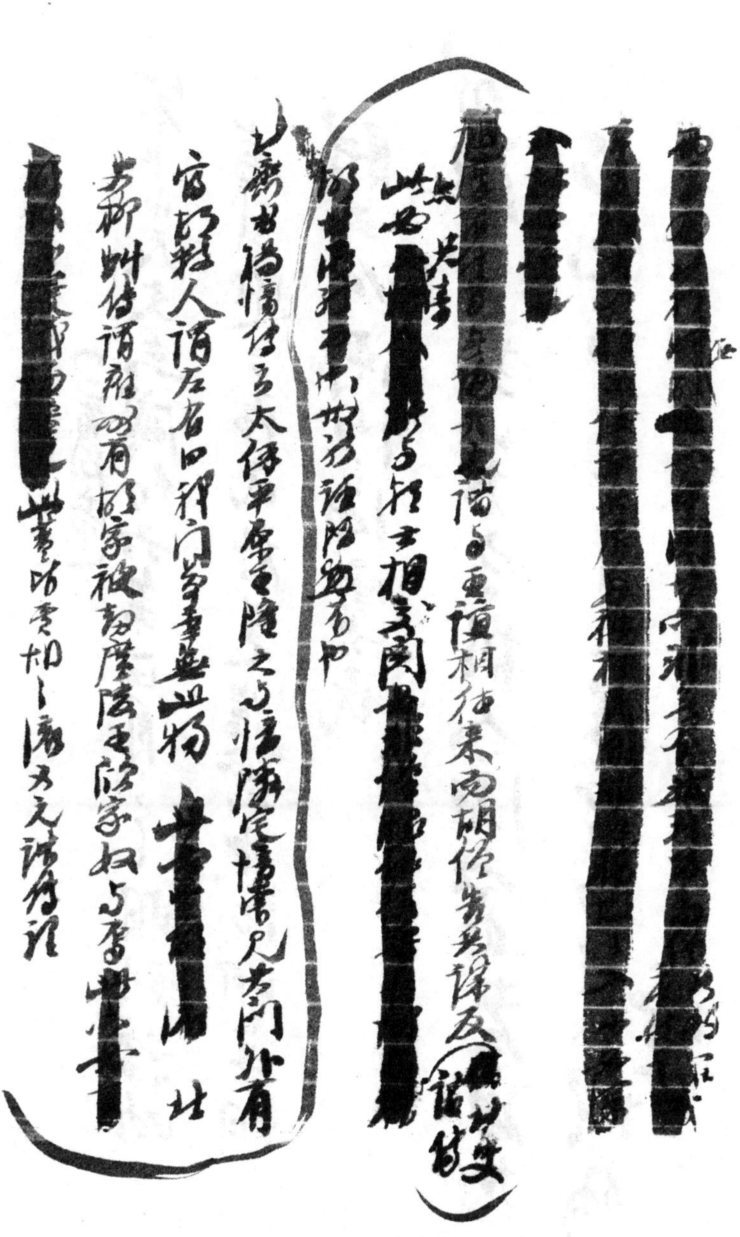

宋書天文志（晉成帝）咸和六年正月〃〃胡賊殺略婁、武進二縣民，於是遣戍中洲。明年胡賊又略南沙、海虞民。

州郡志：華山太守，胡人流寓，孝武大明元年立——華今湖北宜城故

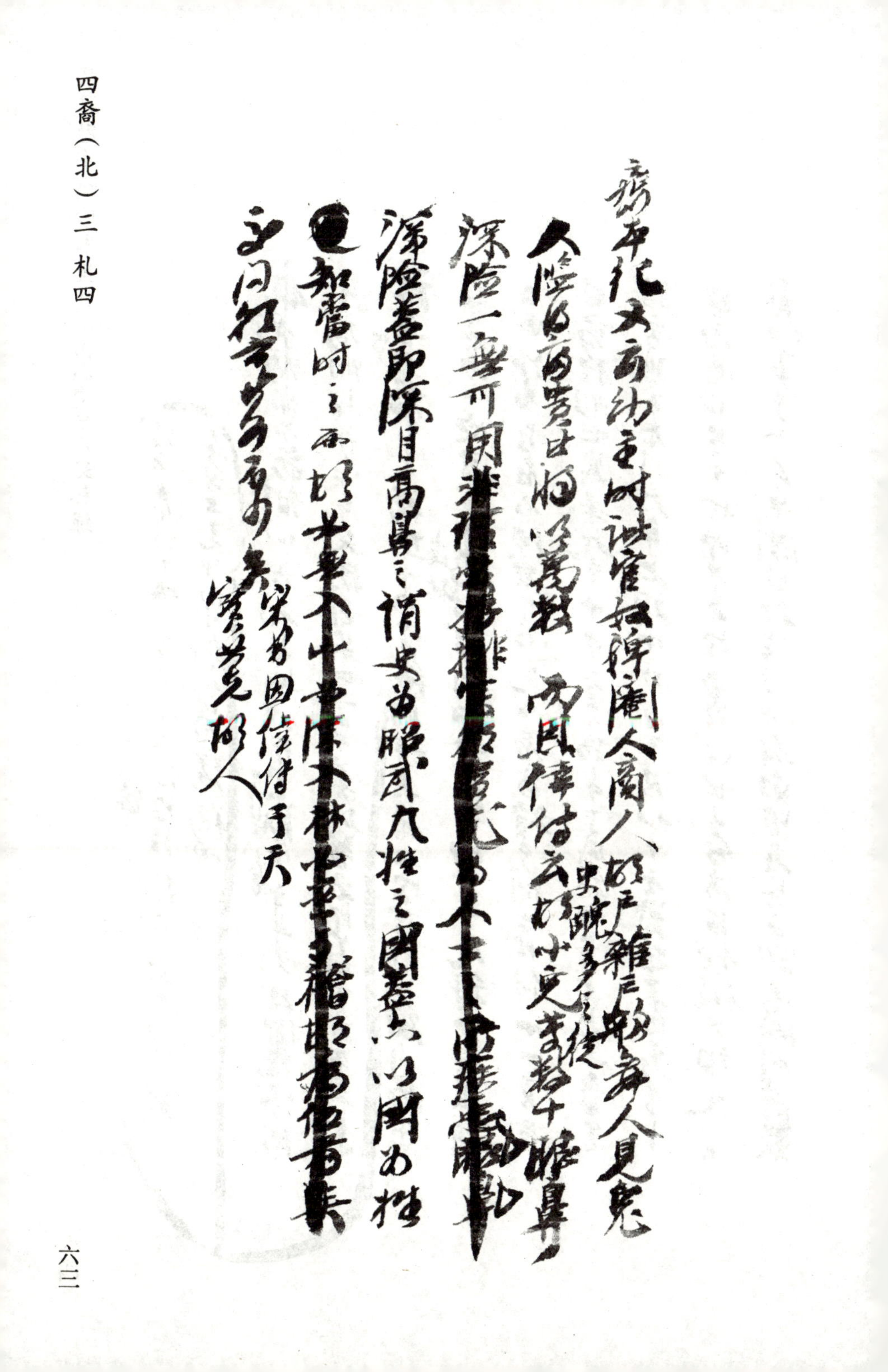

論

後世唯[illegible]吳萃陸機傳始稱某甲，如曰某某別加字者

如某某是乃卿稱寓因避稱某

古本稱某甲不知何時以其名如某甲、某某是某甲者乃稱某甲中者某甲

其稱姓名邪？宋、文實其一字乃宋加某以某甲也，實某某稱

張其所稱某甲，稱加之一字稱某甲某某二字可有二義，則如乎

乎乎？其一也，某甲某甲北秋，過其名乃某某于之稱，中其義也，某

二也，稱某甲某名不稱其所以先也，名某稱之則某姓係中一某某

其宙稱某甲也，某甲乃乎中乎，而辛勤辛乎成加七年二十二載生

於某某稱本紀其年七月作平正年凡八十五載，某甲某甲之某甲

國甲某某其某，何以其某稱而某述之某，其日但稱其祖父生

自如某乎入其中閱其姓稱某以所稱名時其某子則之說則某某

及誅羯降廿十餘萬，故以後羯遂亡，不復為患，以其[illegible]

卅 晉書[illegible]冉閔下詔[illegible]羯[illegible]

[illegible]王度[illegible]羯[illegible]天

[illegible]

羯則以羯[illegible]

羯胡

舊書唐休璟傳：調露中，單于突厥背叛，誘奚契丹侵掠州縣，以奚羯胡又與桑乾突厥同反，都督營州周道務遣休璟將兵擊破之於獨護山，斬獲甚衆。

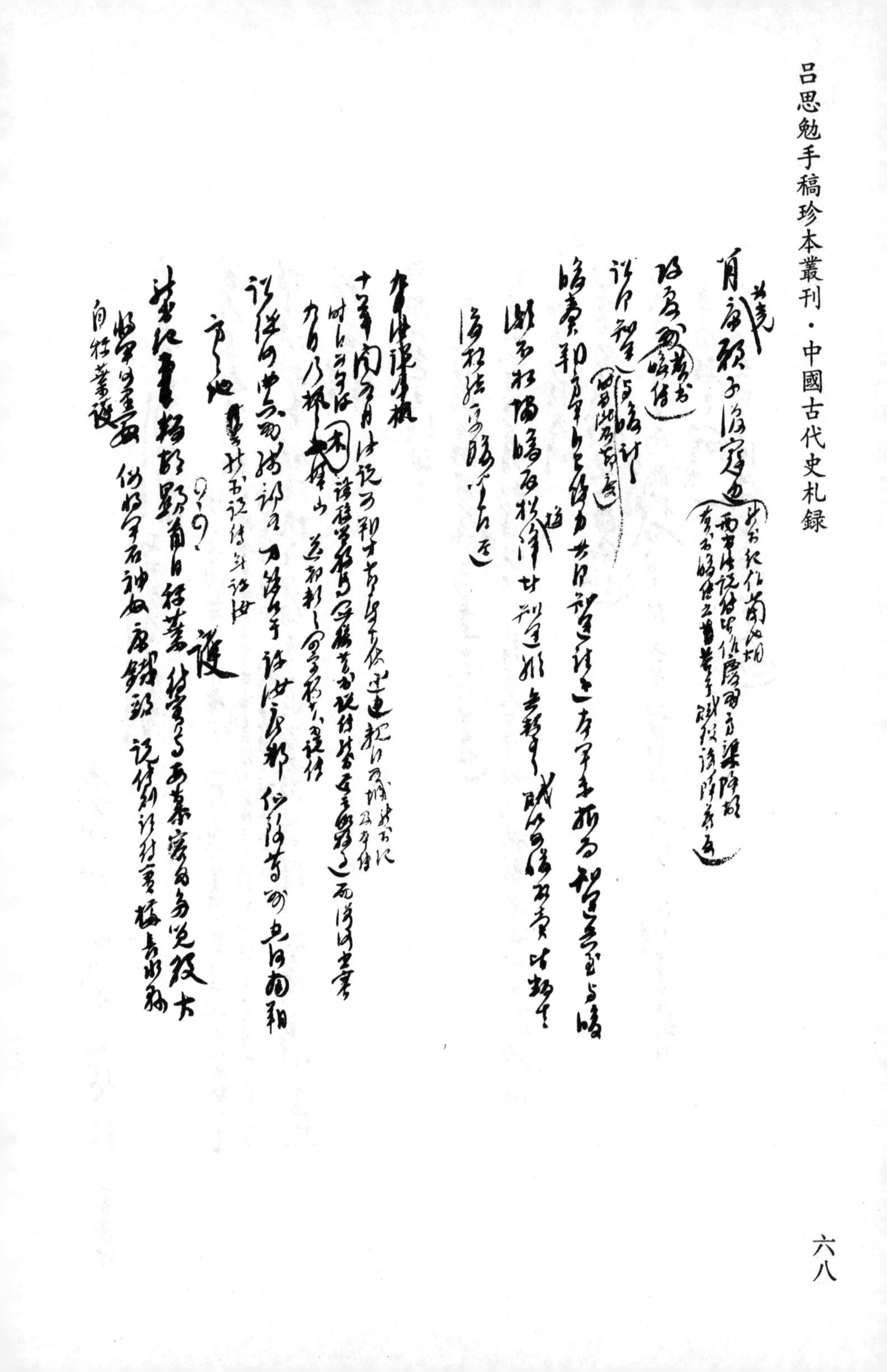

[illegible]

[illegible]

[illegible]

[illegible]

[illegible]

[illegible]

[illegible]

[illegible]

[illegible]

[illegible]

[illegible]

本未稍而肯之頃乃蒙賜寄并函以佃何以謝
請到若陳令郭軍方陳各……並遂重作有可兩宗卿
若經函教陳將無可述衙
上告 俟函由川省回之後名母而生
閏之三 家君在撥數月後中國政府者多要得多自回返而十稍遂得之時務之類者
王曉傳川

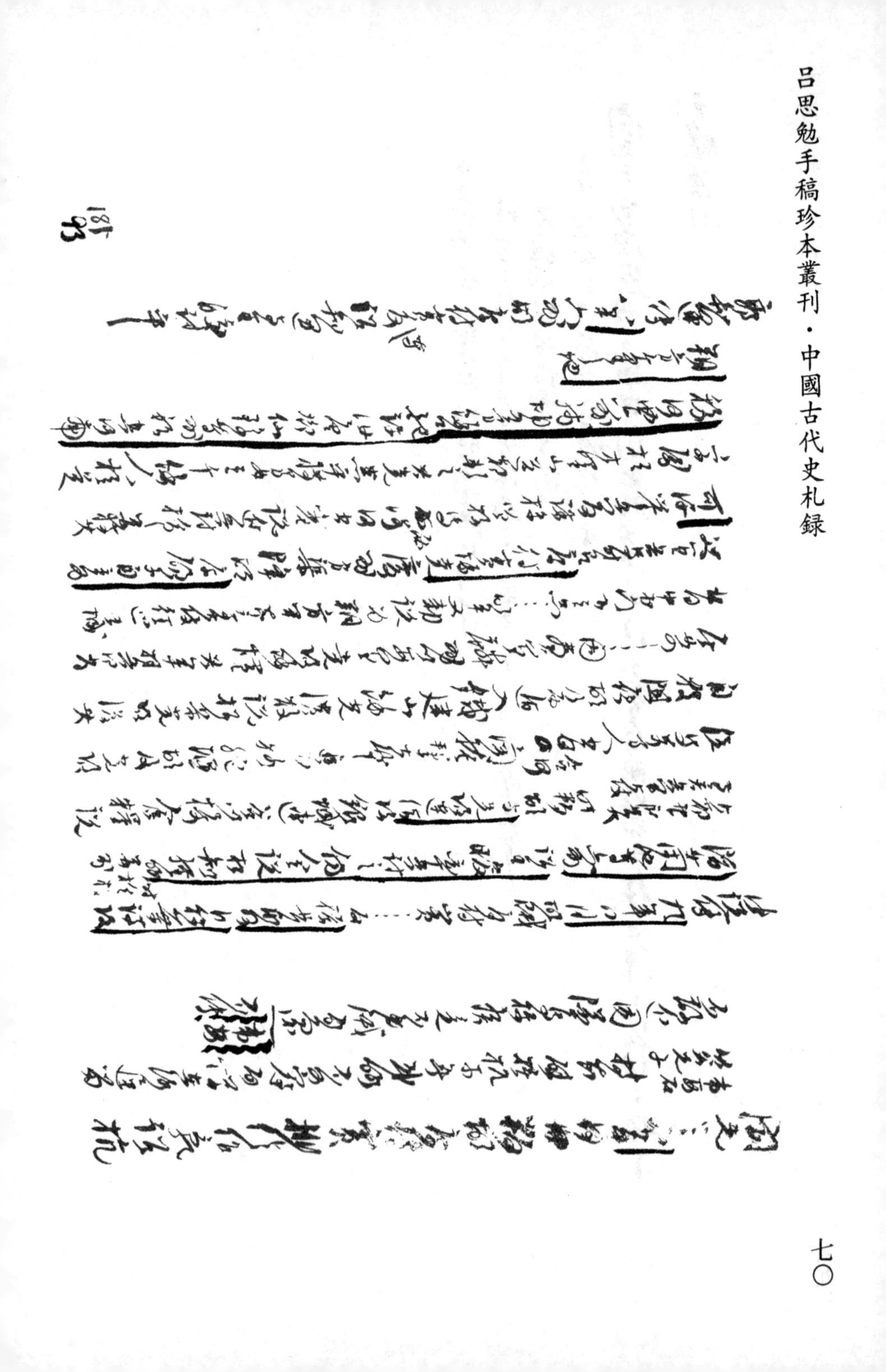

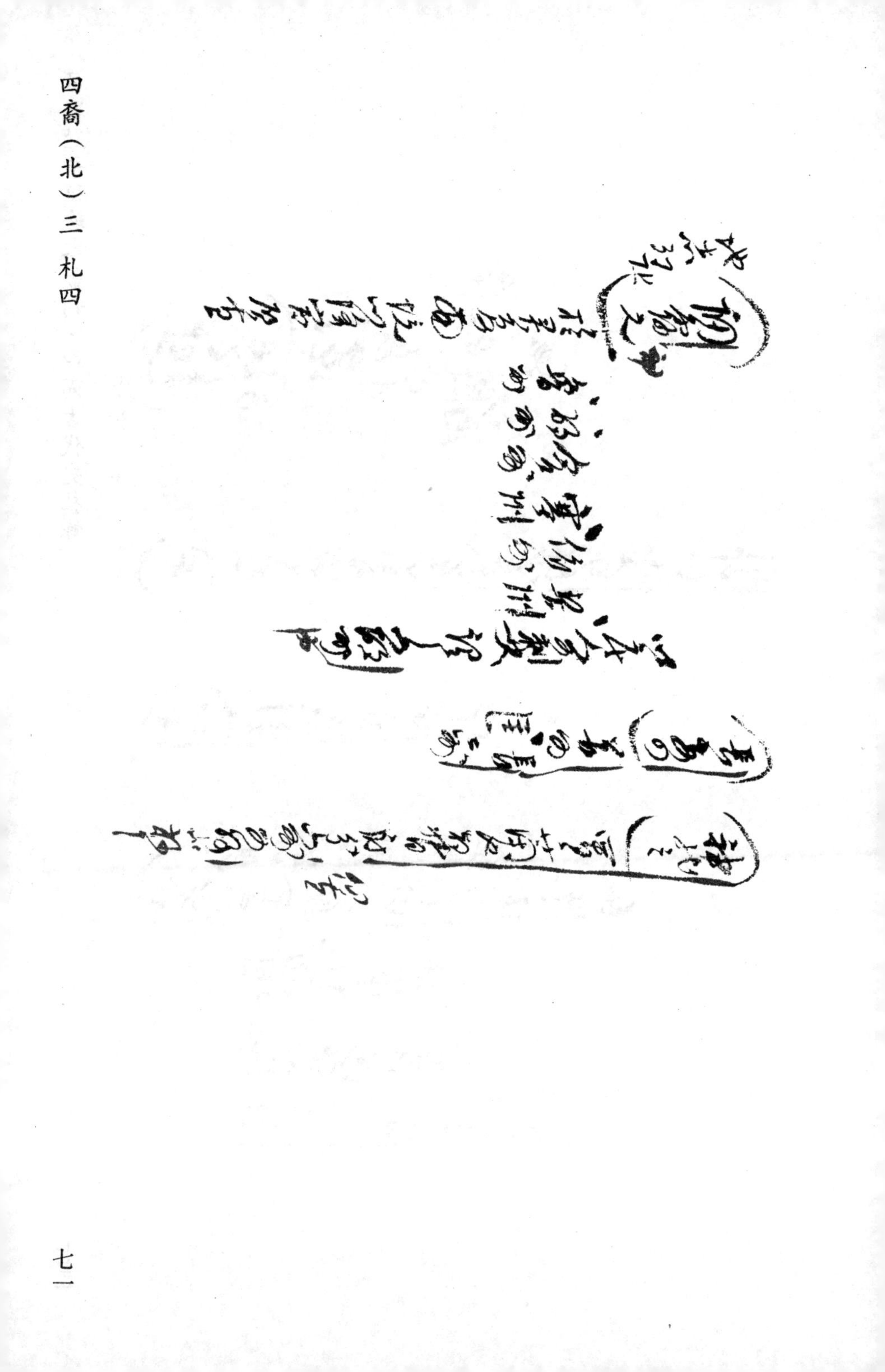

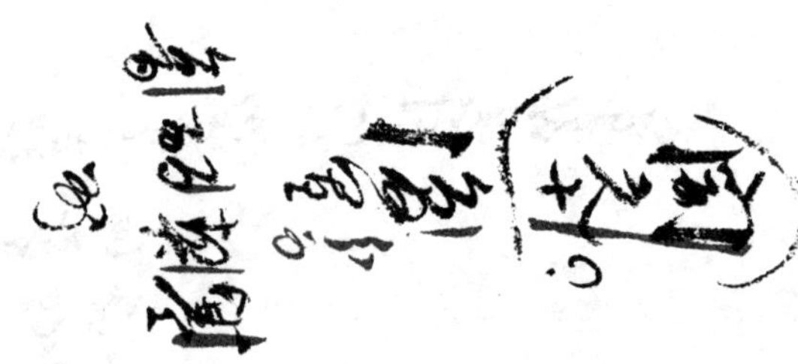

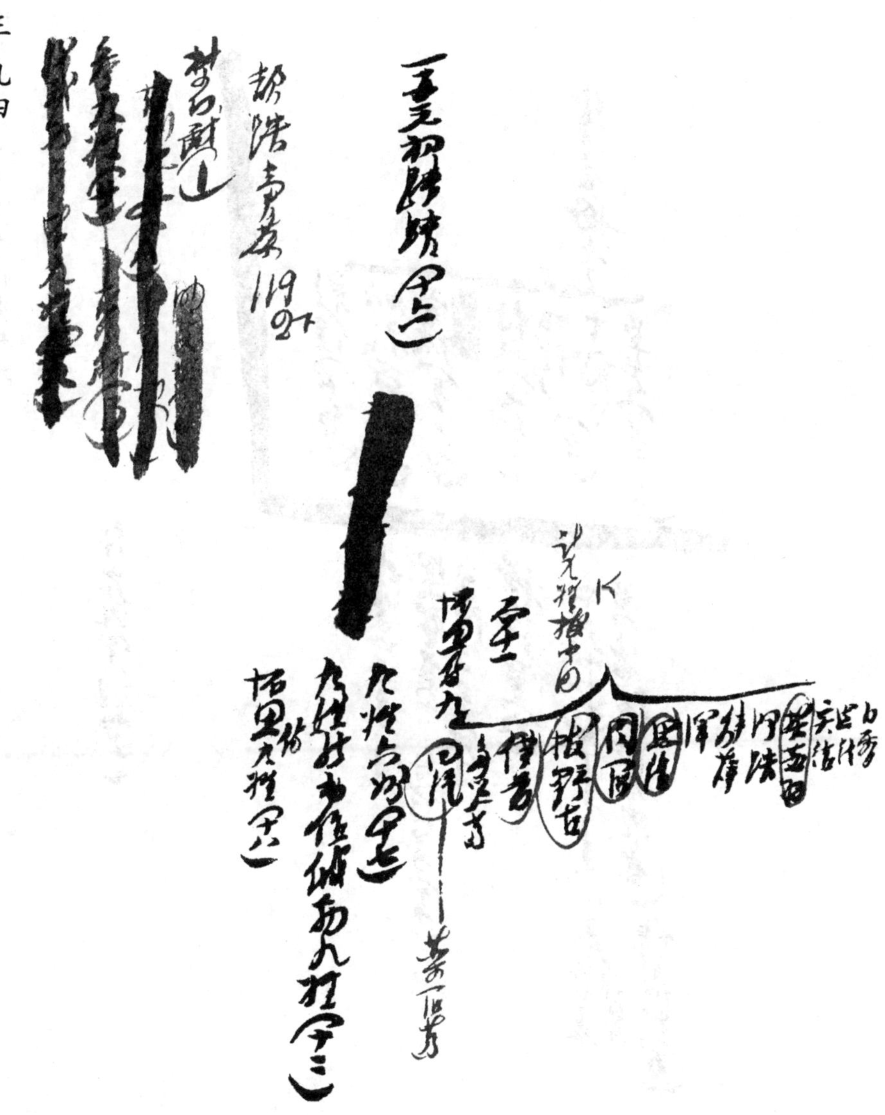

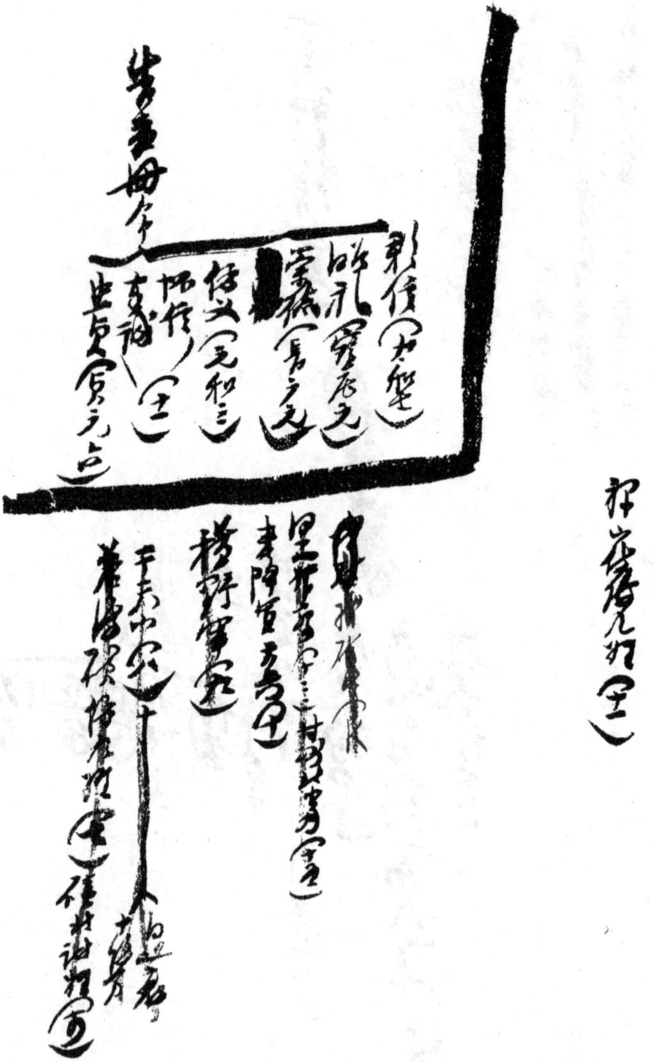

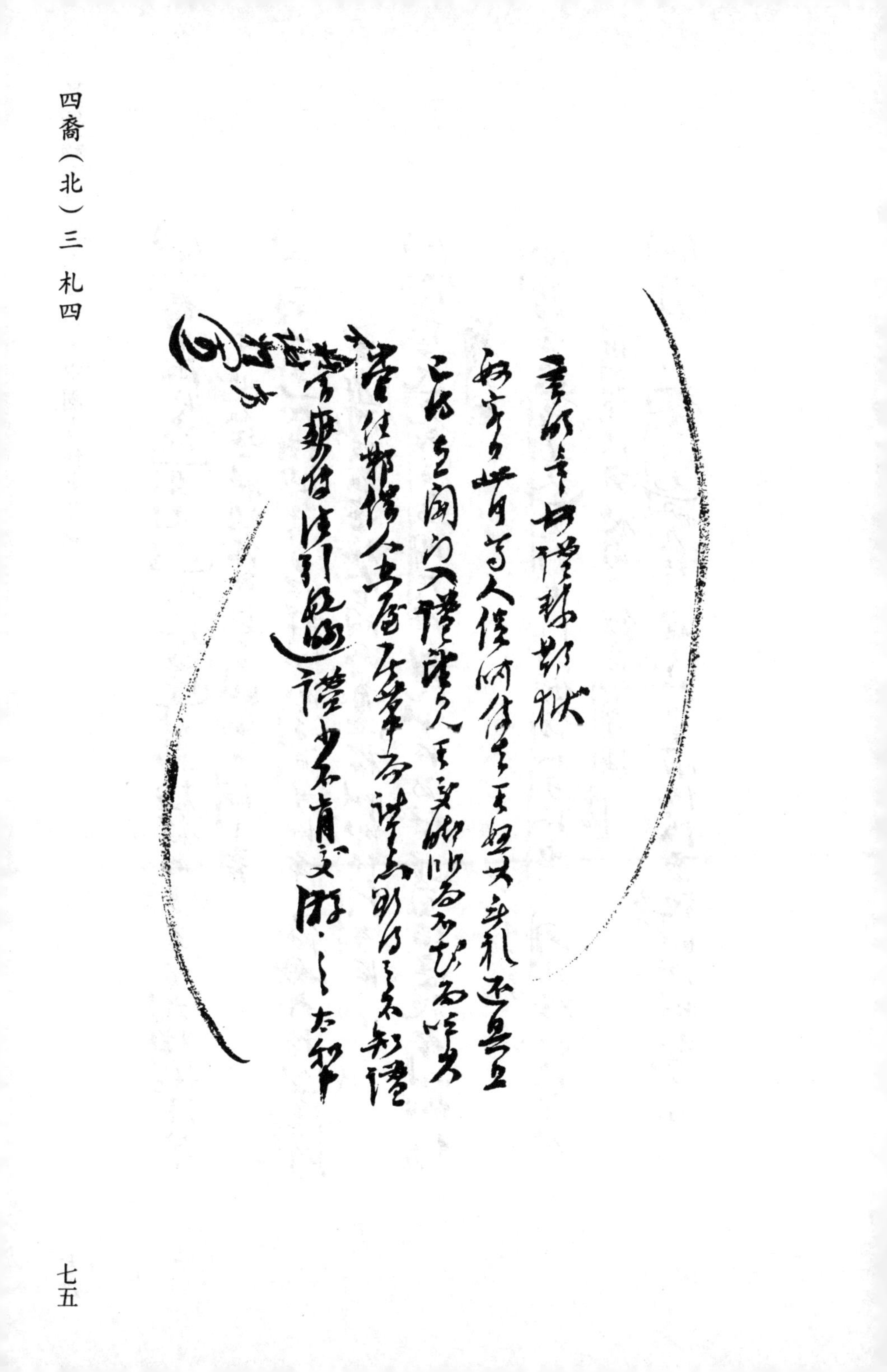

四斋（北）三　札四

(一)舊唐書德宗紀貞元六年，回紇遣達北特勒梅錄將軍來告九姓回紇愛登

里邏汨沒蜜施俱錄忠貞毗伽可汗之喪

(二)十一年，九姓回紇骨咄祿毗伽奉誠可汗卒，以冊九姓回紇騰

里邏羽錄沒蜜施合胡祿毗伽懷信可汗（跌跌氏）

(三)憲宗紀元和三年，冊九姓回紇可汗為滕里邏汨蜜施合毗伽保

義可汗

(四)穆宗紀長慶元年，九姓回紇毗伽保義可汗卒，冊九姓回紇為

登囉羽錄沒蜜施句主錄毗伽可汗（崇德）

(五)敬宗紀寶曆元年，冊九姓回紇愛登里囉汨沒蜜施合毗伽昭禮可汗

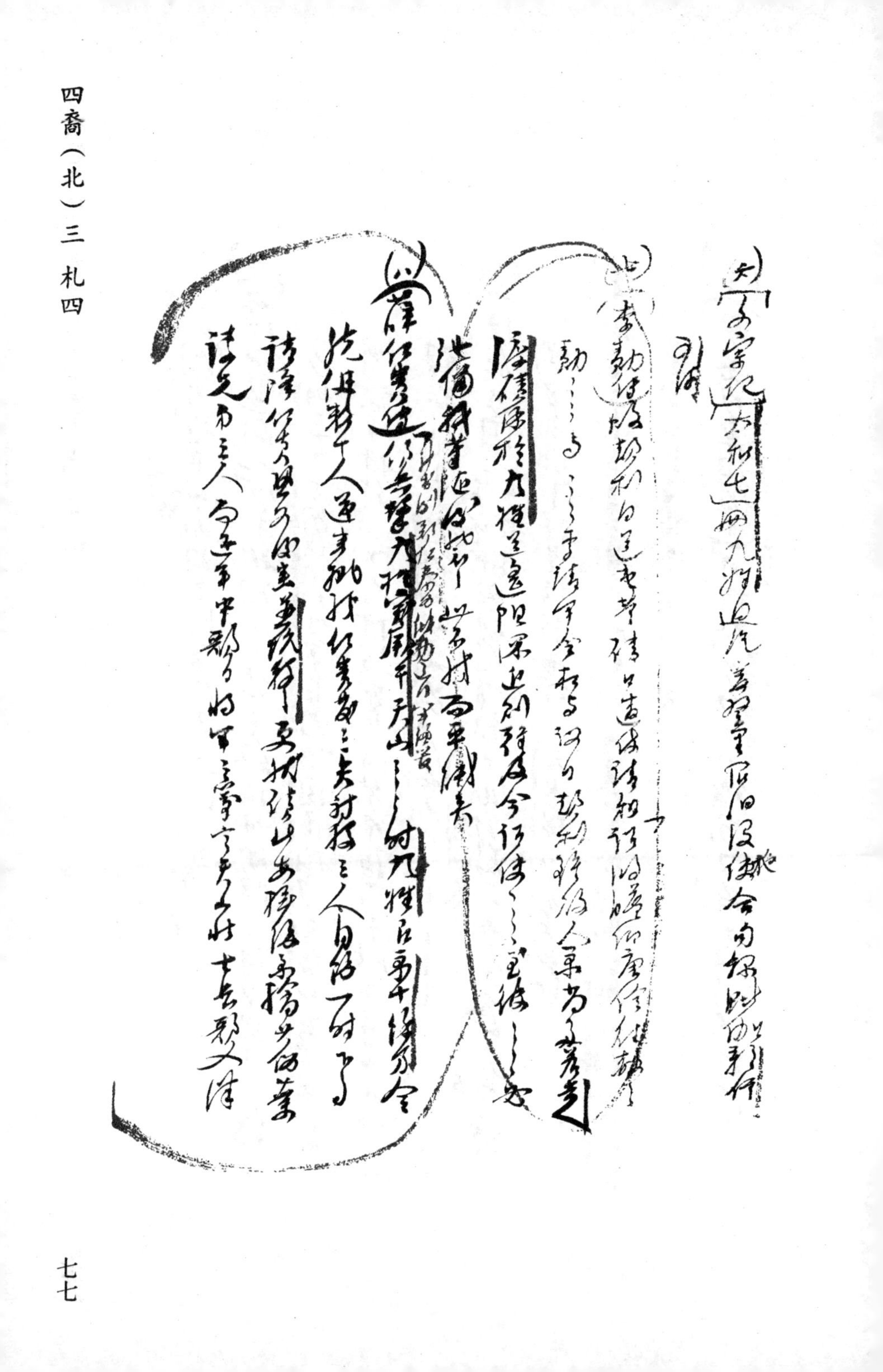

(九)閩九姓自[illegible]

(十)徙造閩之[illegible]年[illegible]

[illegible]九姓[illegible]

[illegible]

[illegible]九姓[illegible]

(十一)[illegible]閩之[illegible]

[illegible]

(十二)[illegible]

[illegible]

(十三)契苾[illegible]九姓[illegible]鐵勒之種[illegible]

[illegible]

(十五)論子仁開元之初突厥九姓叛可汗仍引中渡黃磧居白檉林收大拔部——

峪分五稱落降之跌跌思太叛拔曳固之之渡河出

(十七)柳子建陸北后陀中受降安北州可九姓之前后具

(十八)僕固渾邊貞觀二十年鐵勒九姓大首領率其宗降以其回紇瀚海燕然

金微出陵等九部皆附列可蕃可以僕骨歌邏撥姓可……

金微都督初為僕固氏

唐回紇傳鐵勒十一部皆來 以其地為府

回紇——瀚海
多覽葛——燕然
僕骨——金微
拔野古——幽陵
同羅——龜林
思結——盧山
都督府

渾——皋蘭州
斛薛——高闕州
阿跌——雞田州
契苾羽——榆溪州
奚結——雞鹿州
思結別部——蹛林州
白霫——寘顏州

結骨——堅昆府
骨利幹——玄闕州
俱羅勃——燭龍州

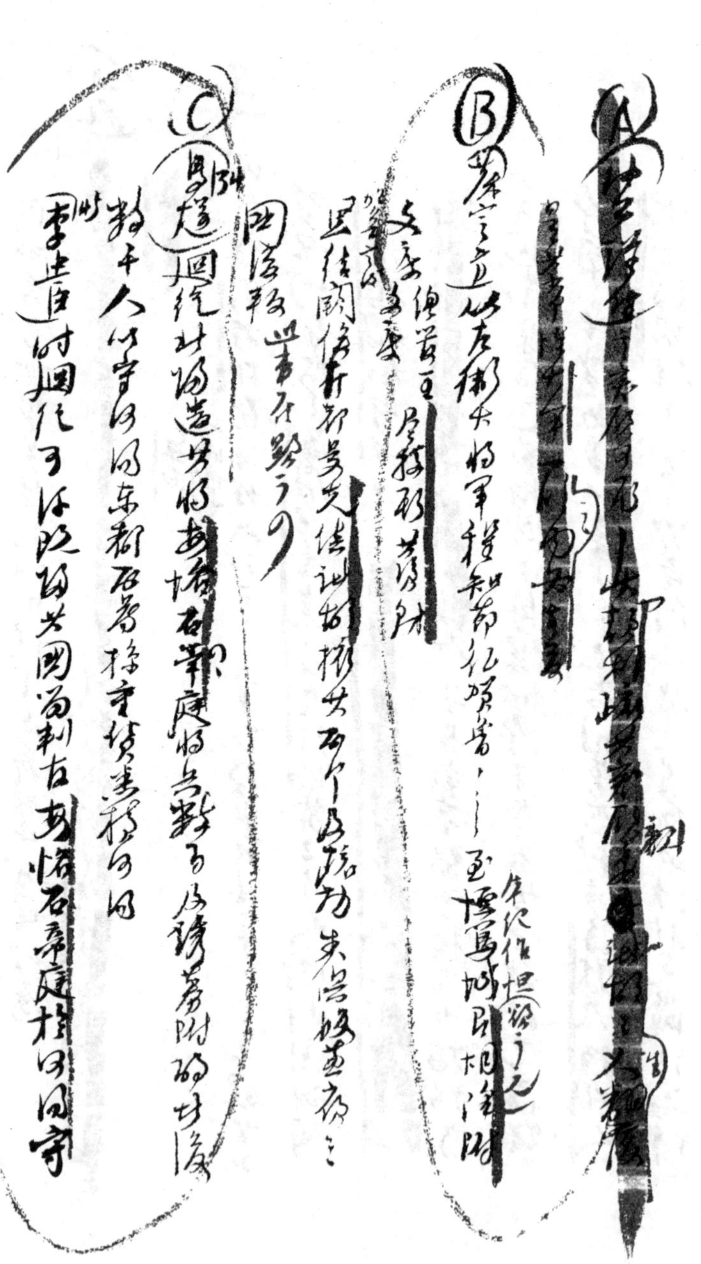

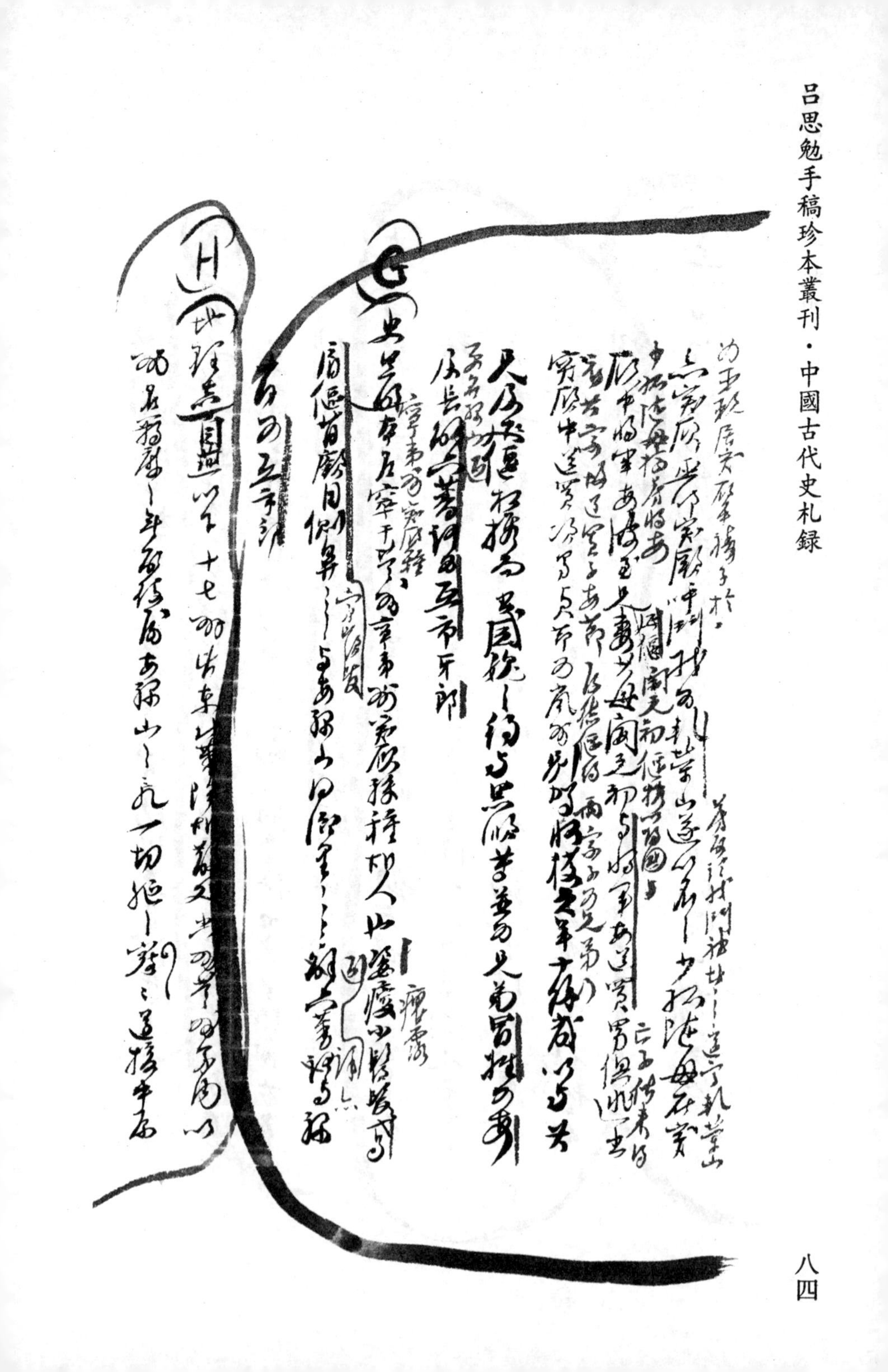

[illegible]

(G) [illegible]

(H) [illegible]

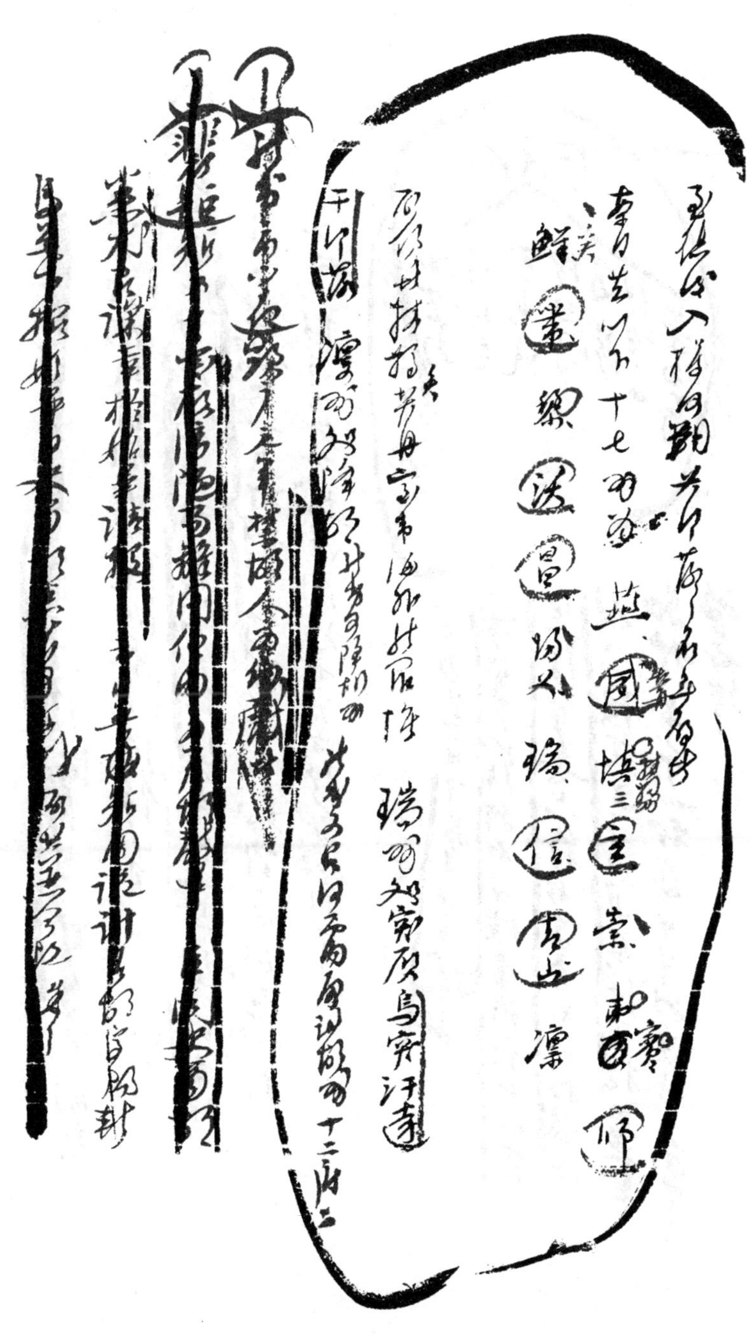

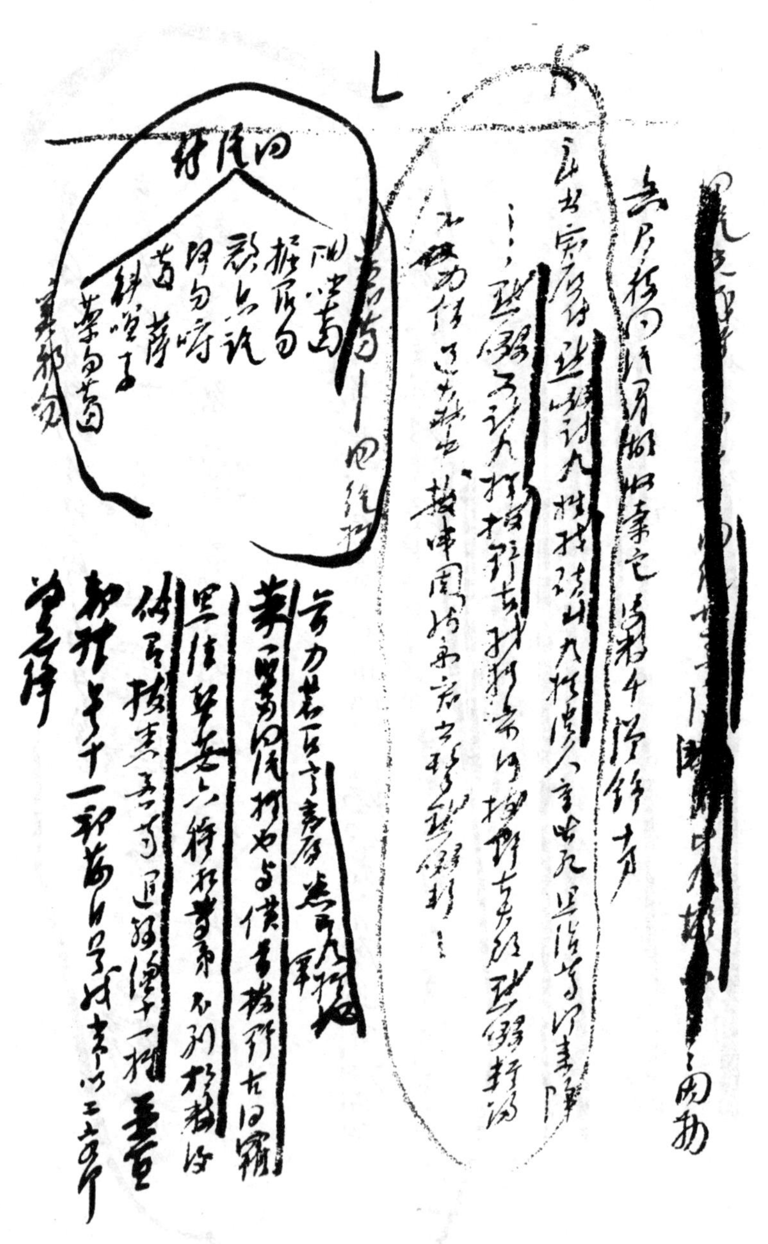

渤海情形

滿蒙古蹟考

32
33
128
132
|
134

四裔（敵）

[illegible]存

卅七年九月十三日自[illegible]國[illegible]

[illegible]

[illegible]時從中錄出防其散失

勉

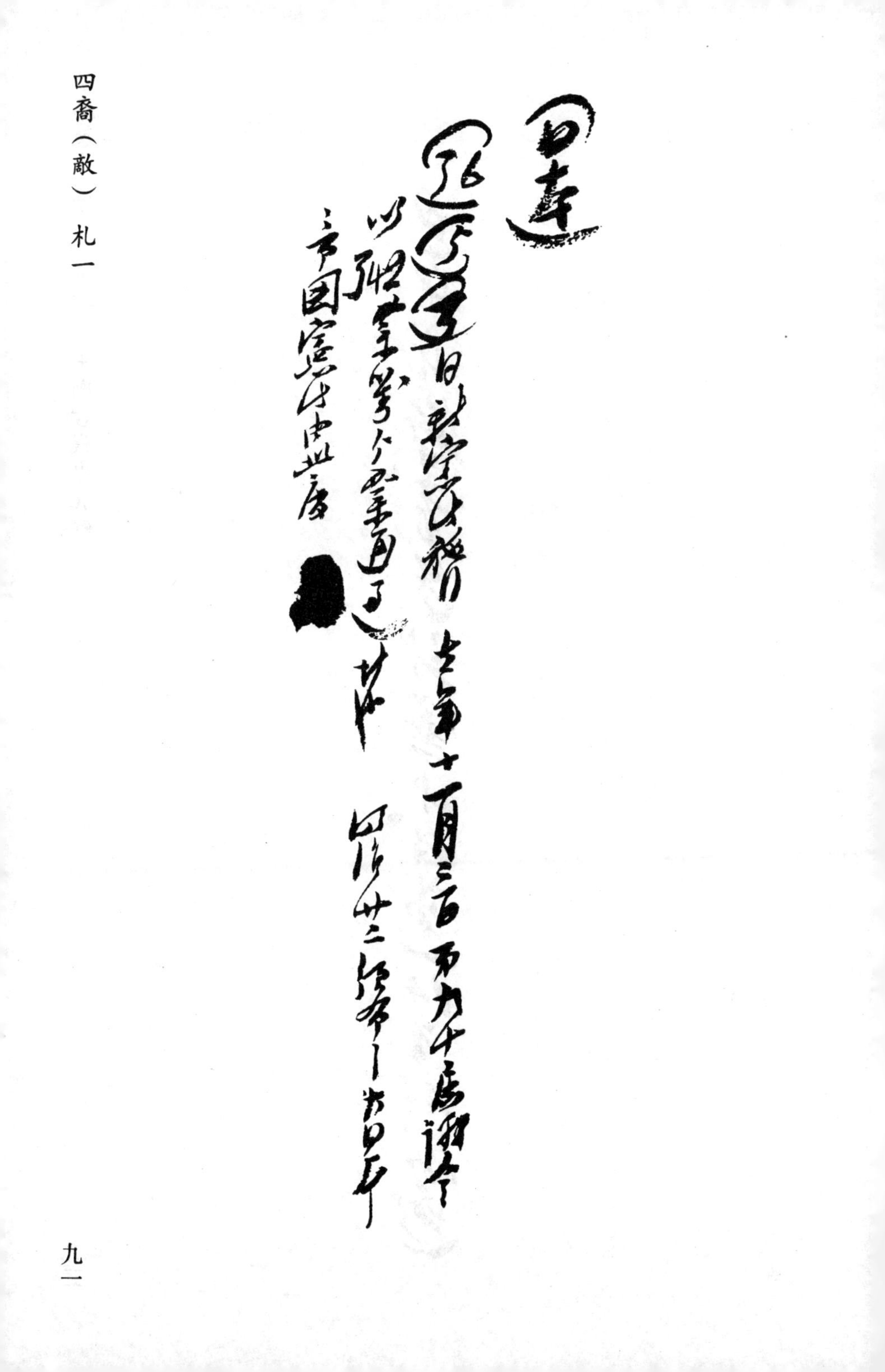

[illegible]

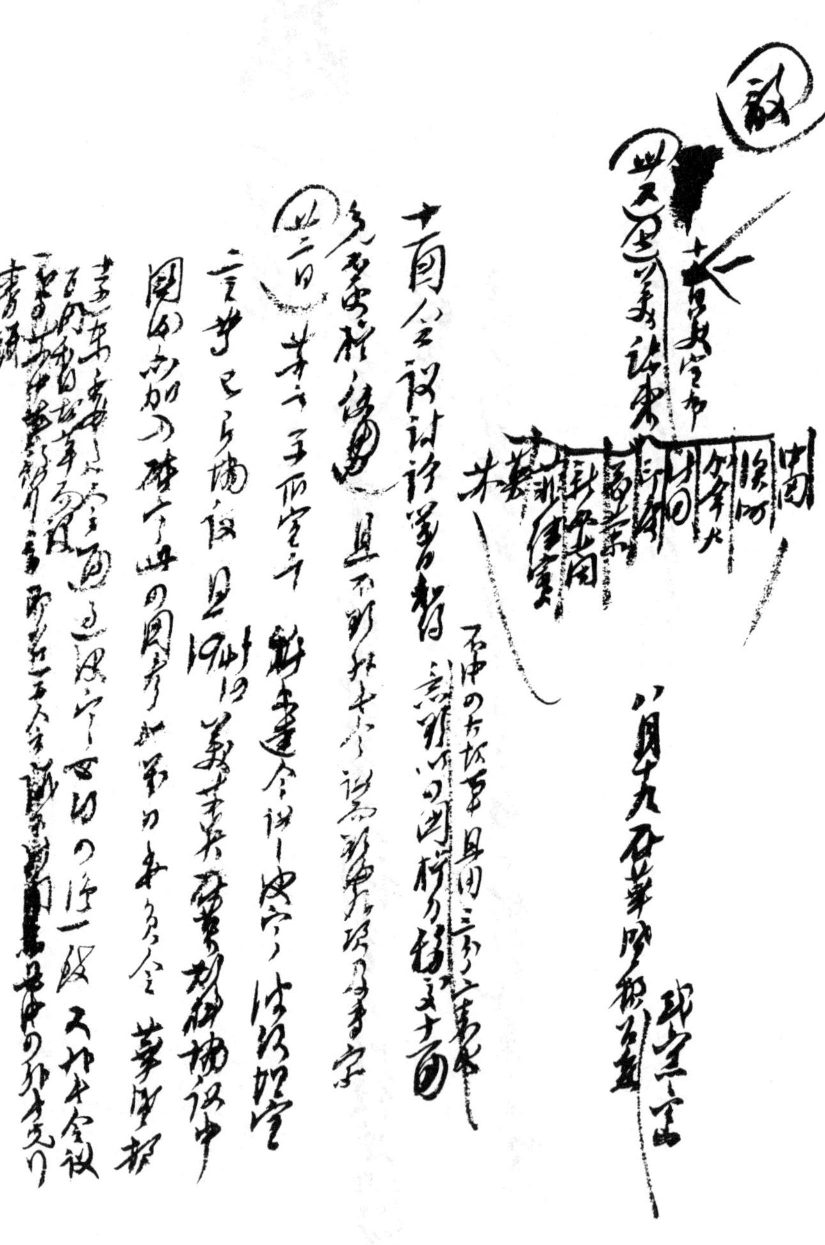

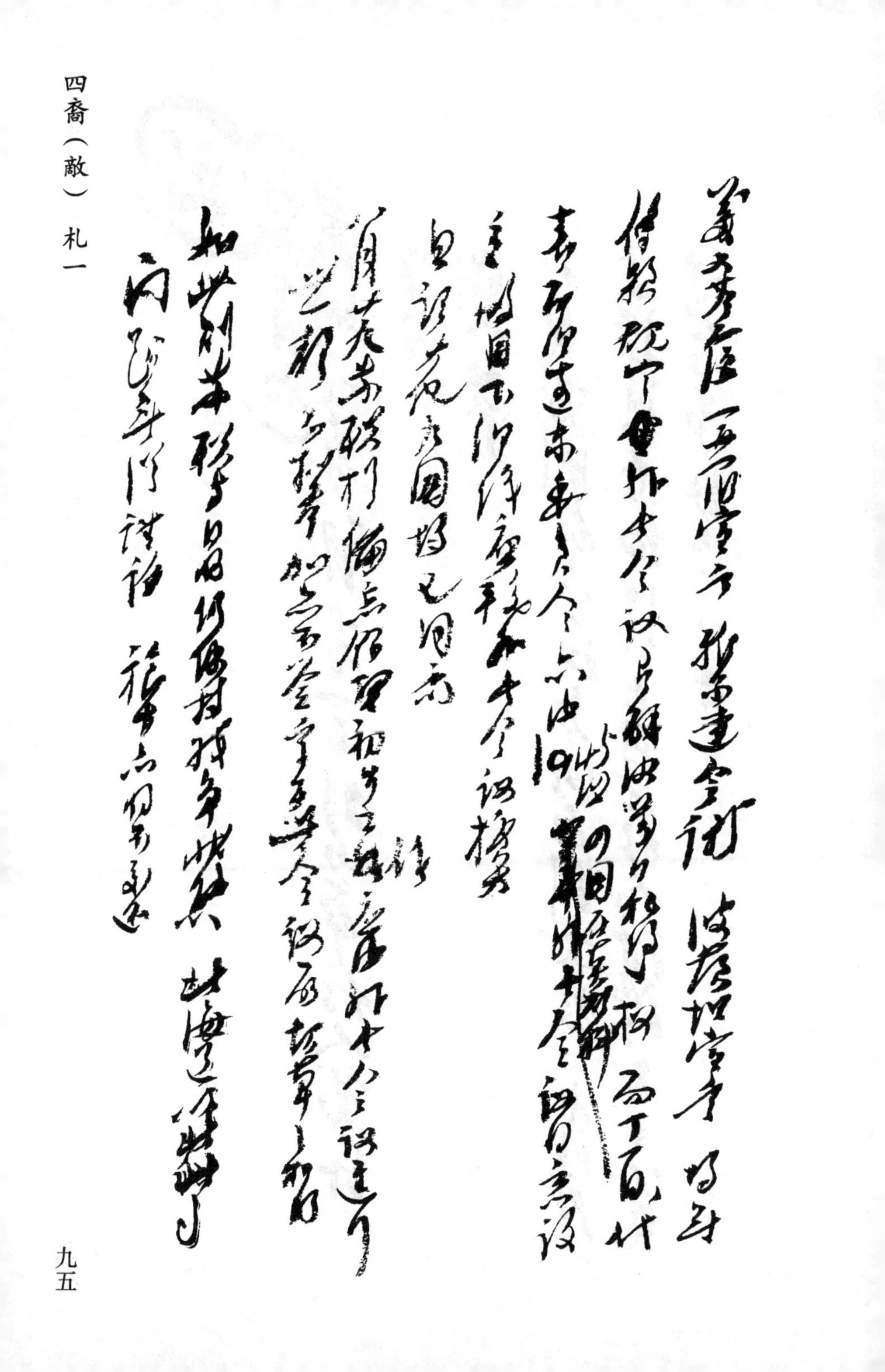

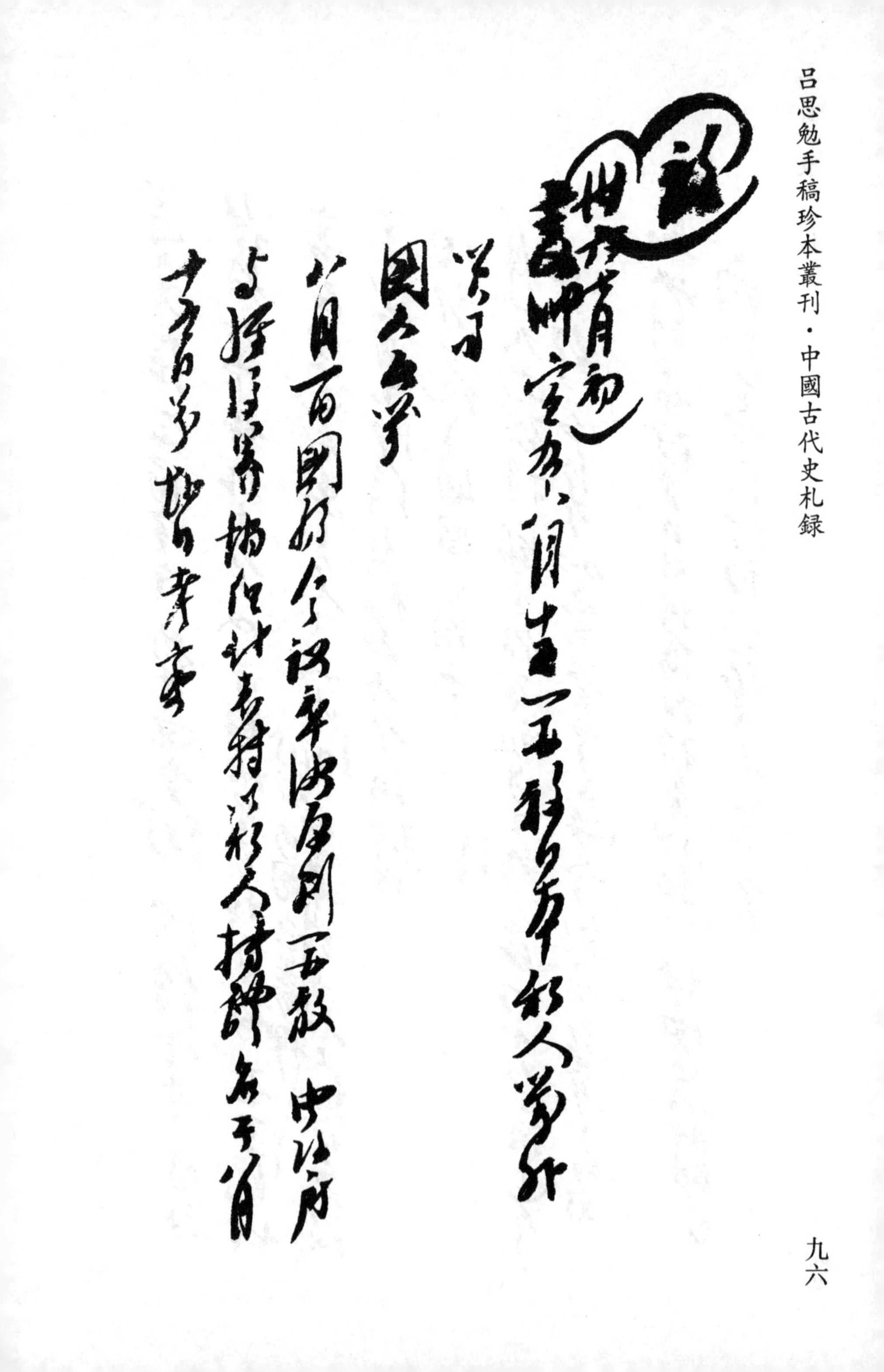

[illegible]

朱世明抵日

35/1/10

代表我國出席遠東委會 美代表團亦已到達

【聯合社橫濱九日電】遠東顧問委員會中國首席代表朱世明中將亦已於今日到達此間。

遠東委員會

昨日在東京舉行第一次會議 十一國代表與麥帥顧問協商

【聯合社東京十日電】遠東委員會十日在此間麥帥總部舉行首次會議，參加者十一國代表與麥帥經濟及科學顧問馬開特少將進行協商，內容未詳。各委員旋與麥帥同進午餐，下午繼續與馬開特會談。同時戰時運輸船「麥金萊」號自檀香山載各委員及其隨員來日，十日已自橫賀移泊東京碼頭，將在委員會留日期間，作爲各委員總部及起居之處。

交朱世明代表

，這國慶日，日本商店住宅，沒一不掛中國國旗。前一晚，日語廣播就勸告：「在台日本人，應以中國國民的心情，共同慶祝國慶」。日本人實在有點變得太快，太可怕

卅四、十二、廿二、[illegible]

在東京的前台灣總督府長官來電道歉說：「日本政府準備遣送在日本的台灣人回籍，中國方面不肯，說他們受日本教育太深了。」

卅五、十二、十五[illegible]

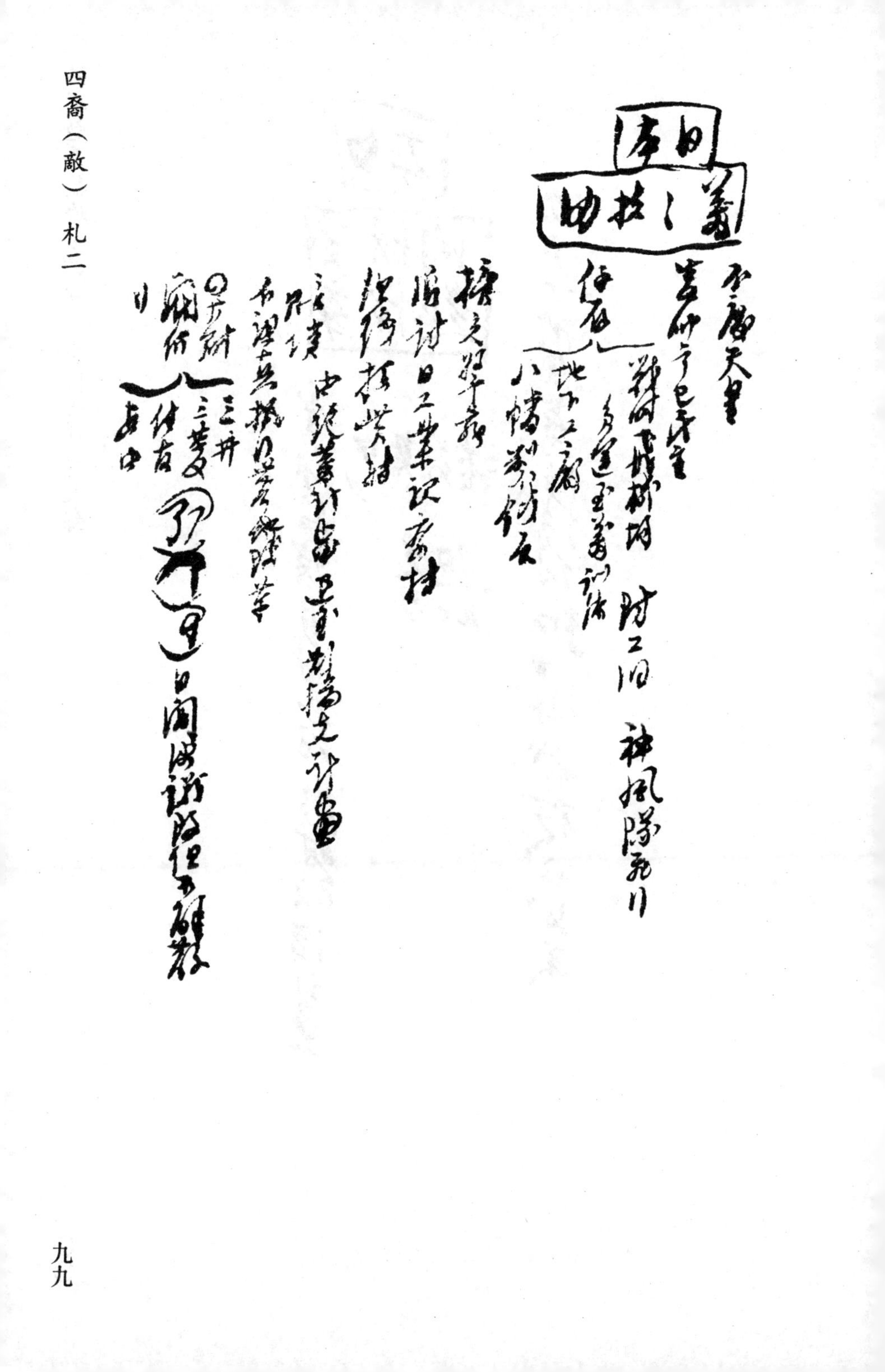

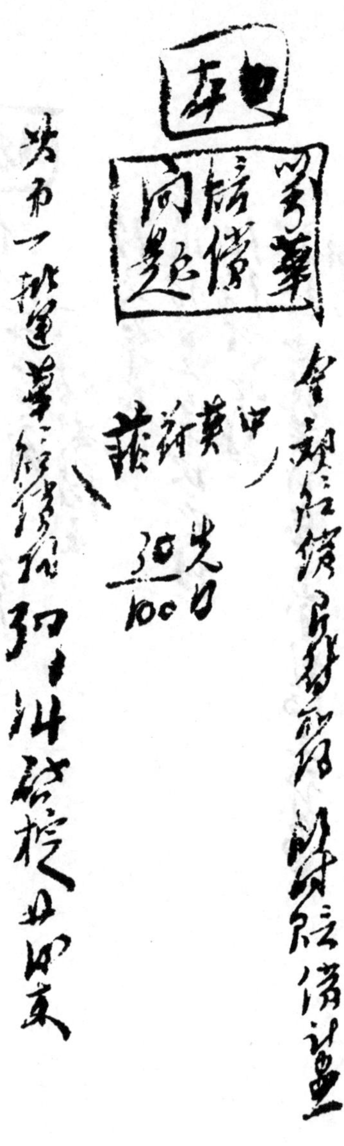

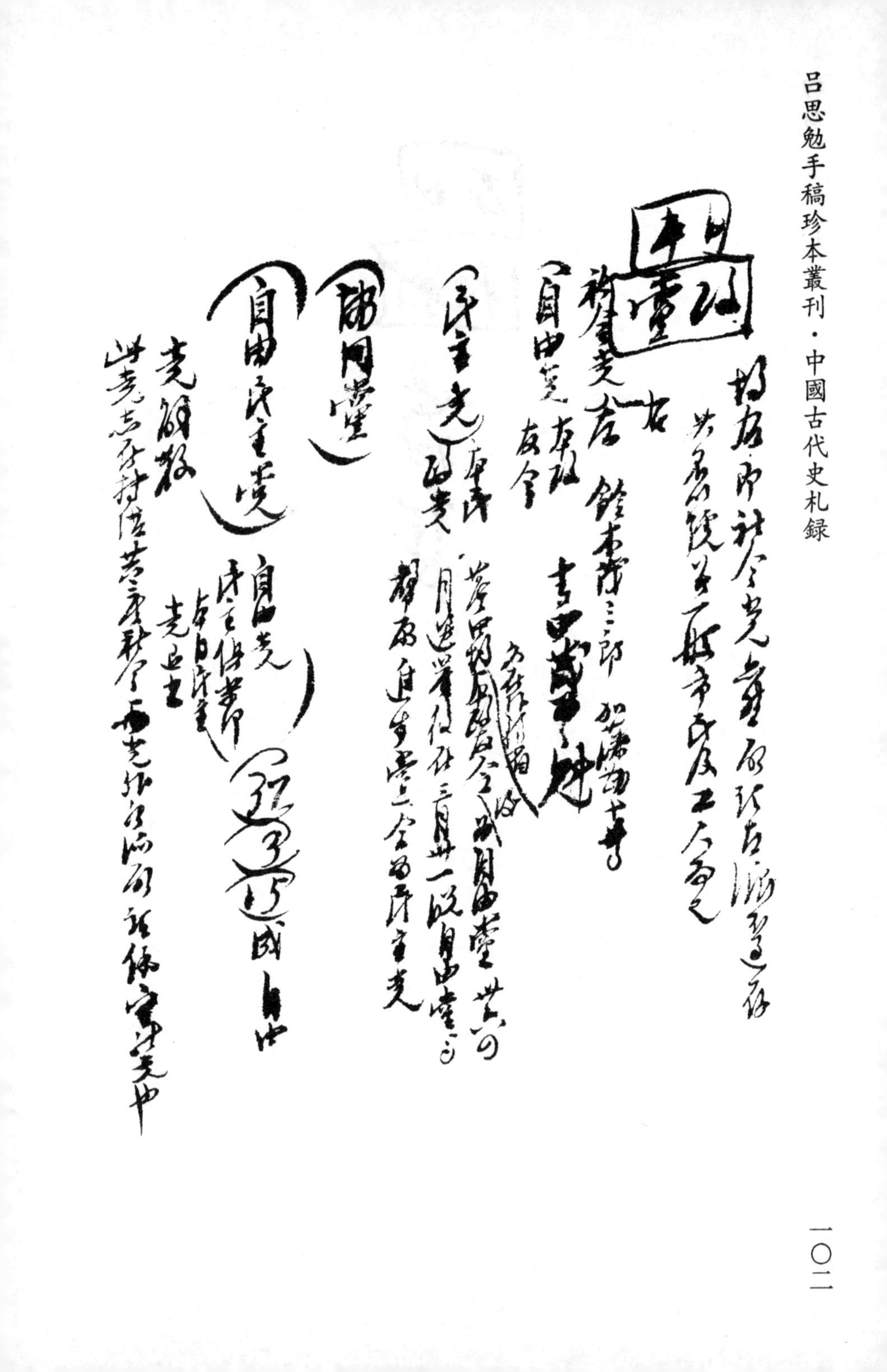

日本政黨

[illegible]

[illegible]

社會黨一名 鈴木茂三郎 加藤勘十

（自由黨）本稱政友會 吉田茂

名稱仍舊

（民主黨）本稱進步黨 [illegible]

[illegible]

（協同黨）

（國民協同黨）

（自由民主黨）

自由黨 民主黨 [illegible]

共產黨 [illegible]

[illegible]

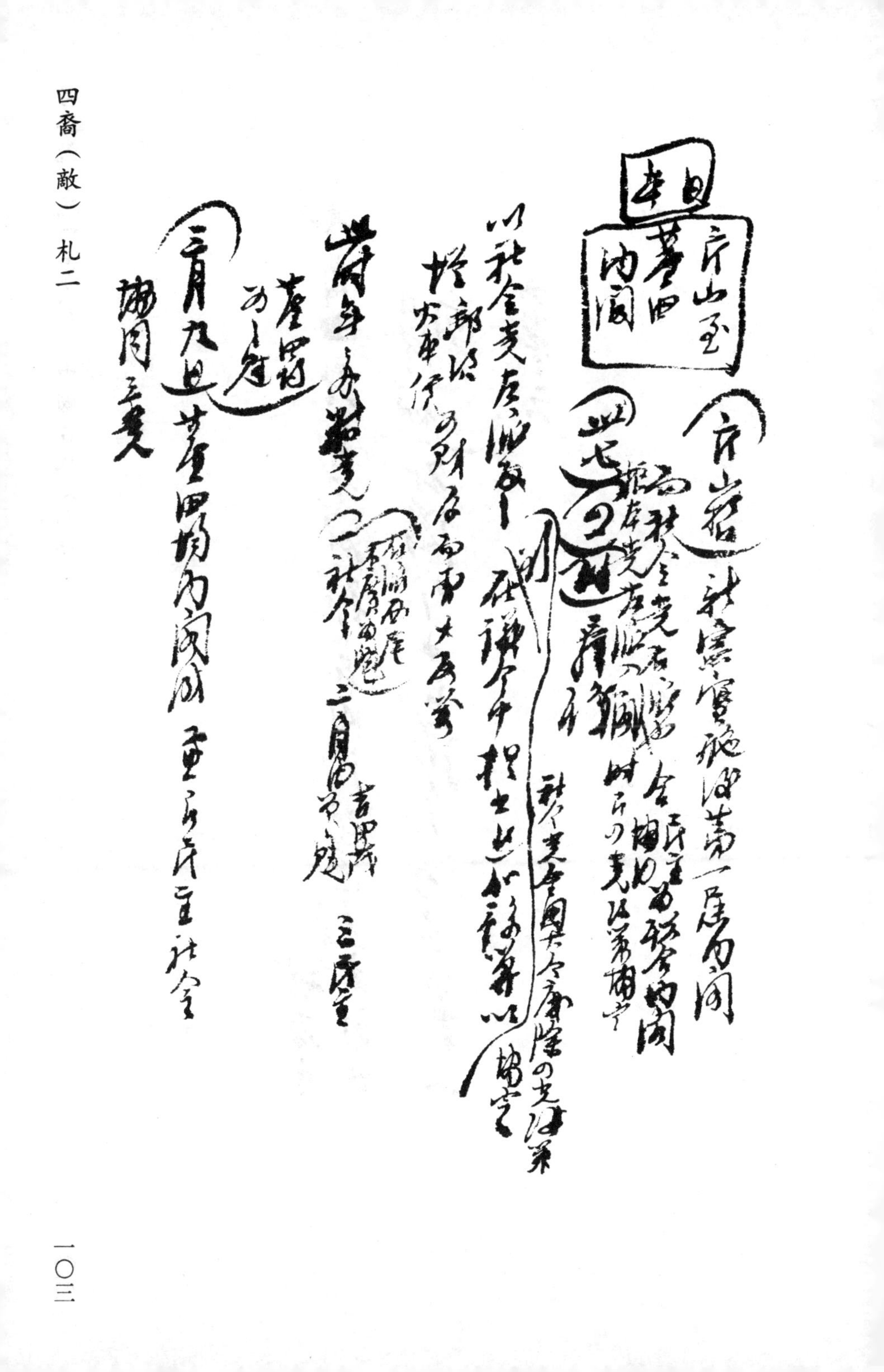

而身由深宫至荒服，據其田畔之國都，野居重
書郎也
自乎頌
而在翻閲中自謂之人，獨千二百不一
大書云

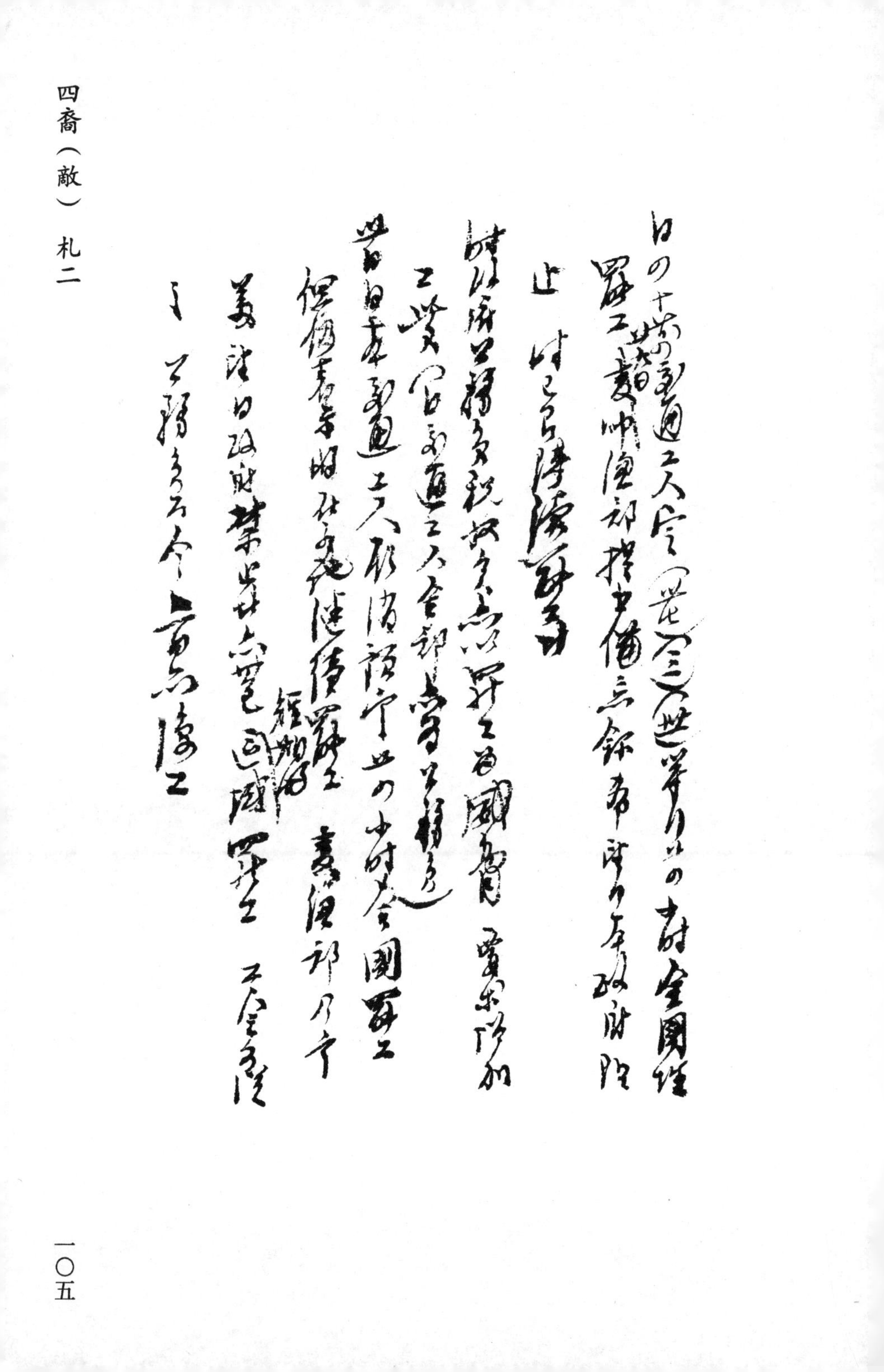

東史拾遺暨渤海女真史料

東史拾遺

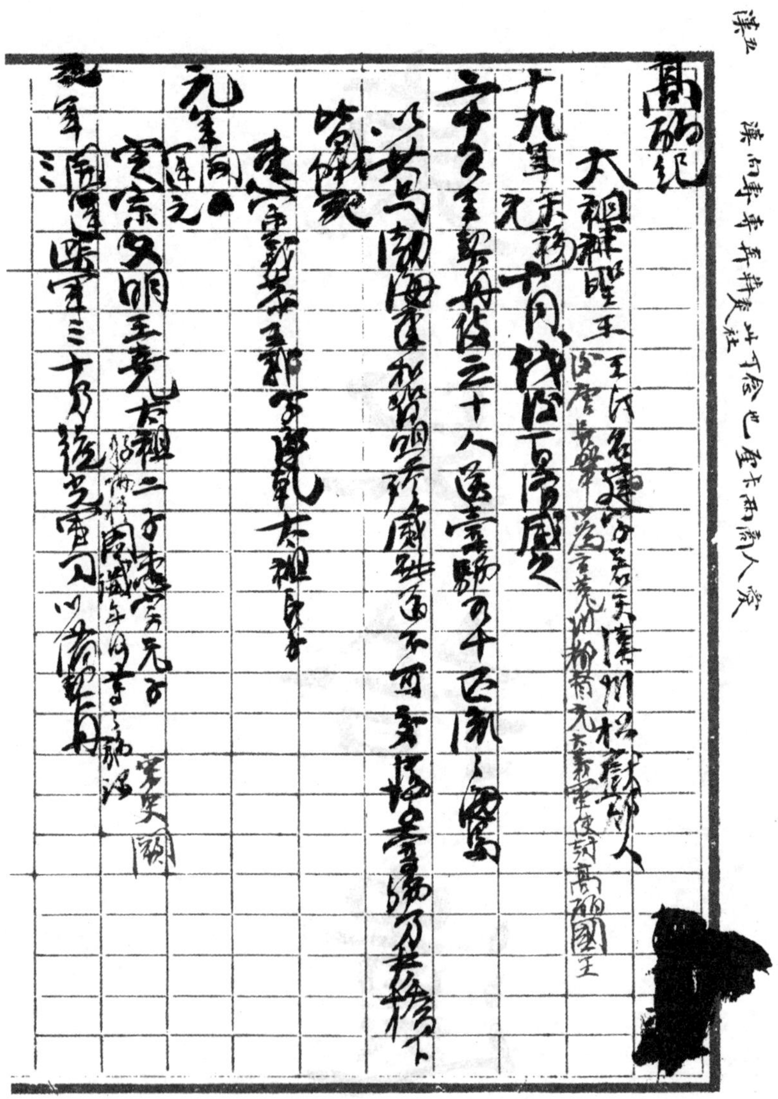

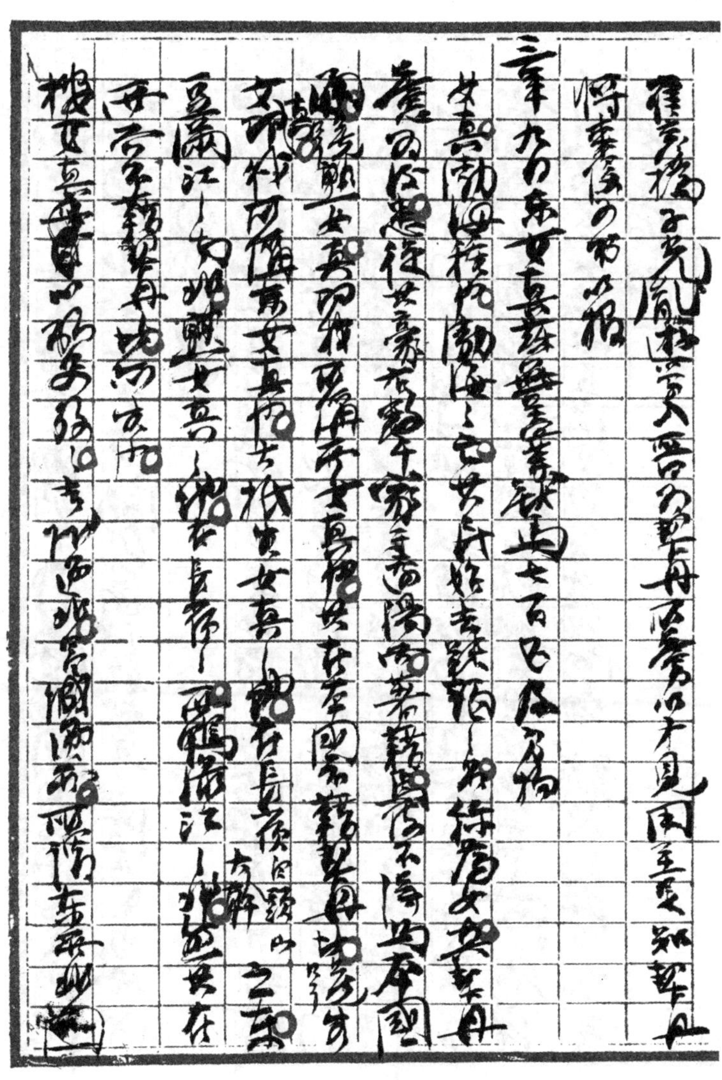

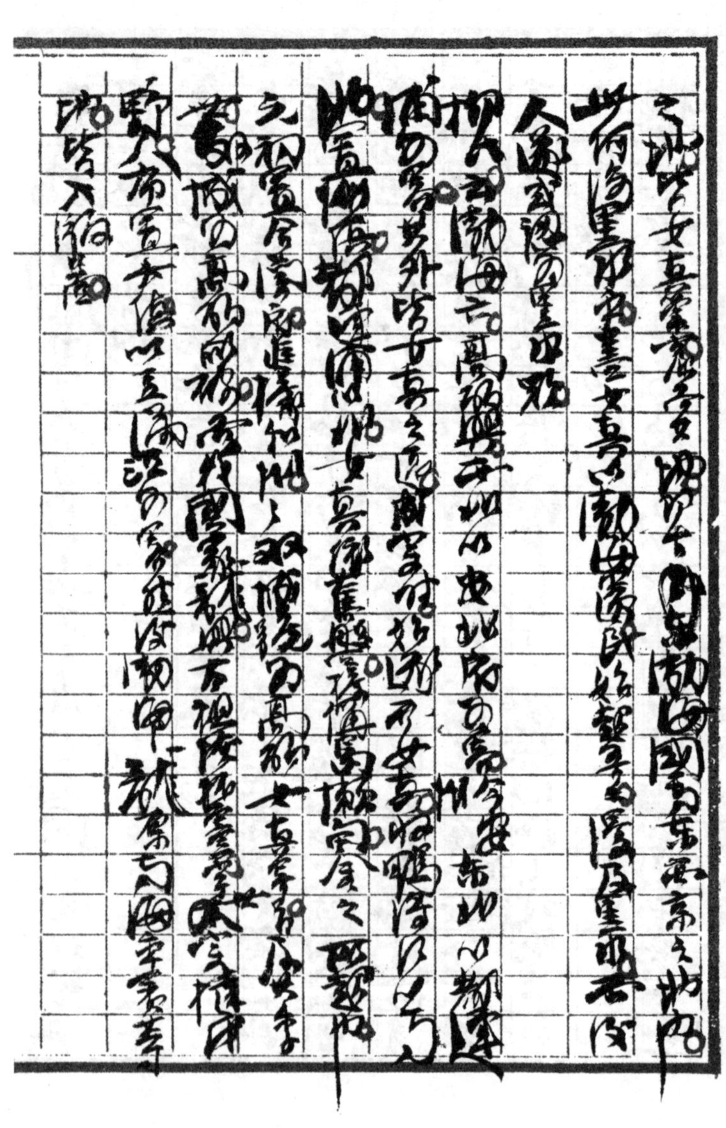

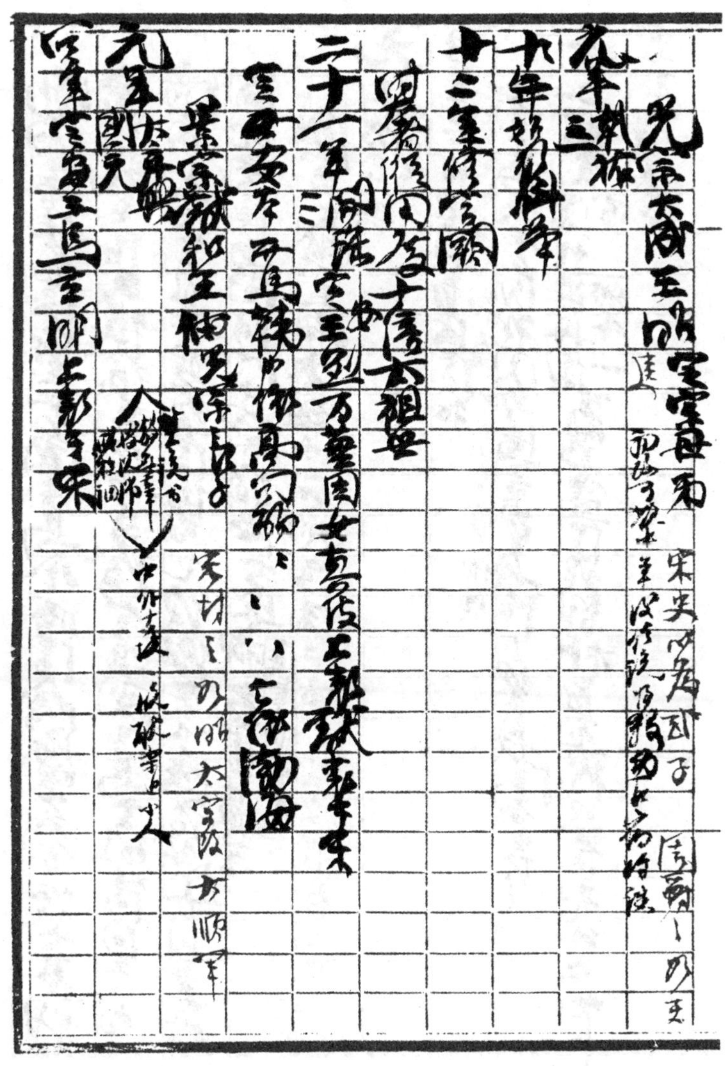

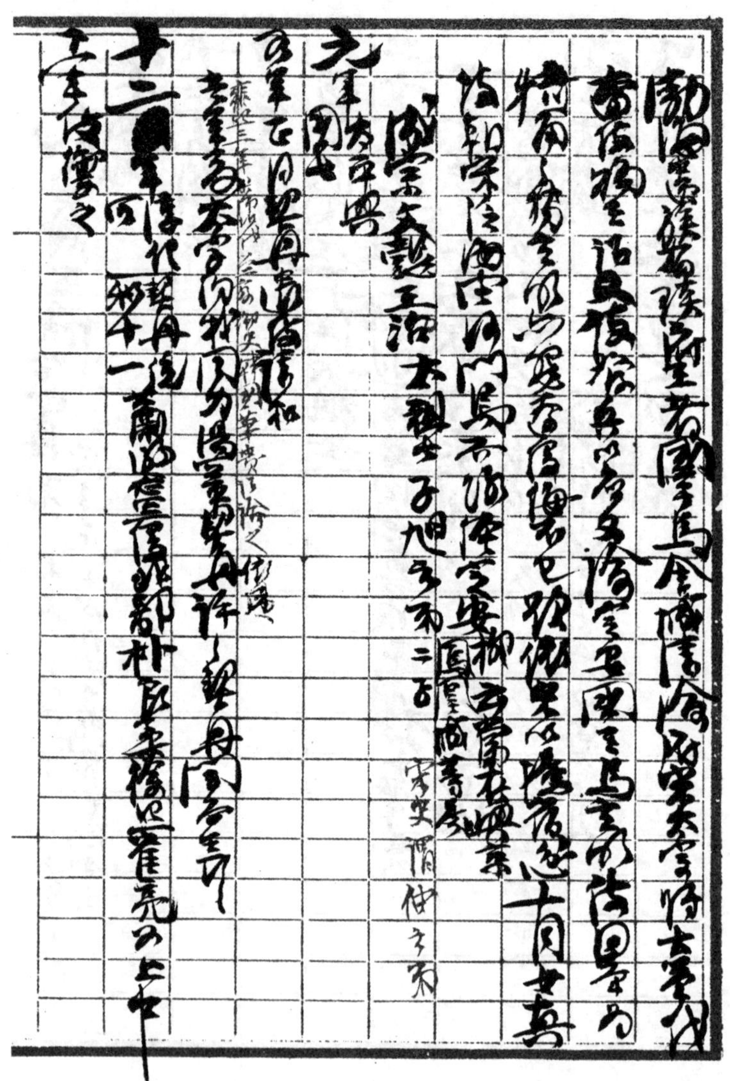

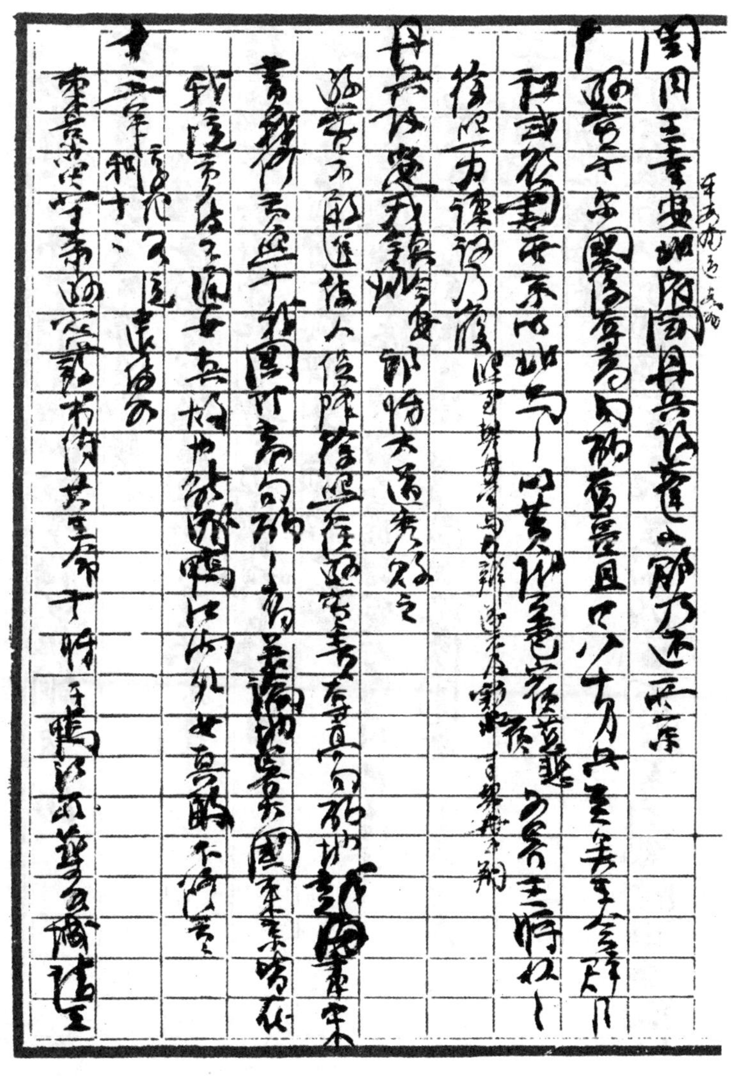

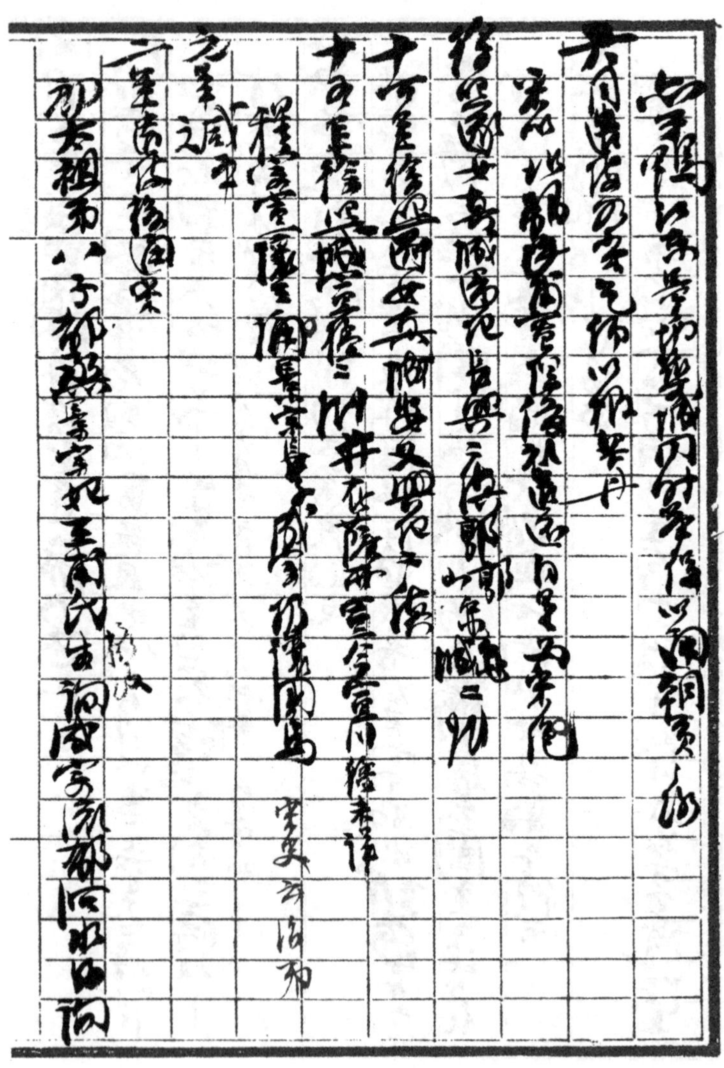

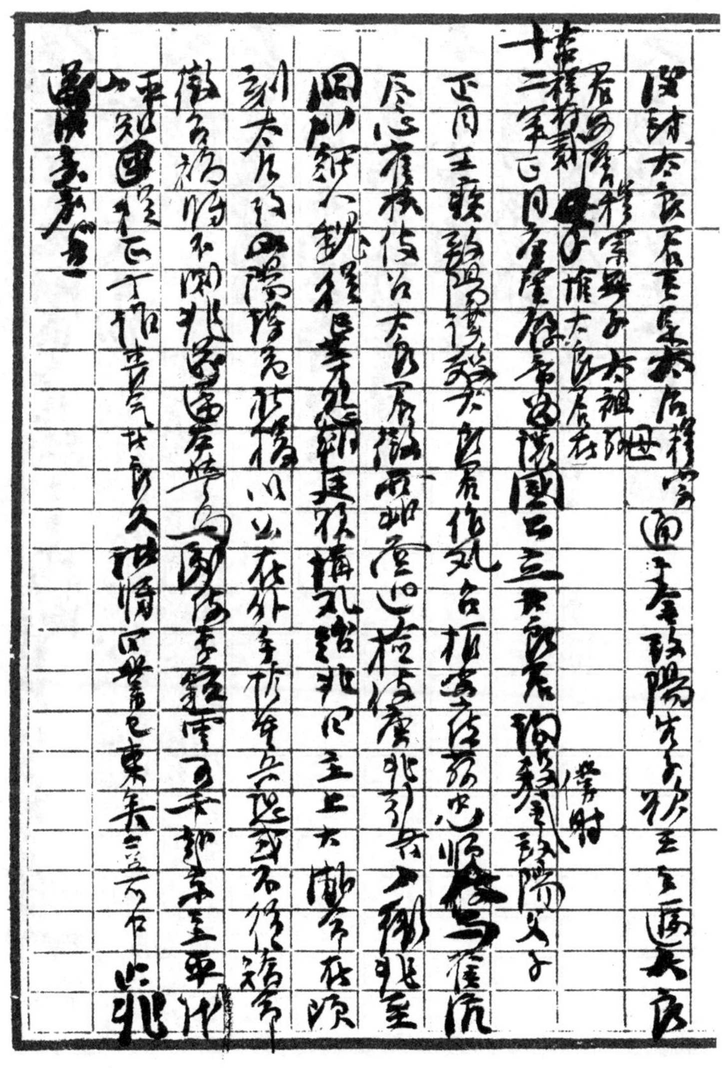

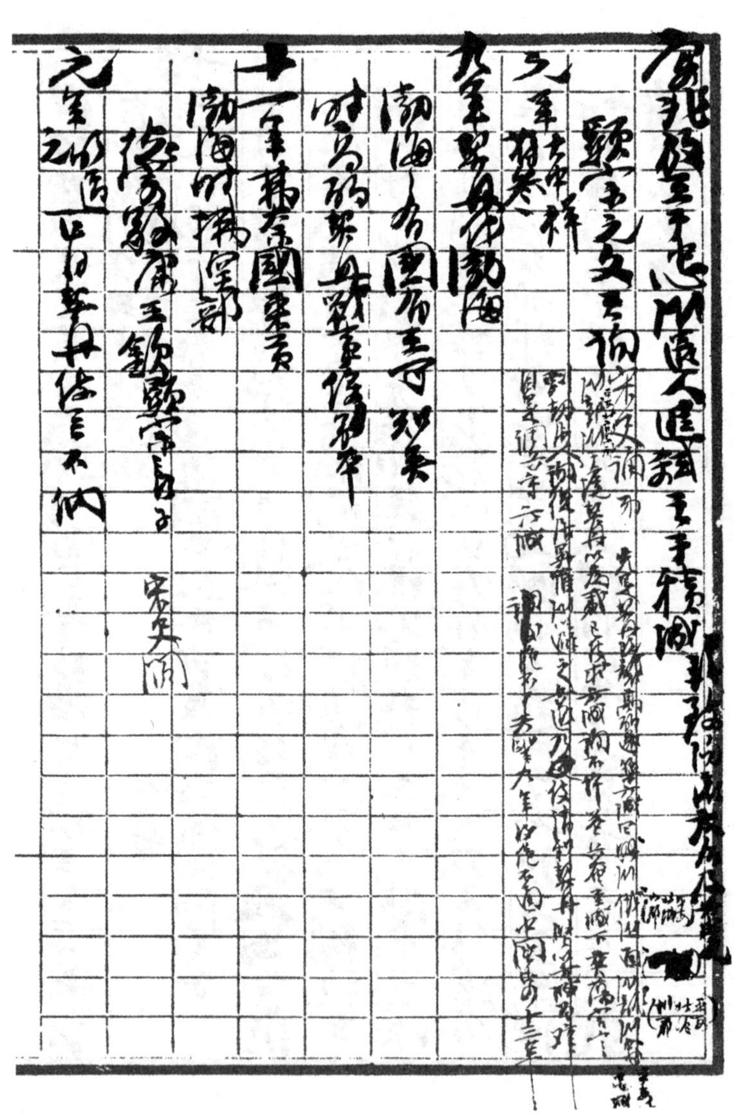

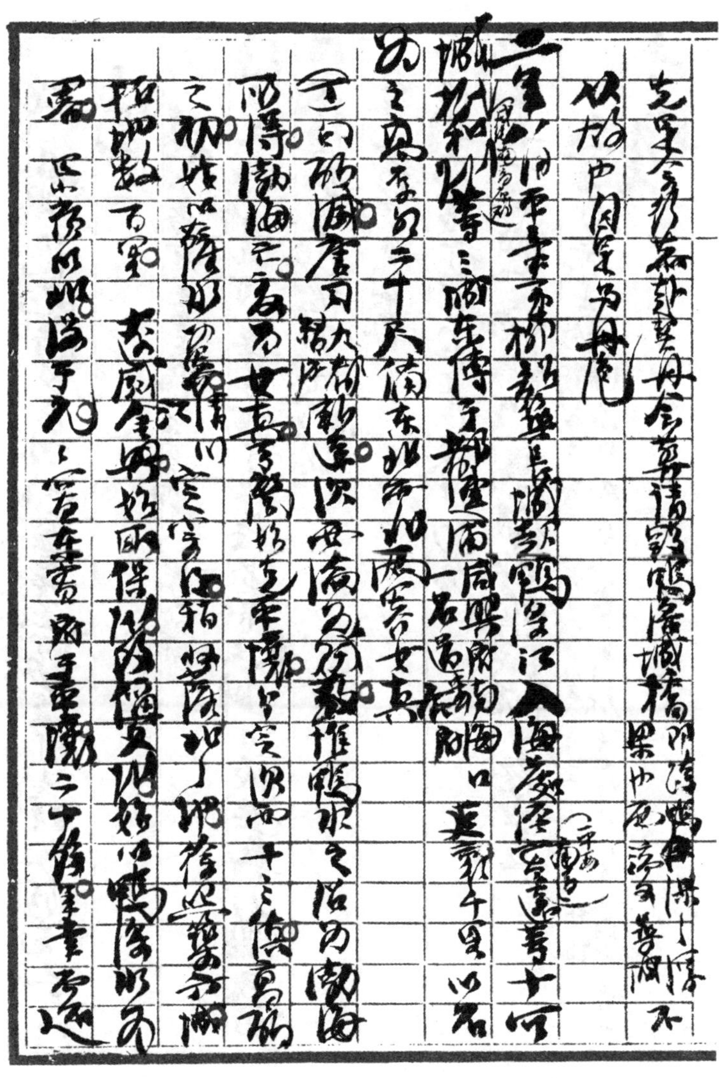

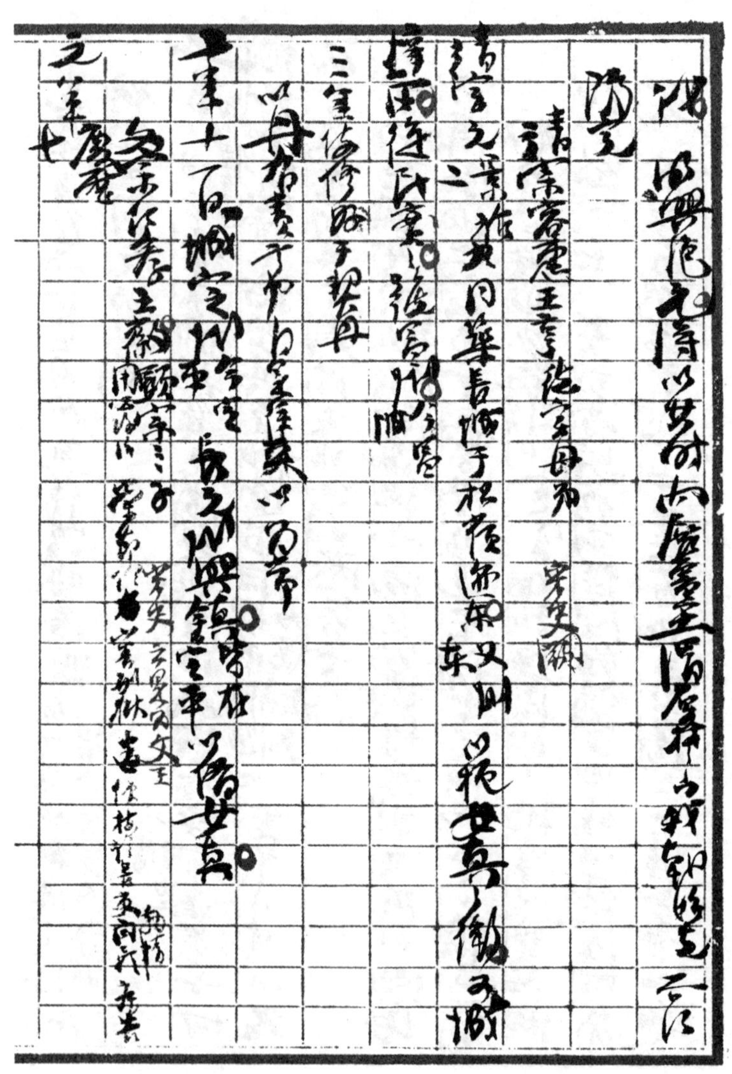

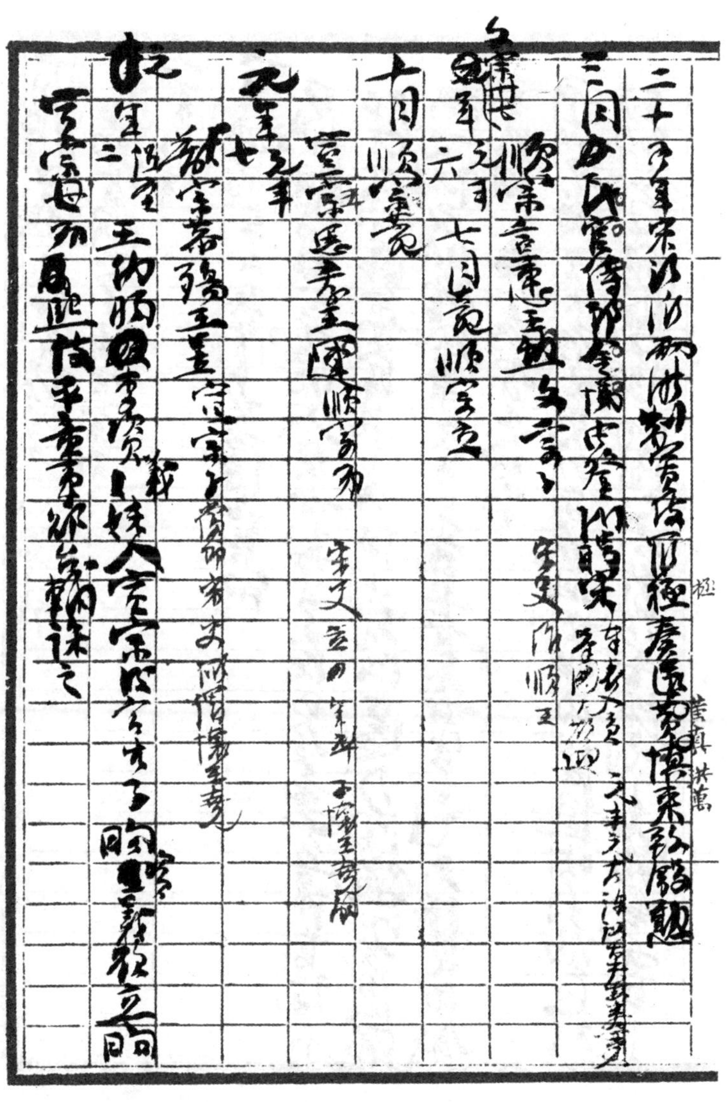

二十[illegible]年宋[illegible]

[illegible]

順宗[illegible]

[illegible]元年　六　七月[illegible]順宗立

十月順宗薨

宣宗[illegible]順宗[illegible]

元年　七　元年

獻宗[illegible]

[illegible]元年　二　[illegible]

[illegible]

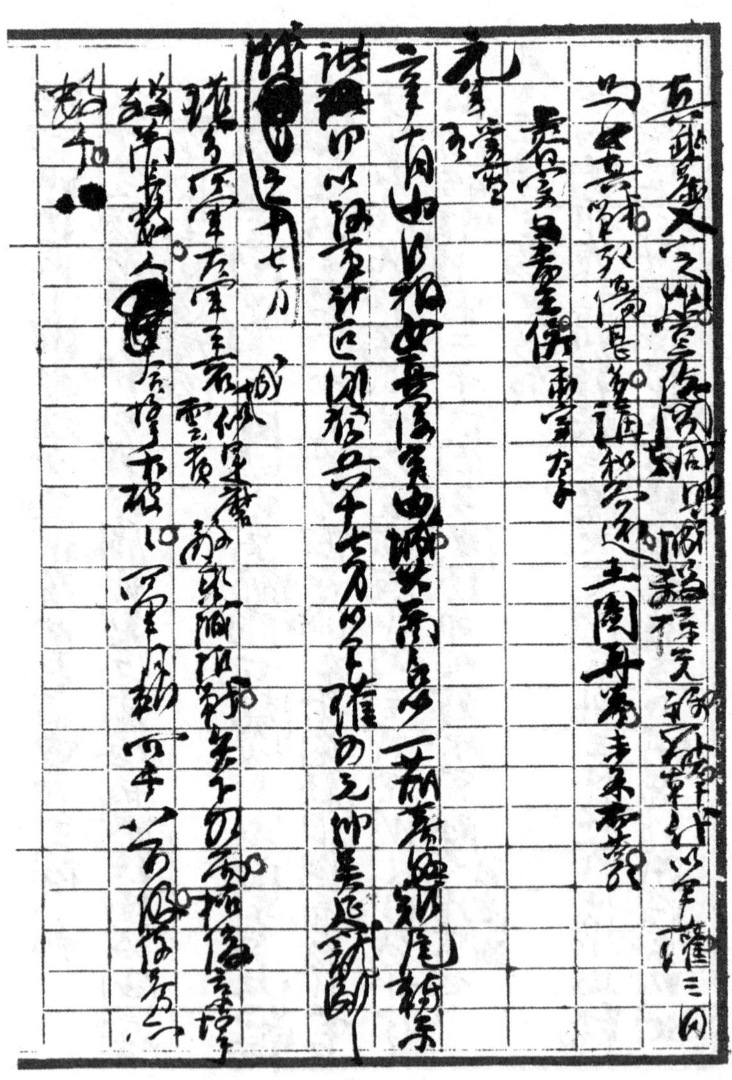

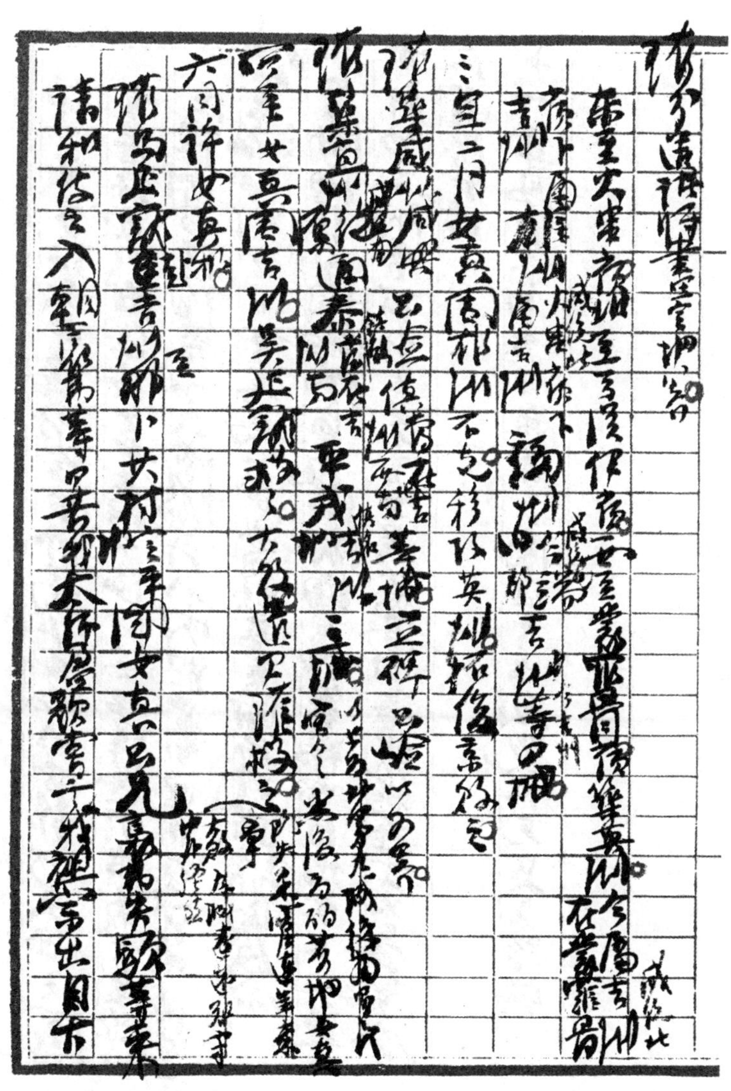

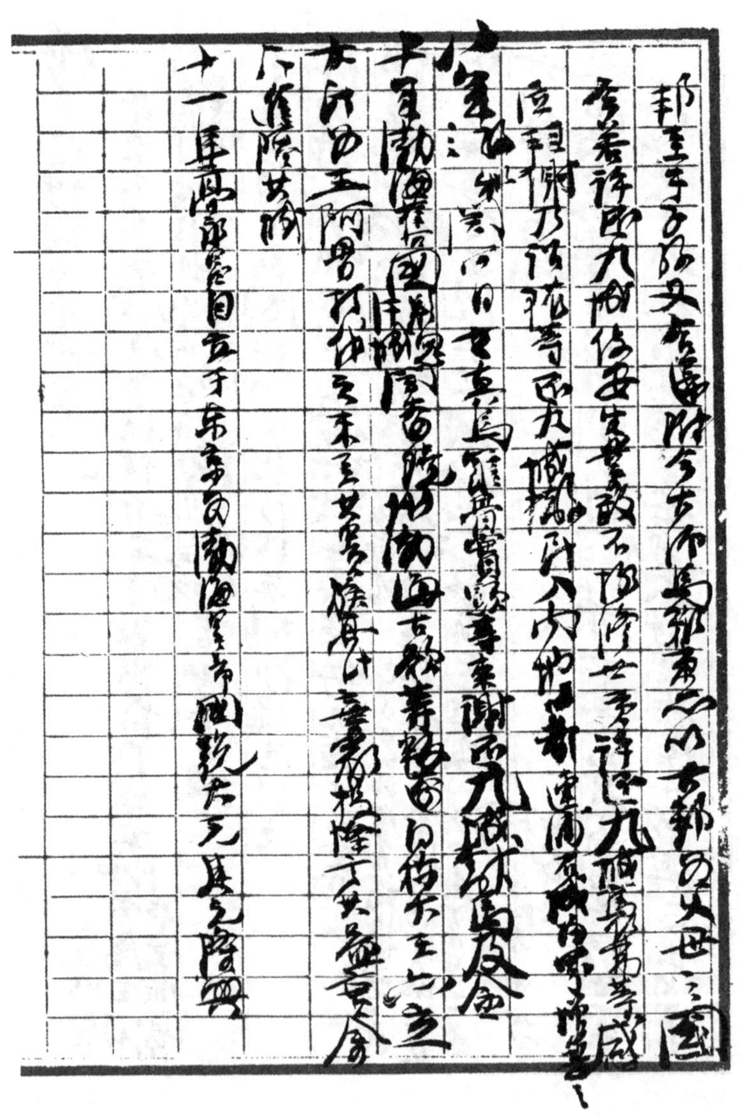

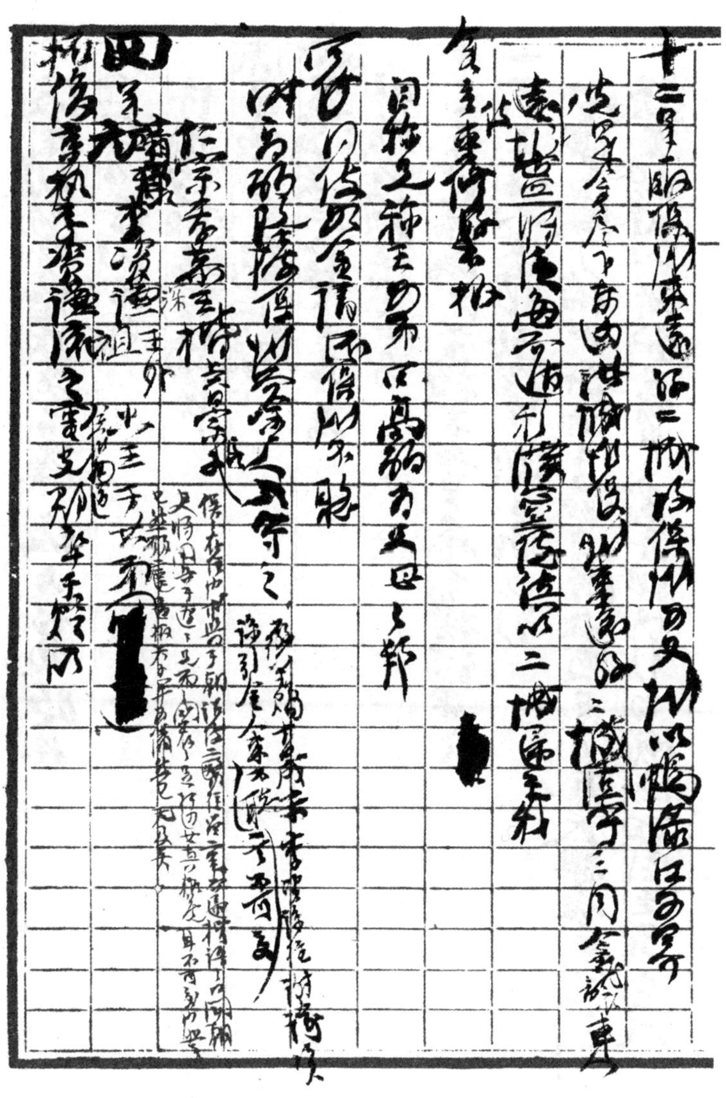

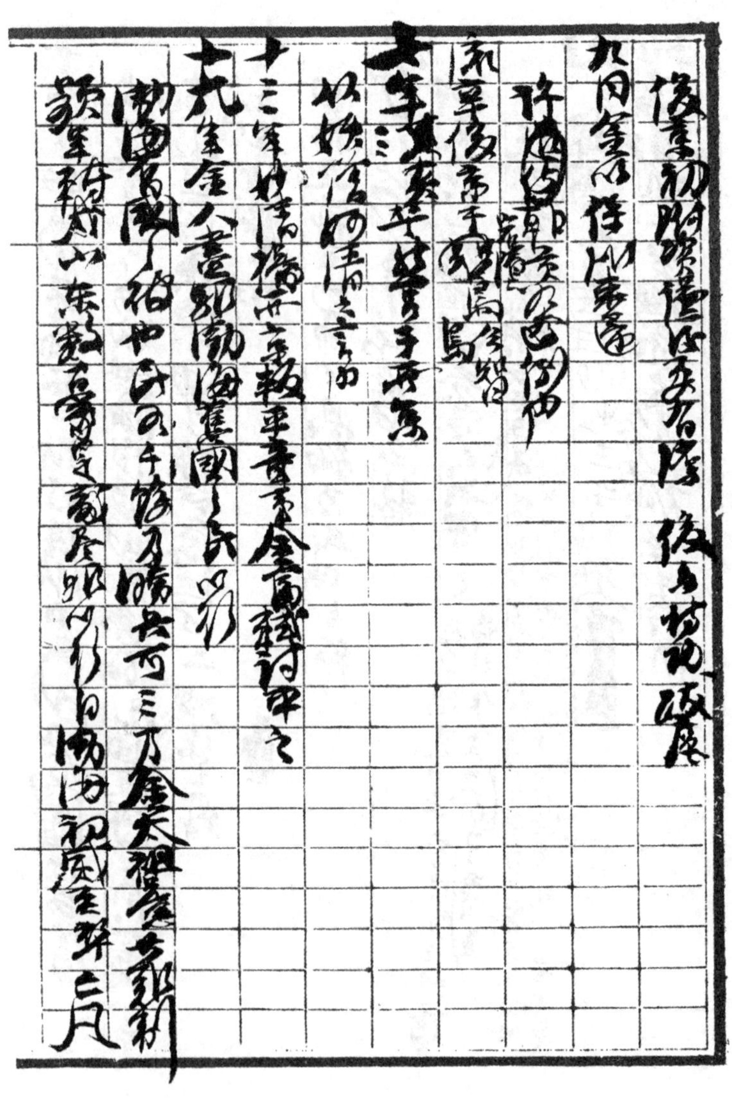

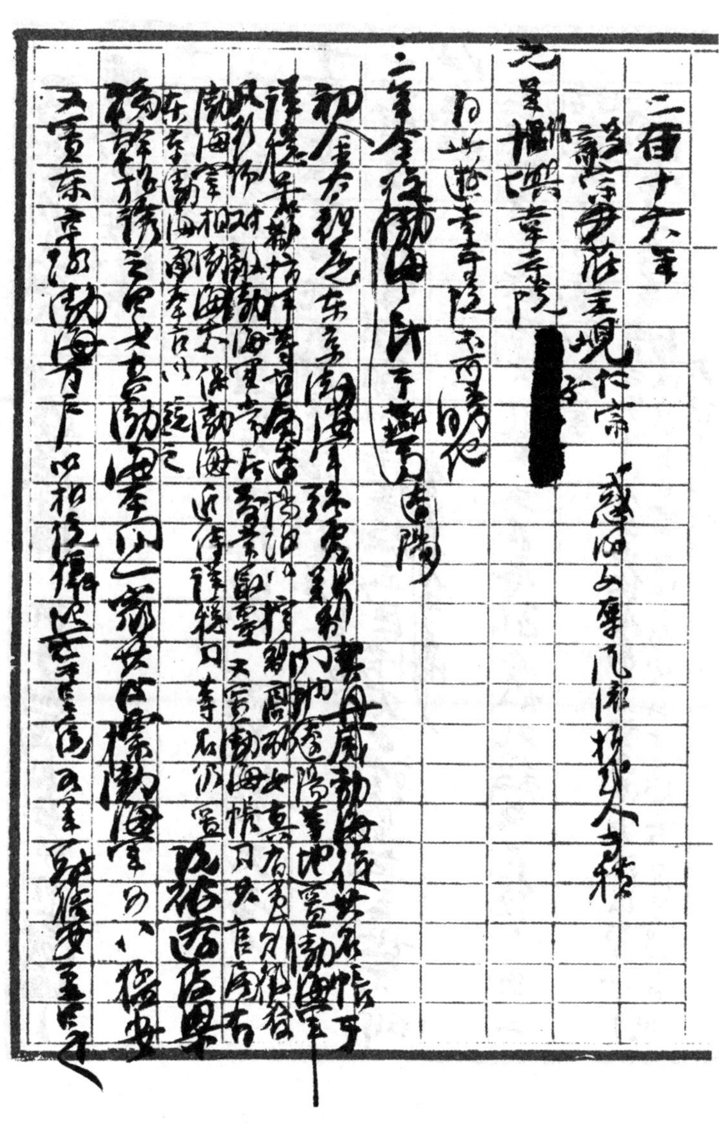

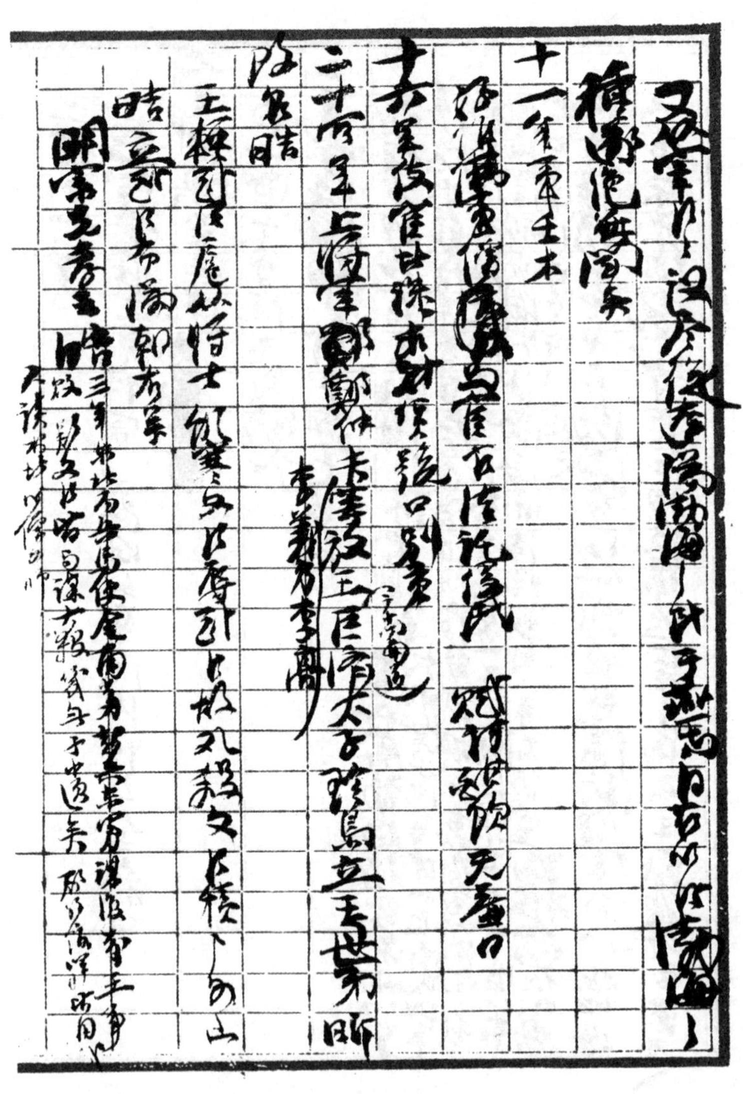

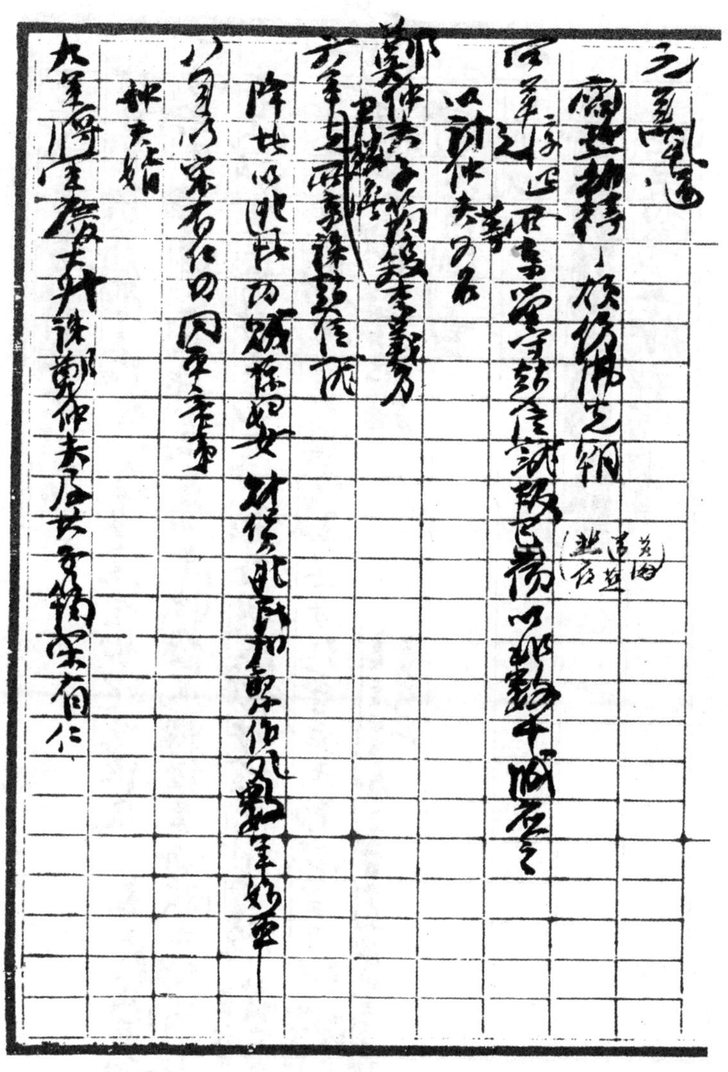
[illegible]
[illegible]
[illegible]
以討仲夫之名
[illegible]
[illegible]
[illegible]
[illegible]
[illegible]
九年將軍慶大升誅鄭仲夫及其子筠宋有仁

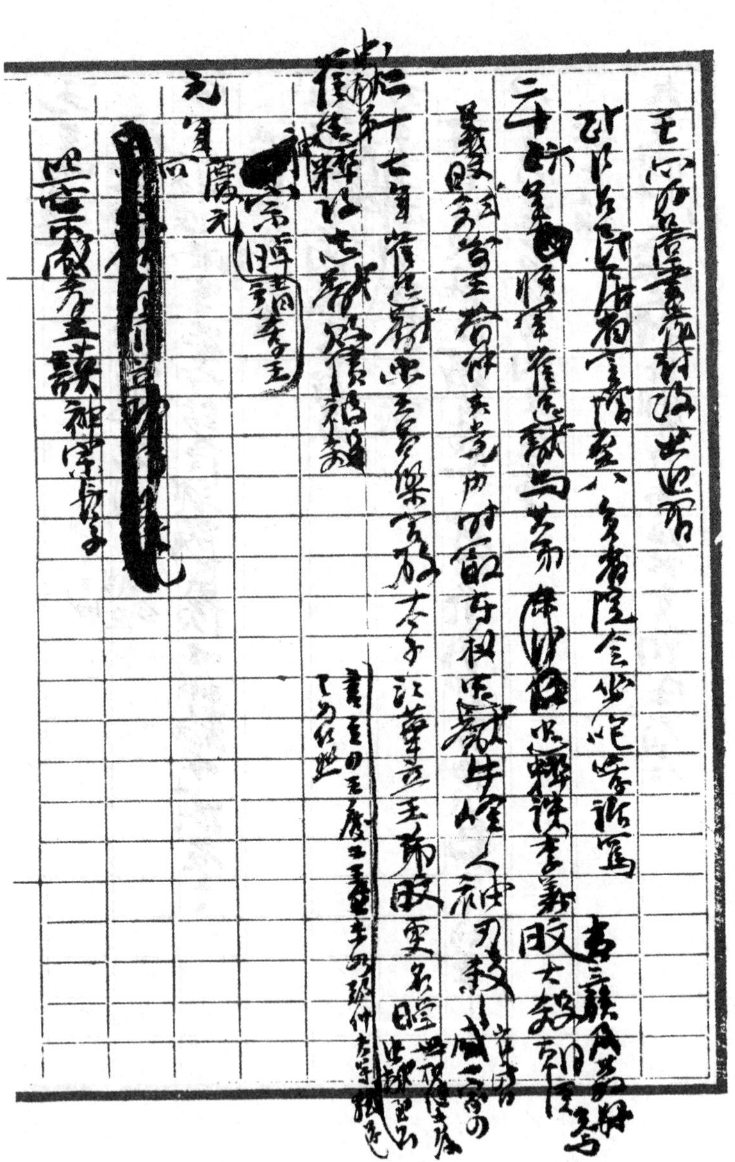

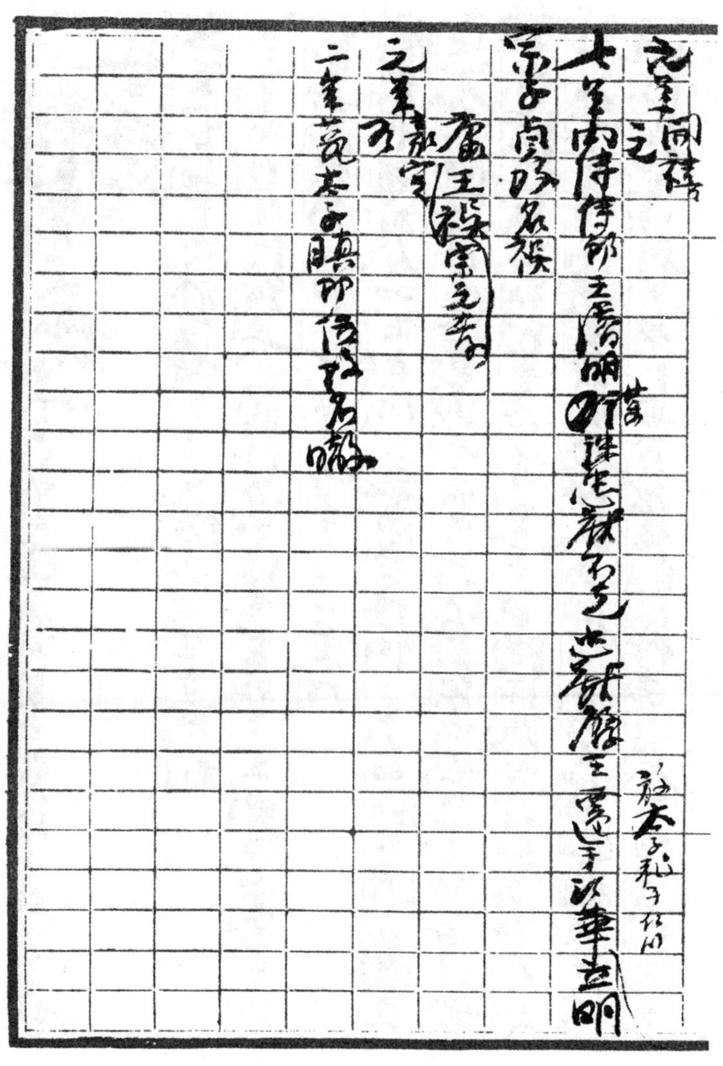

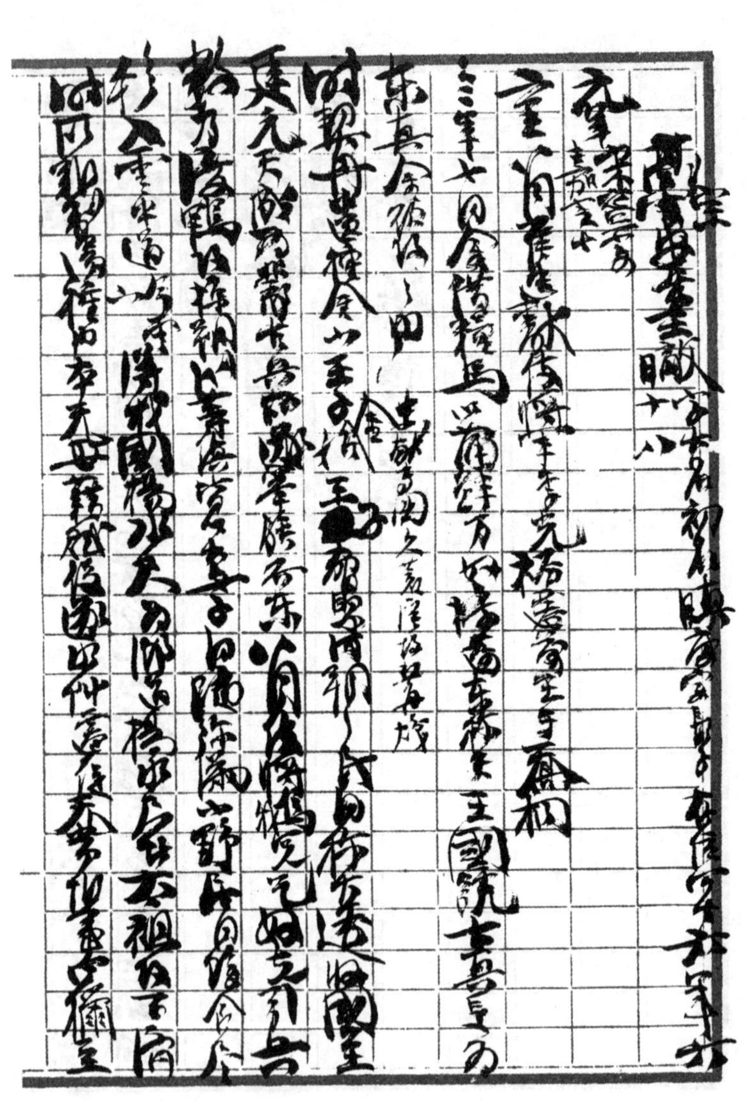

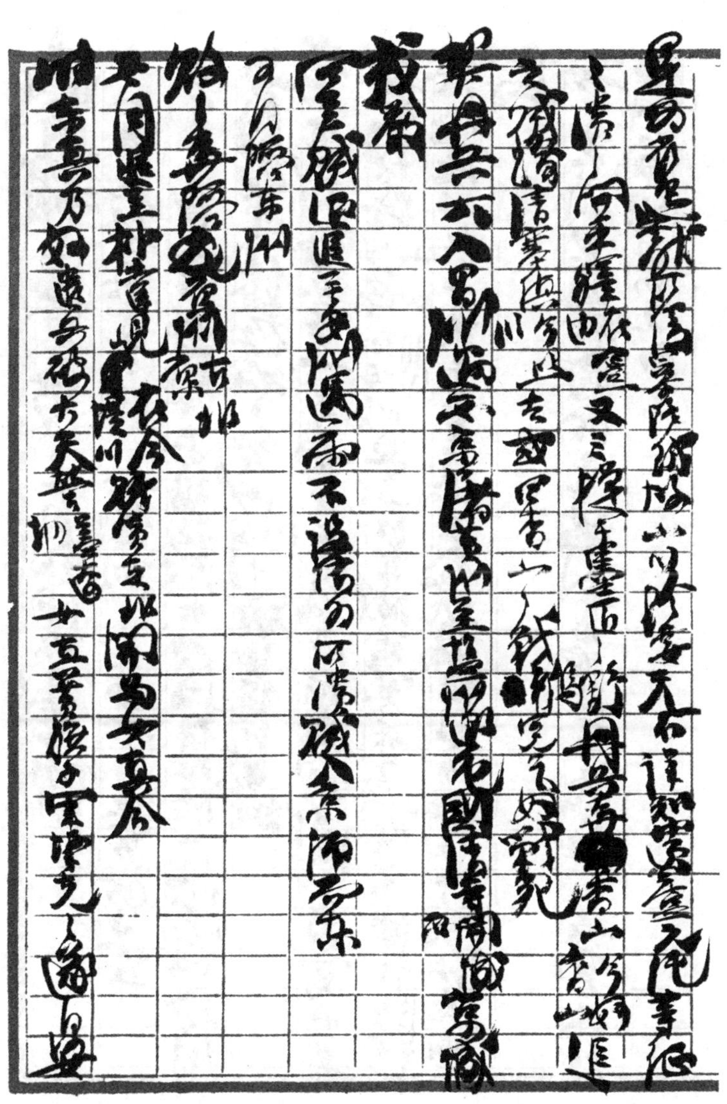

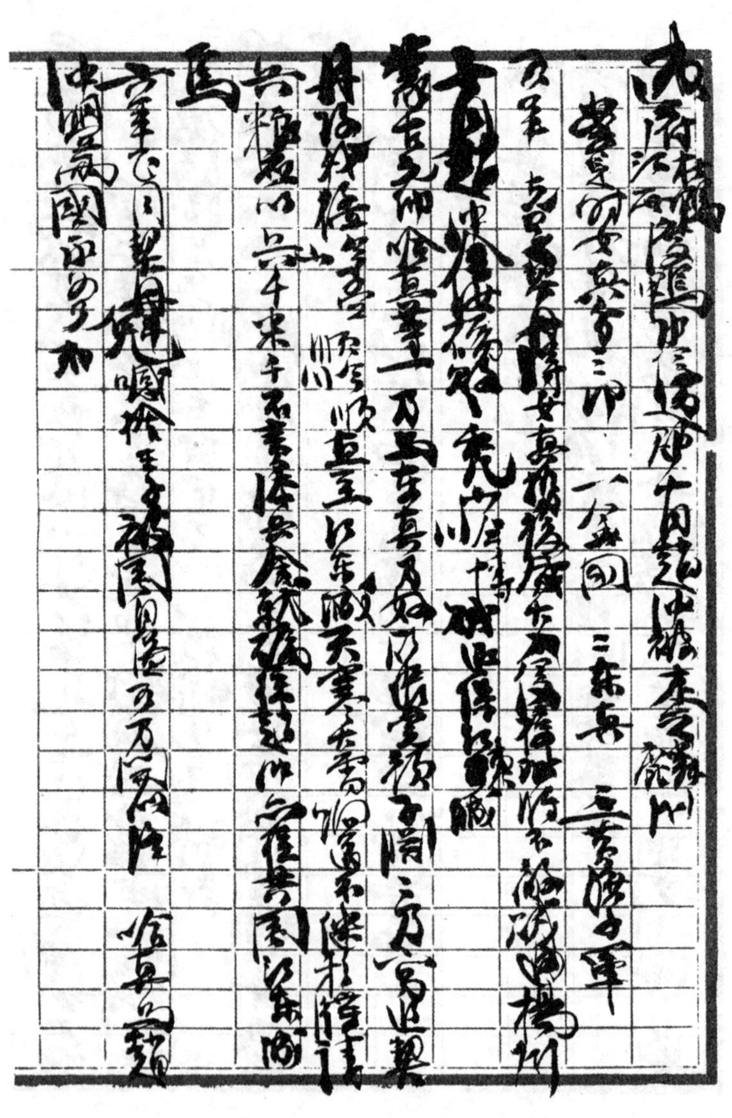

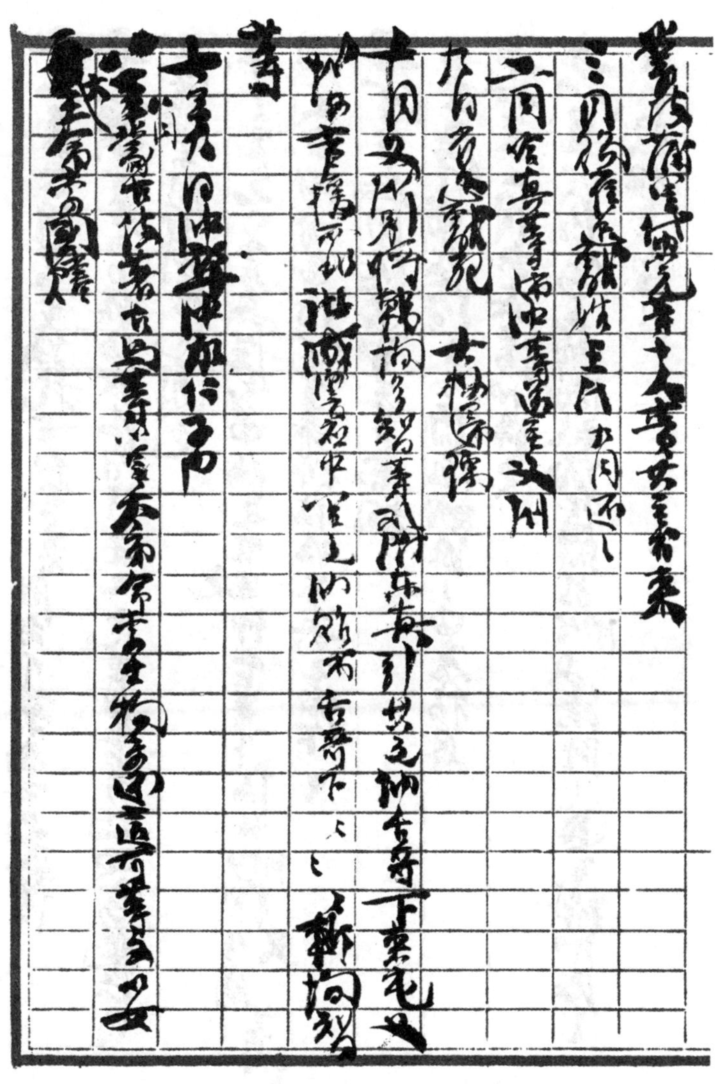

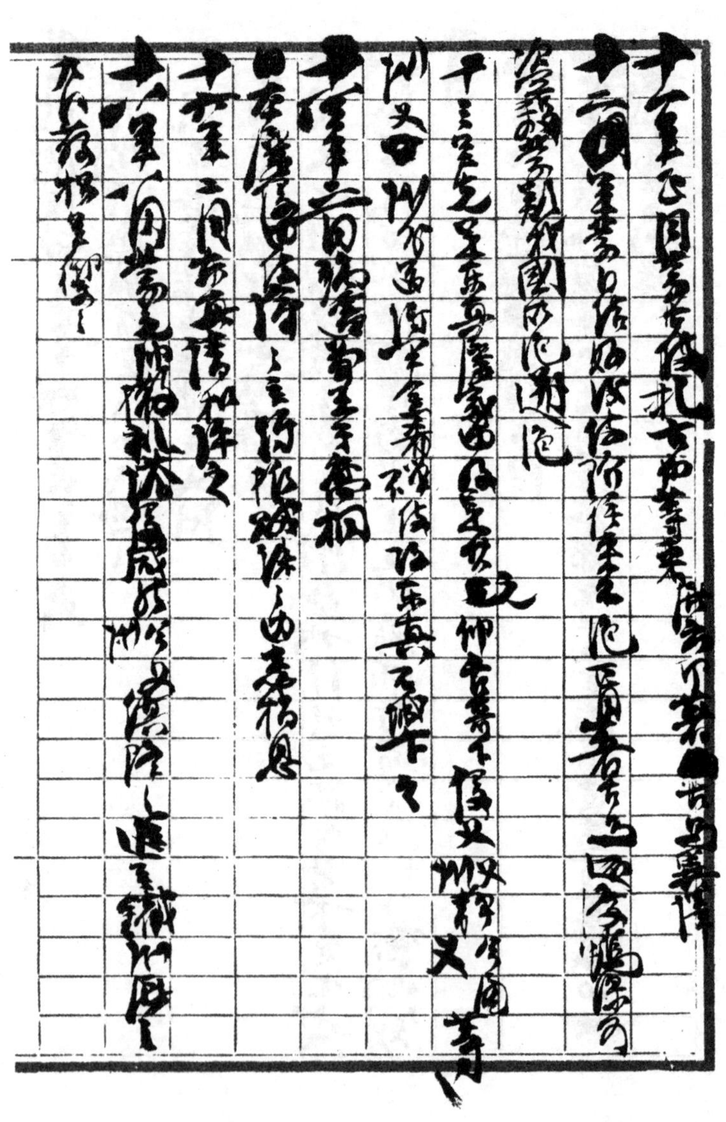

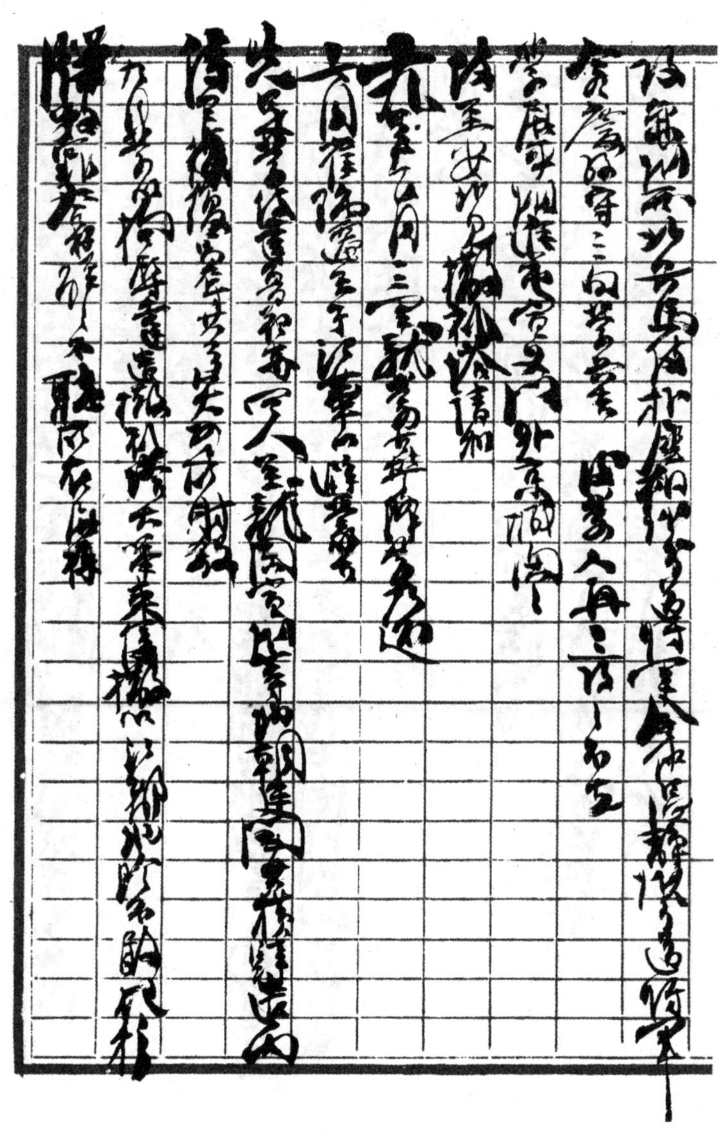

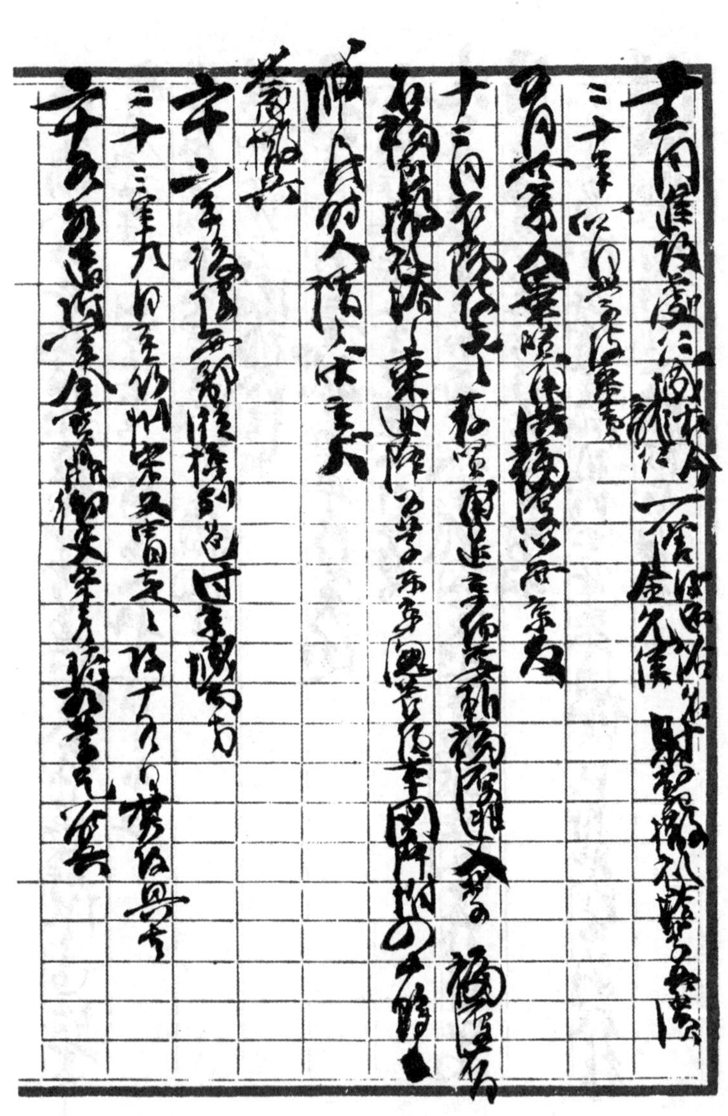

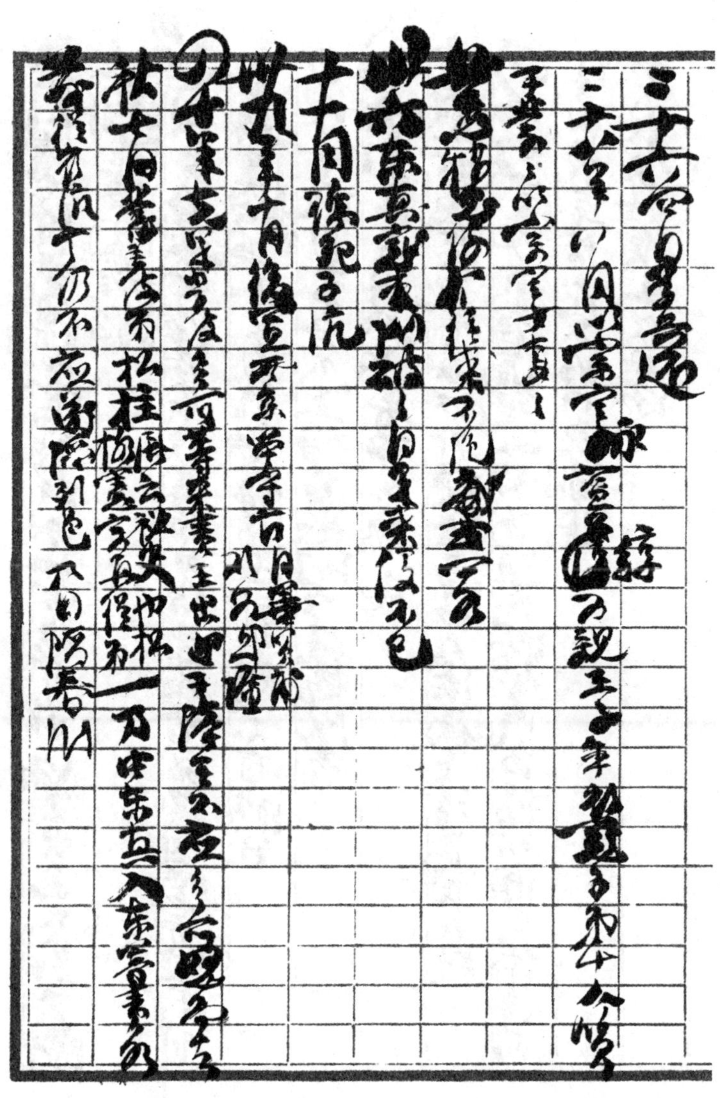

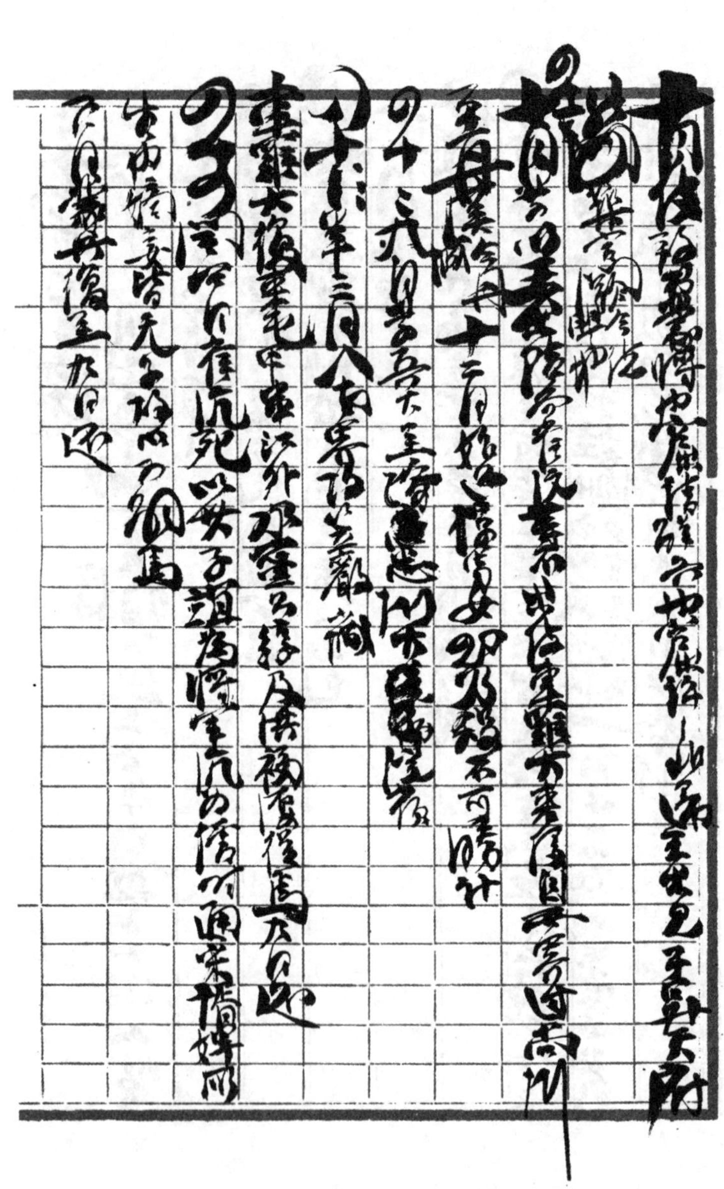

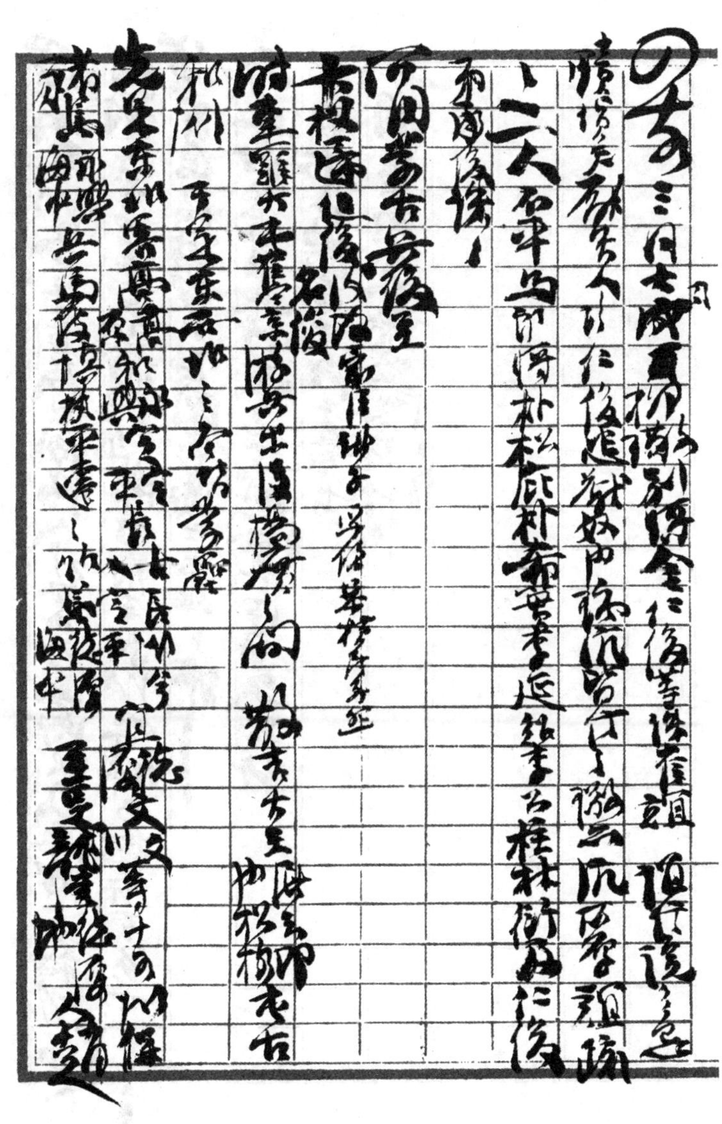

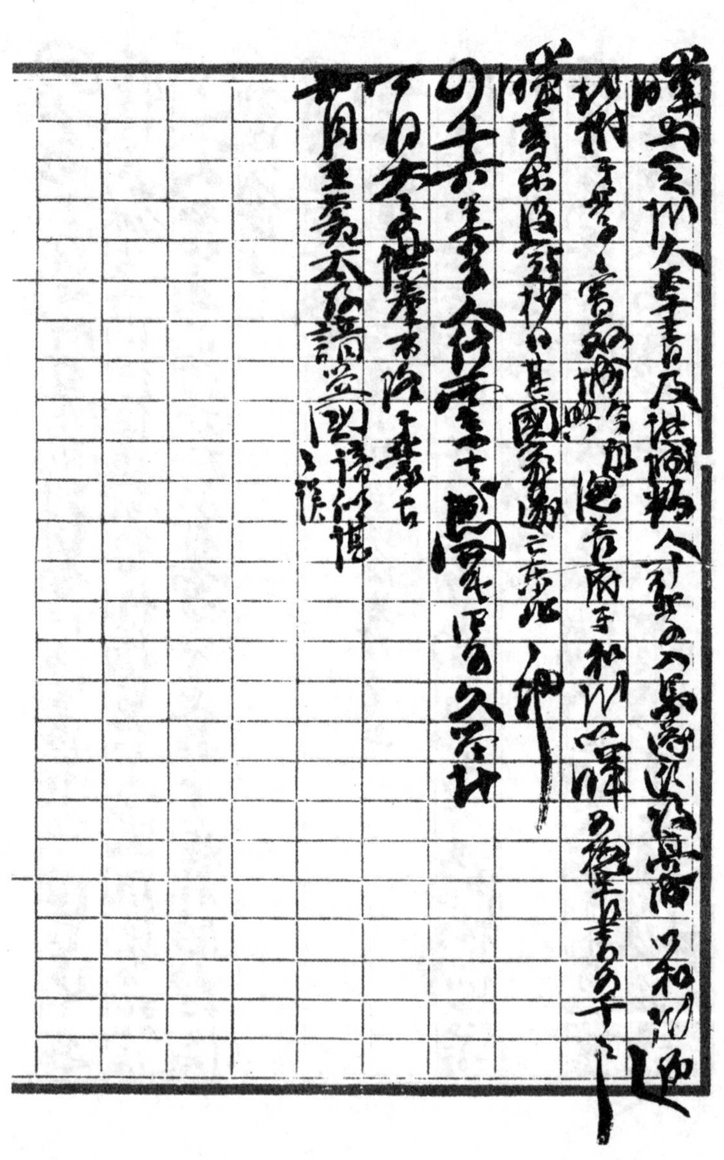

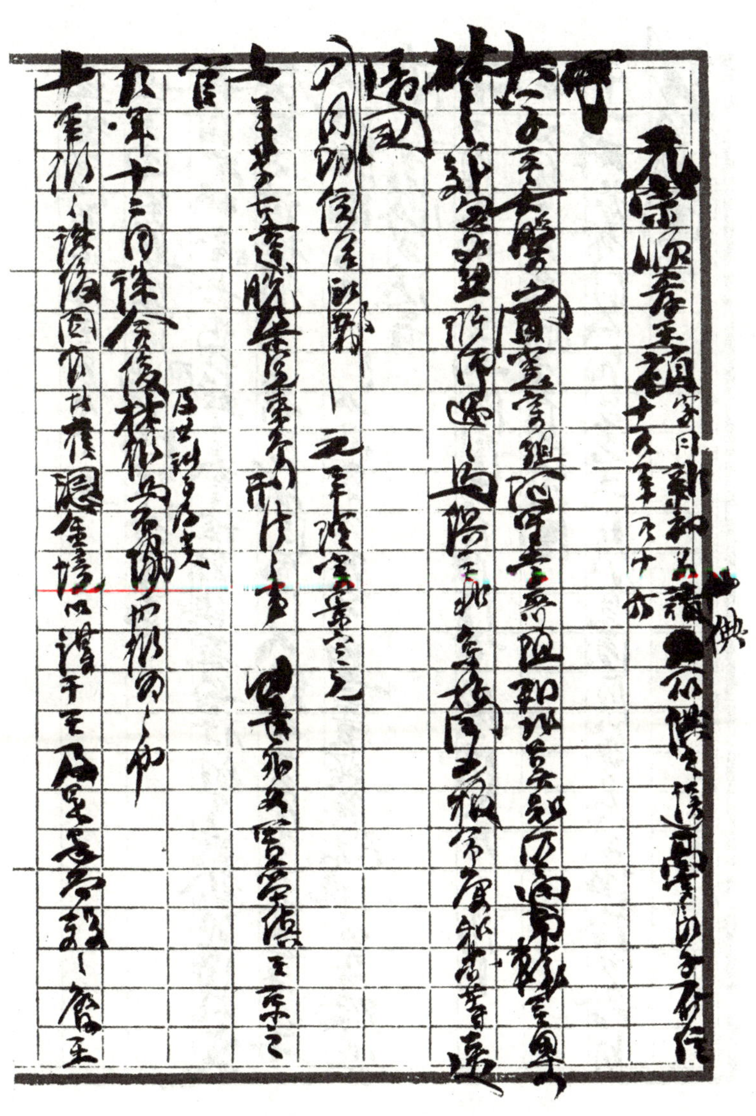

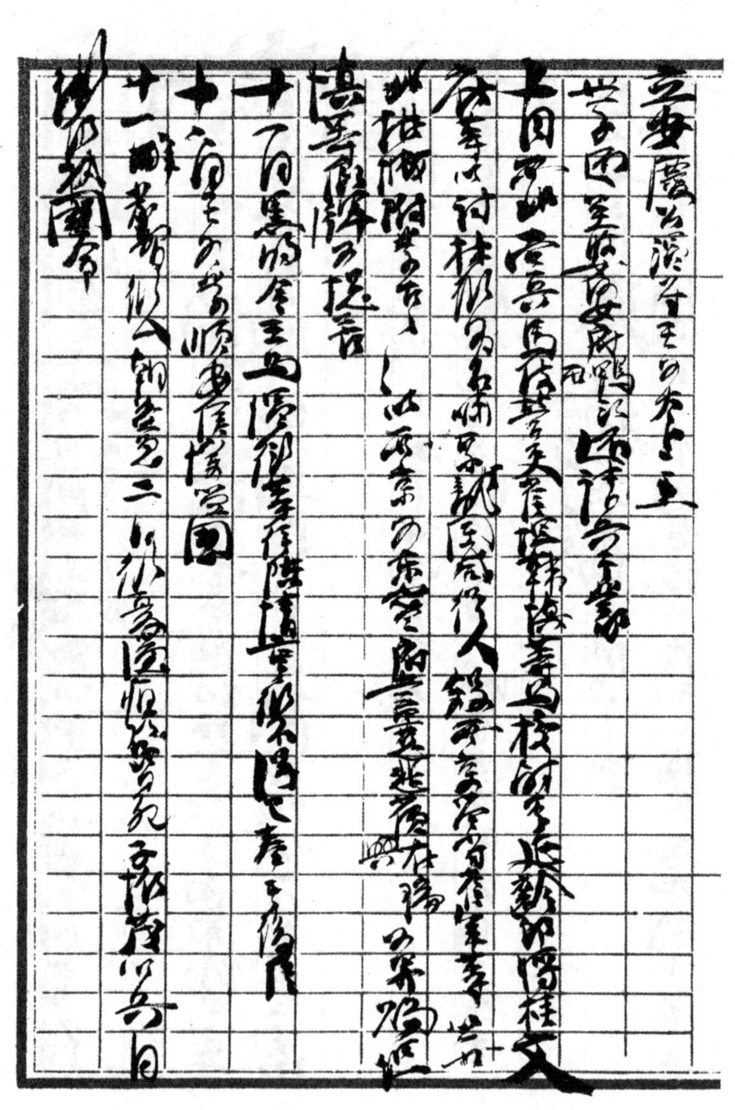

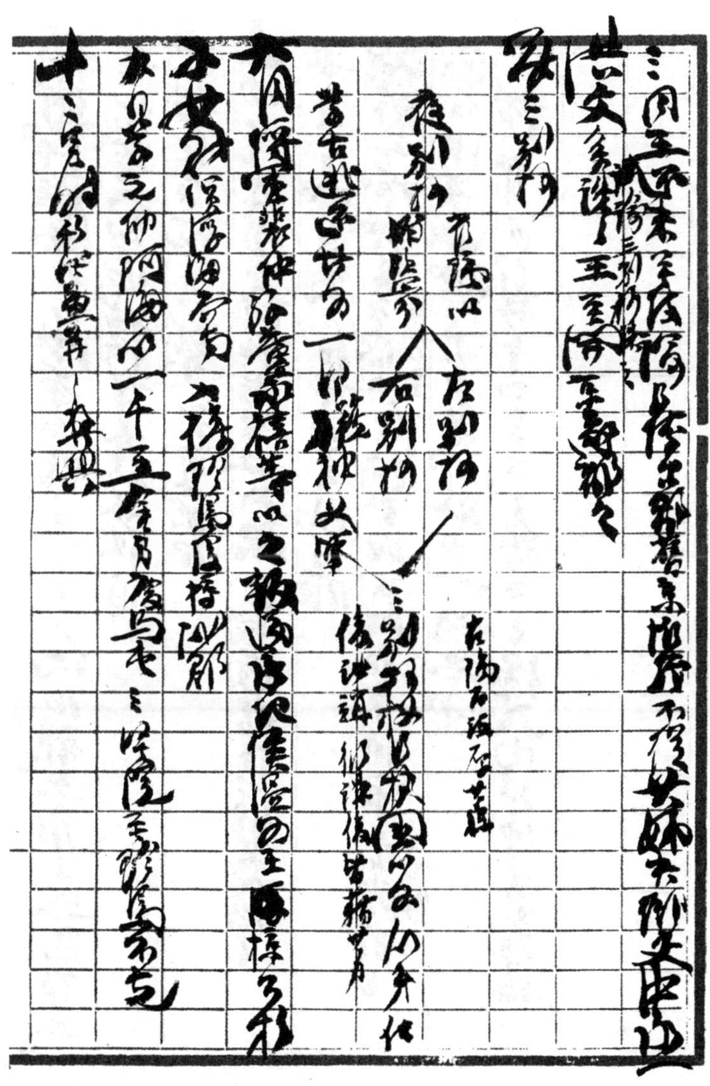

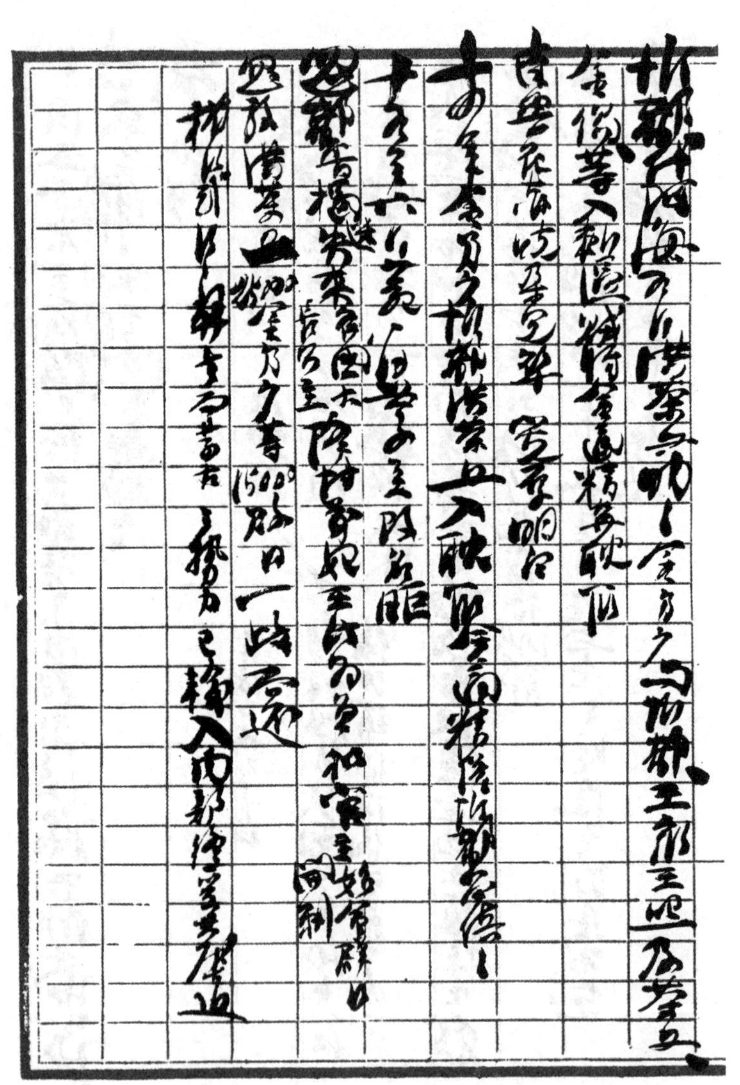

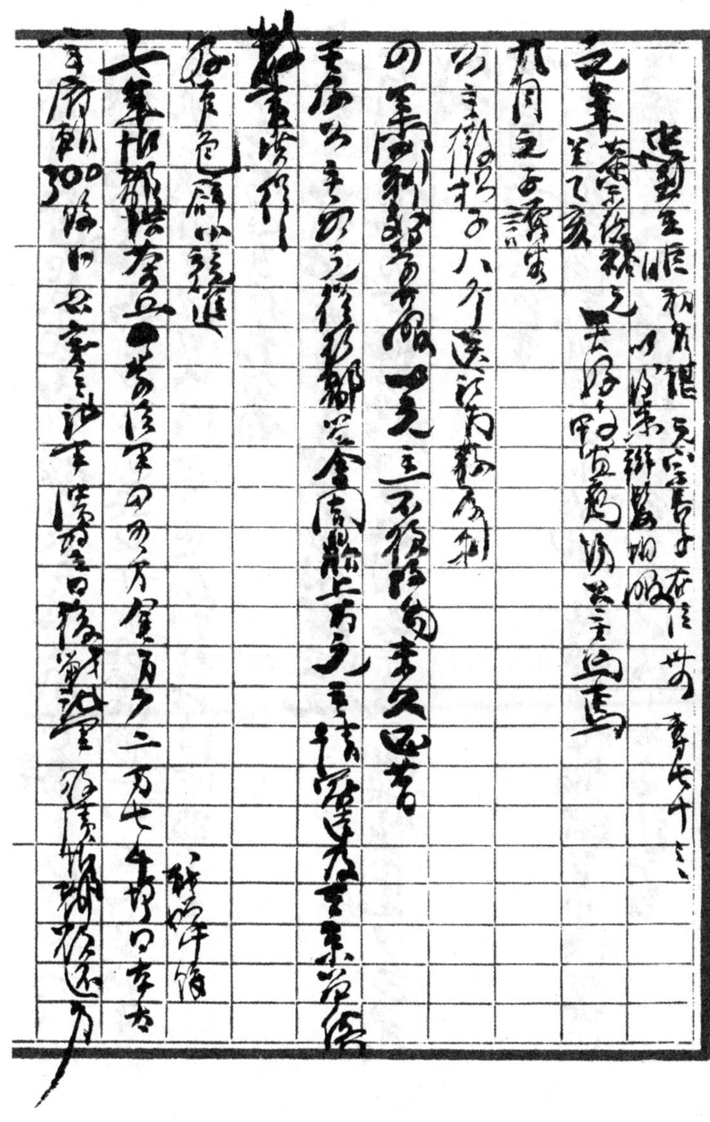

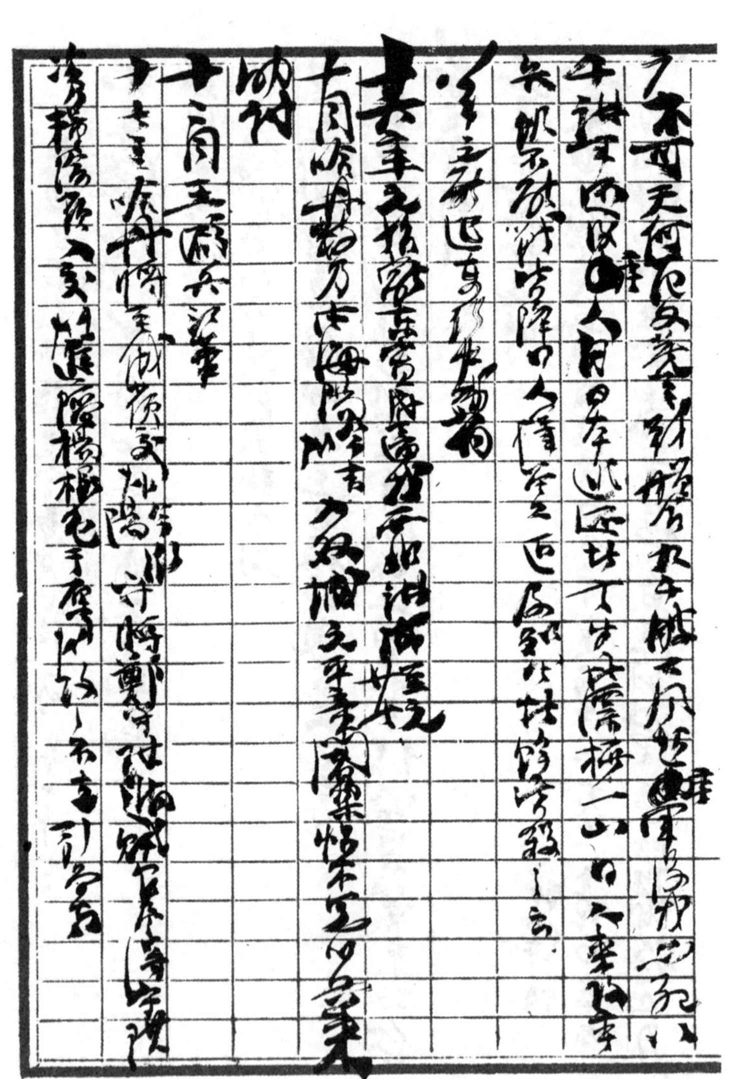

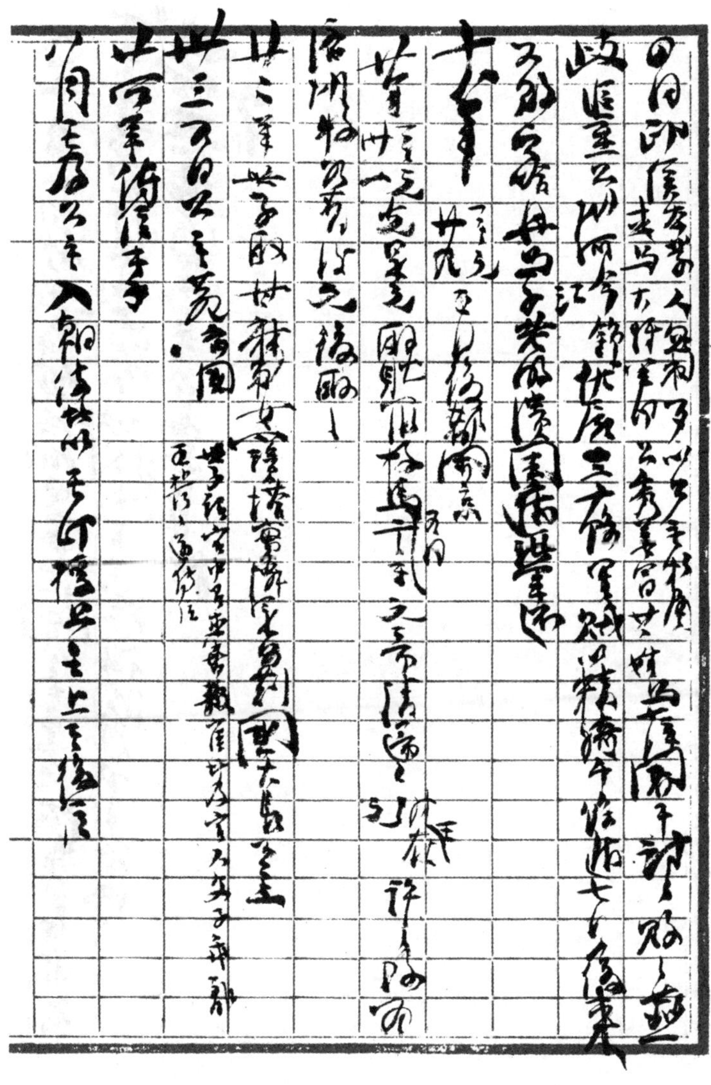

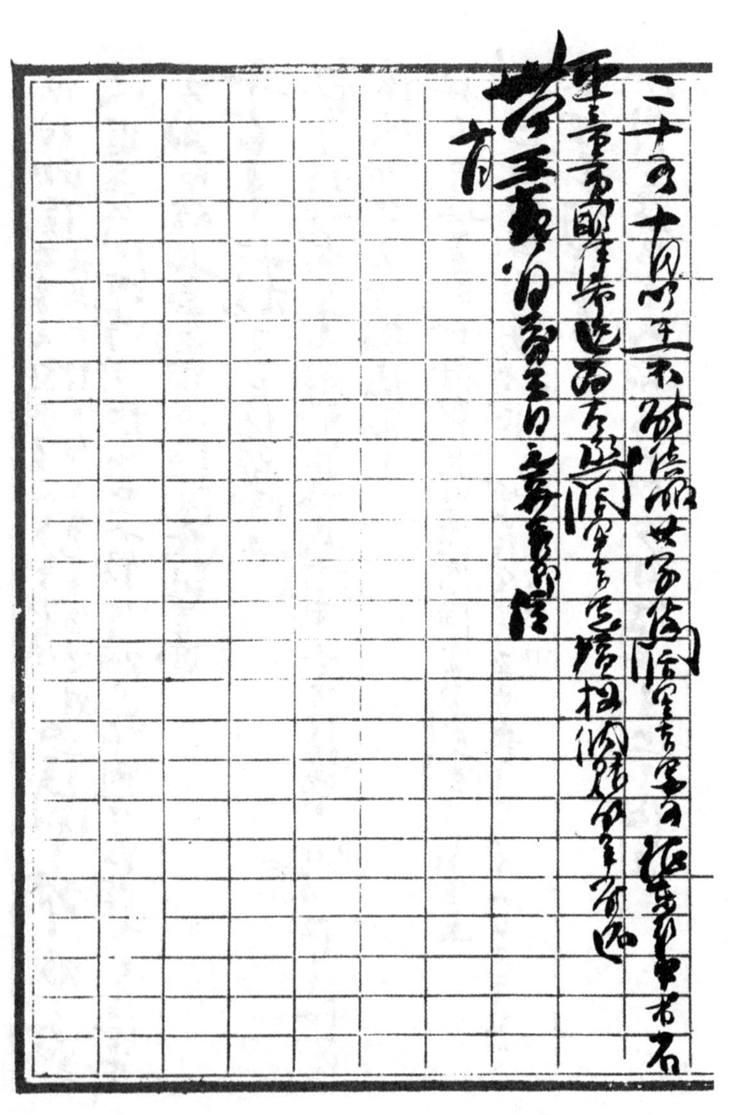

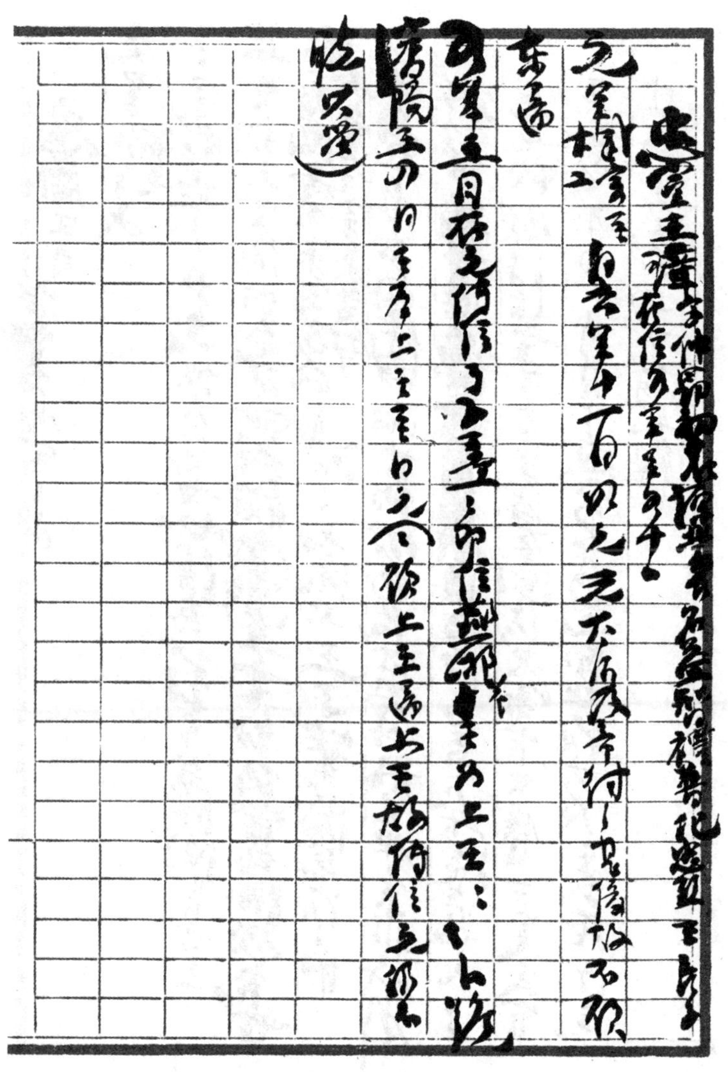

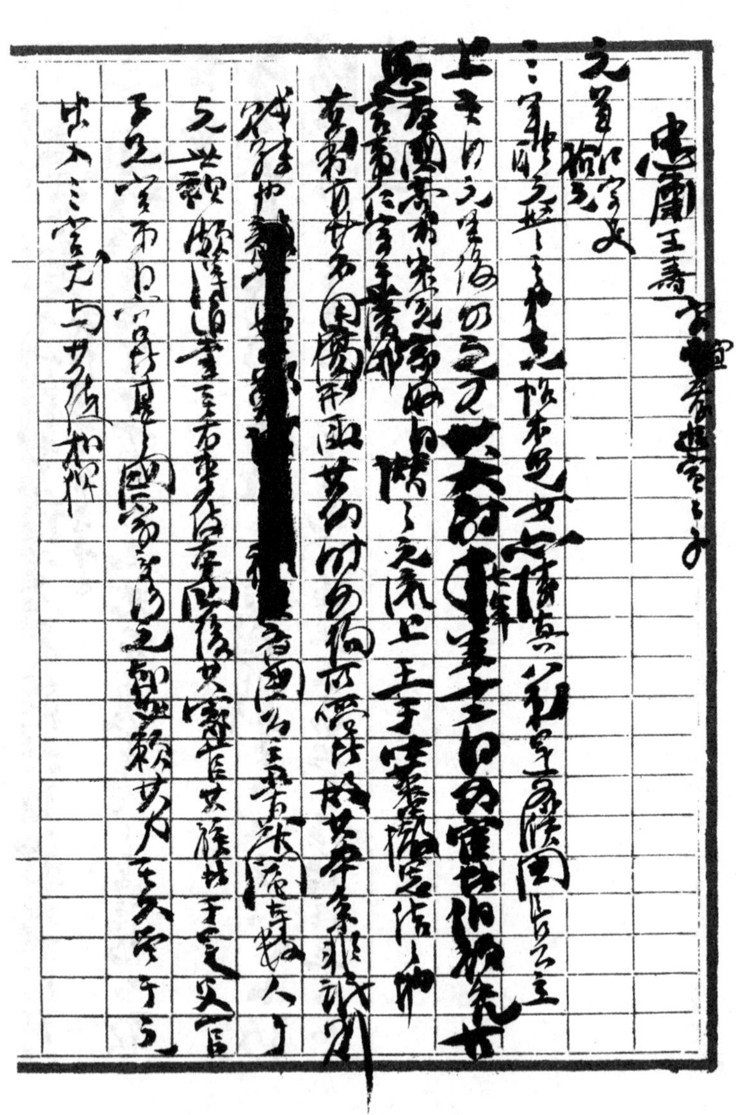

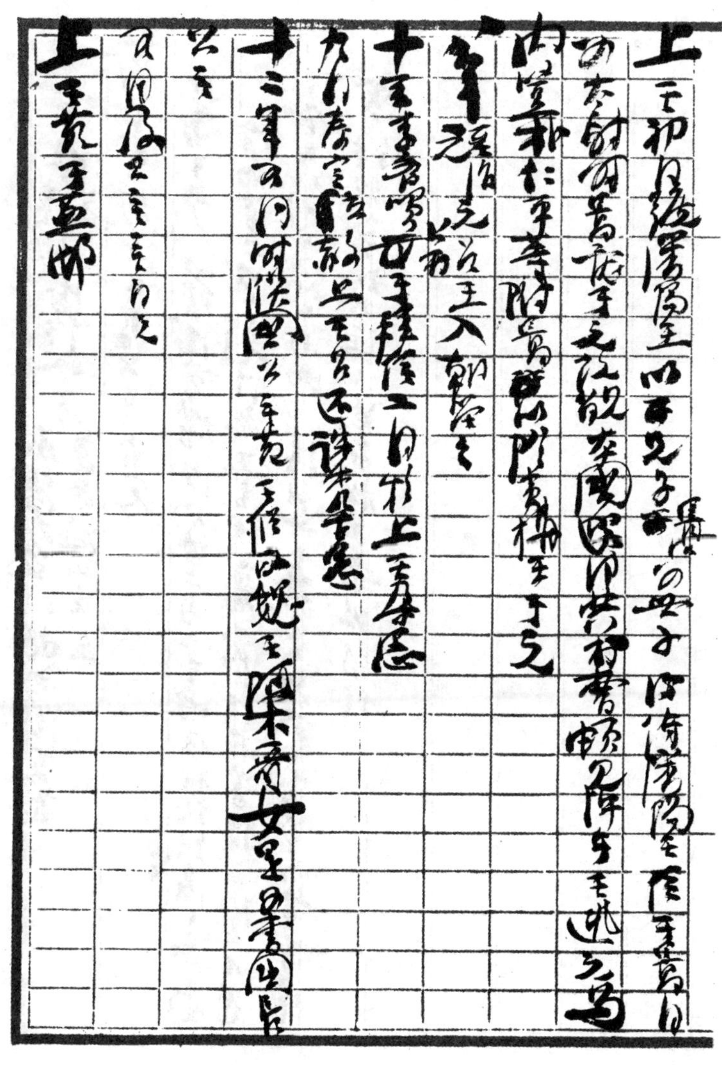

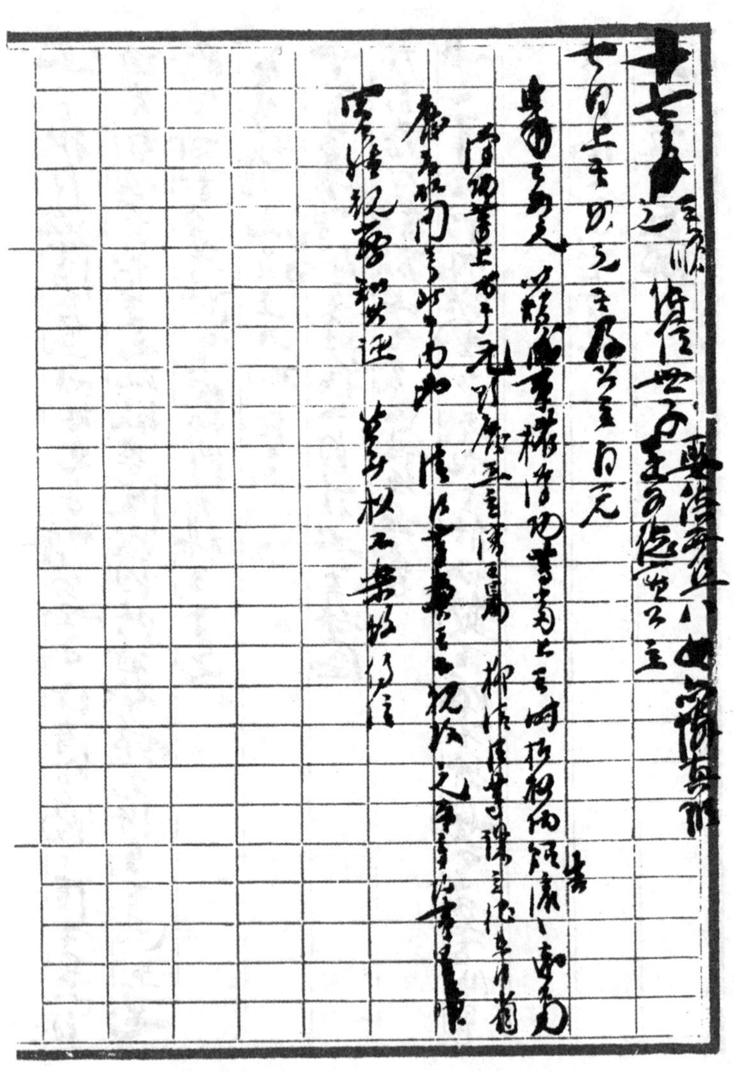

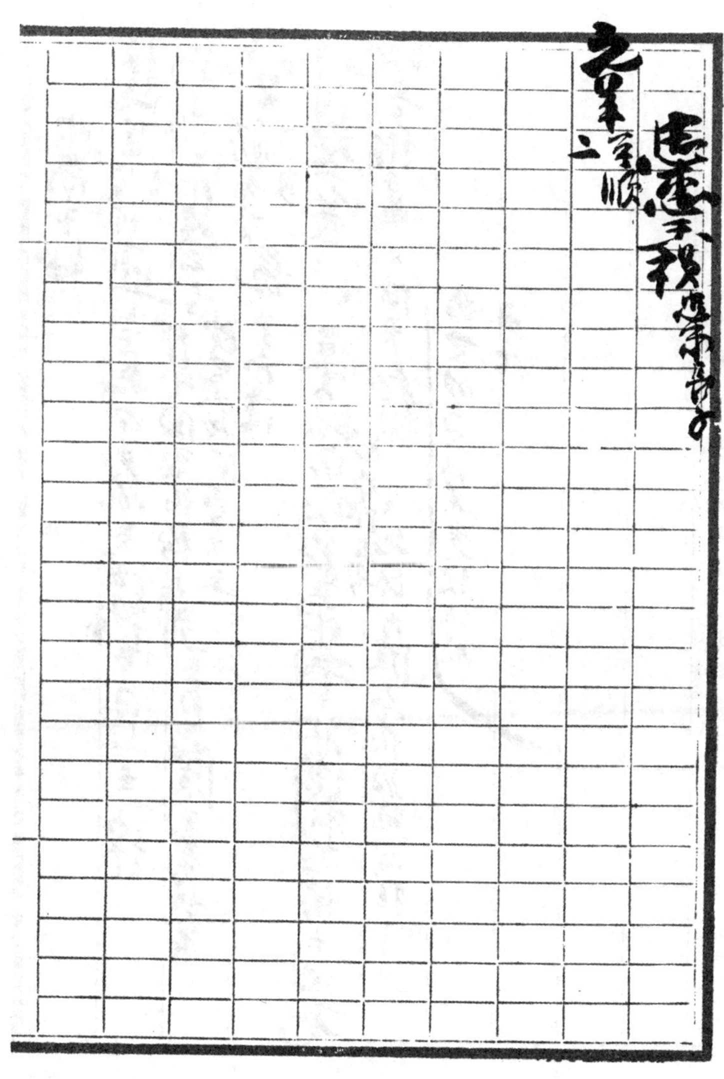

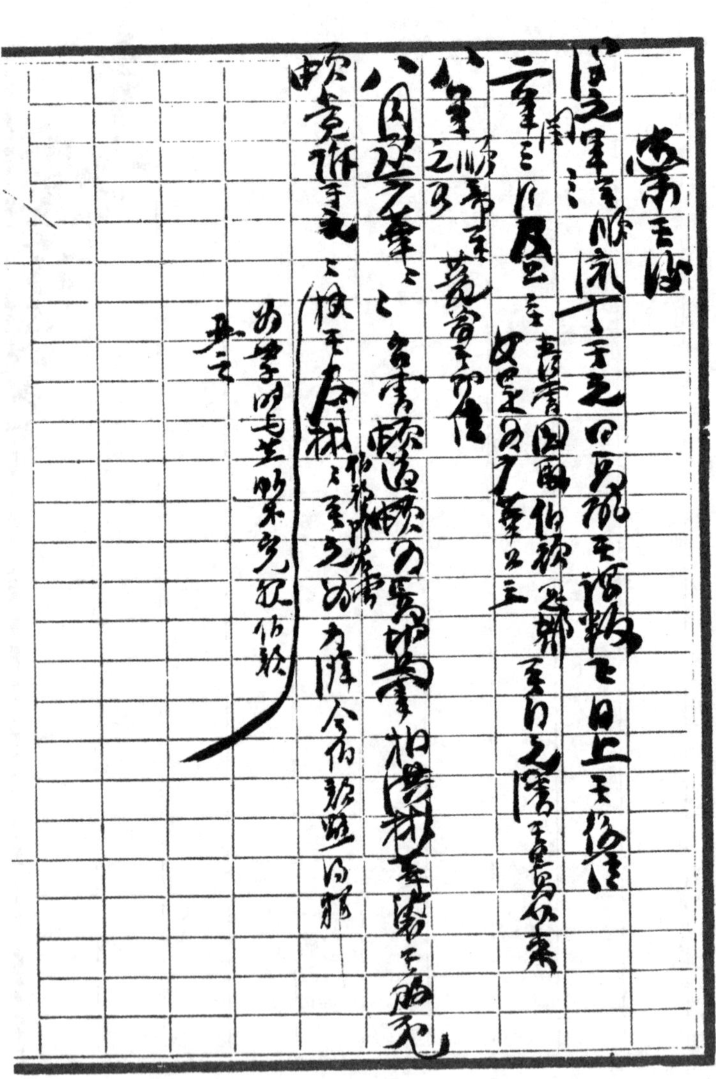

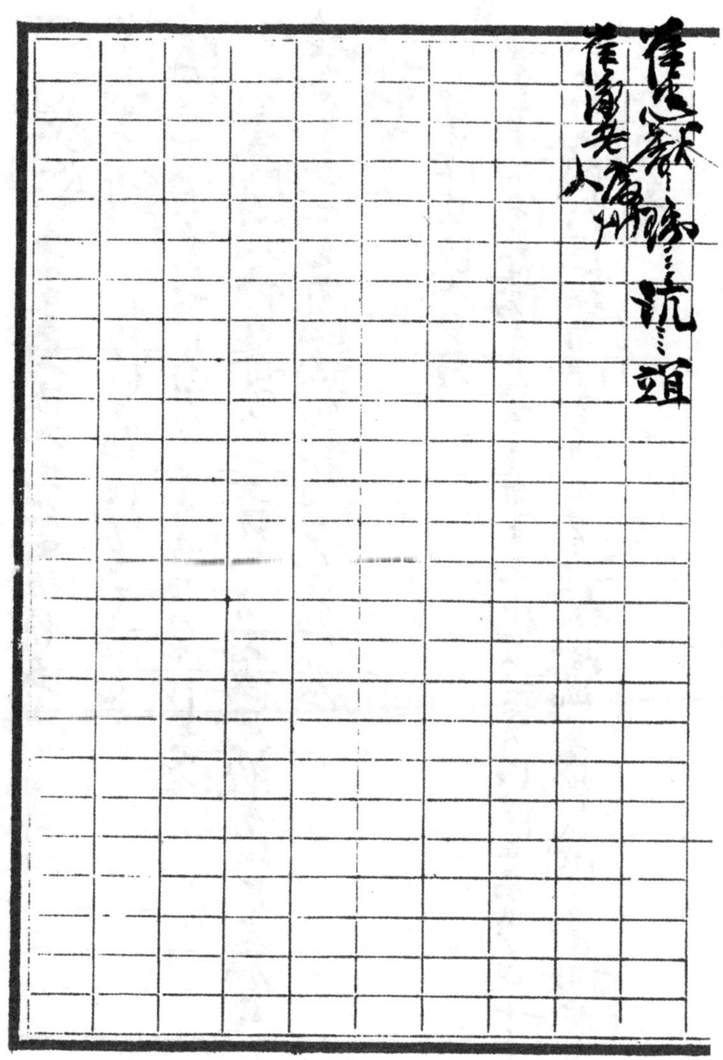

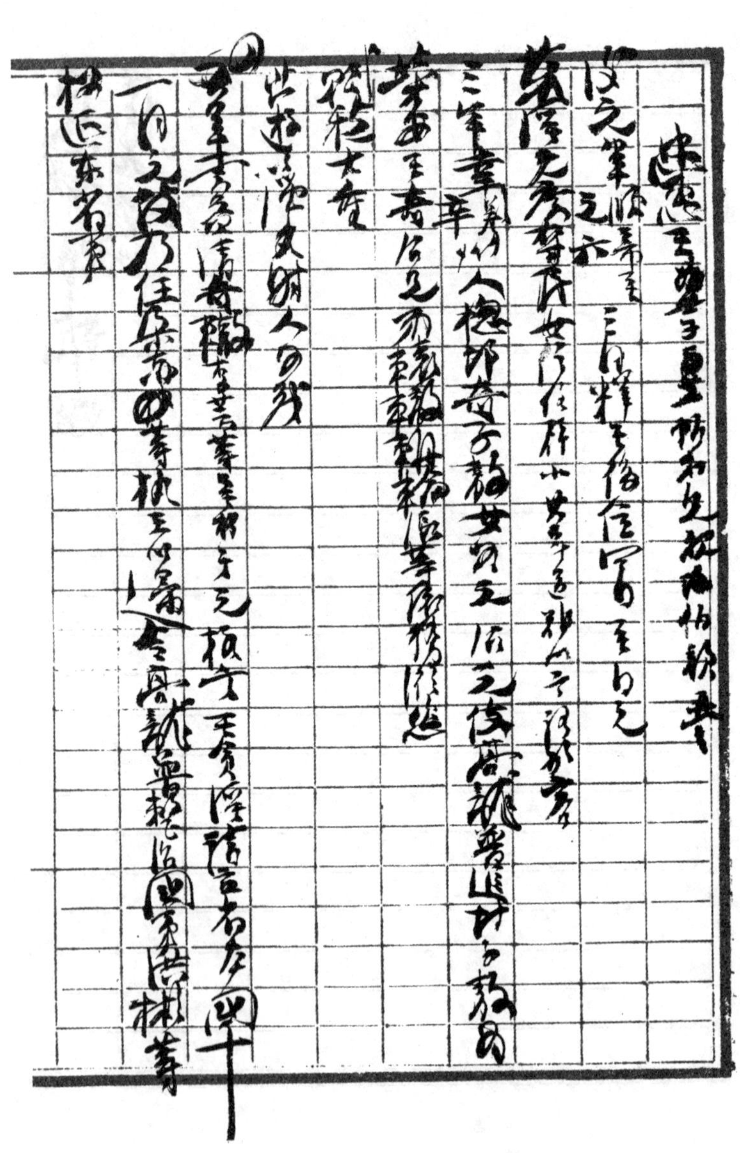

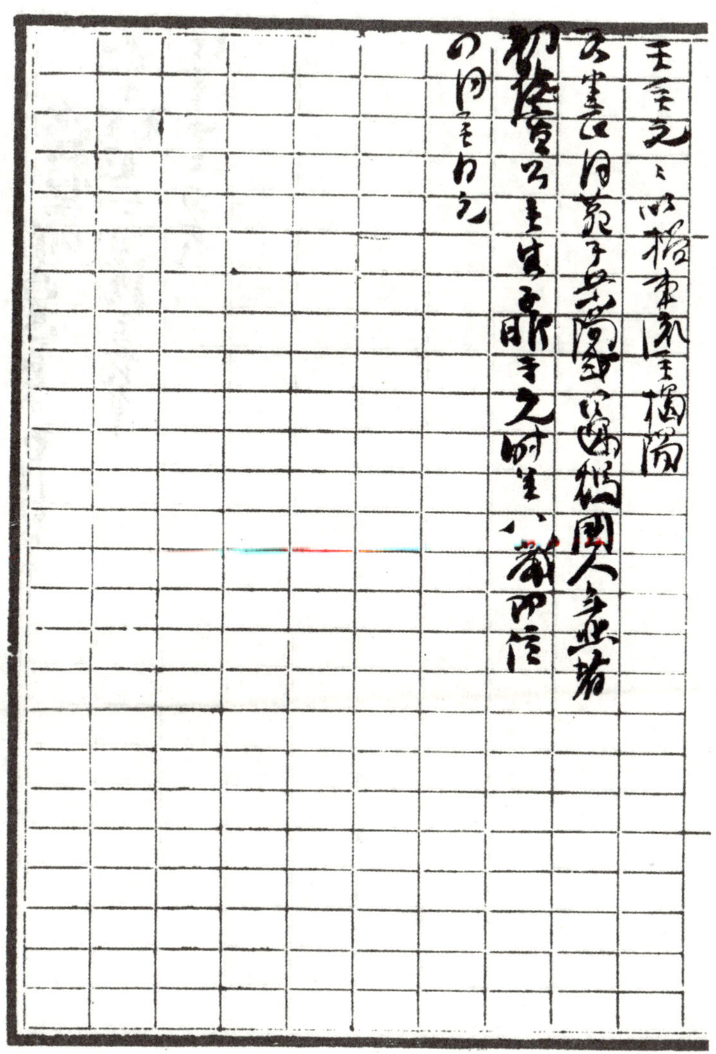

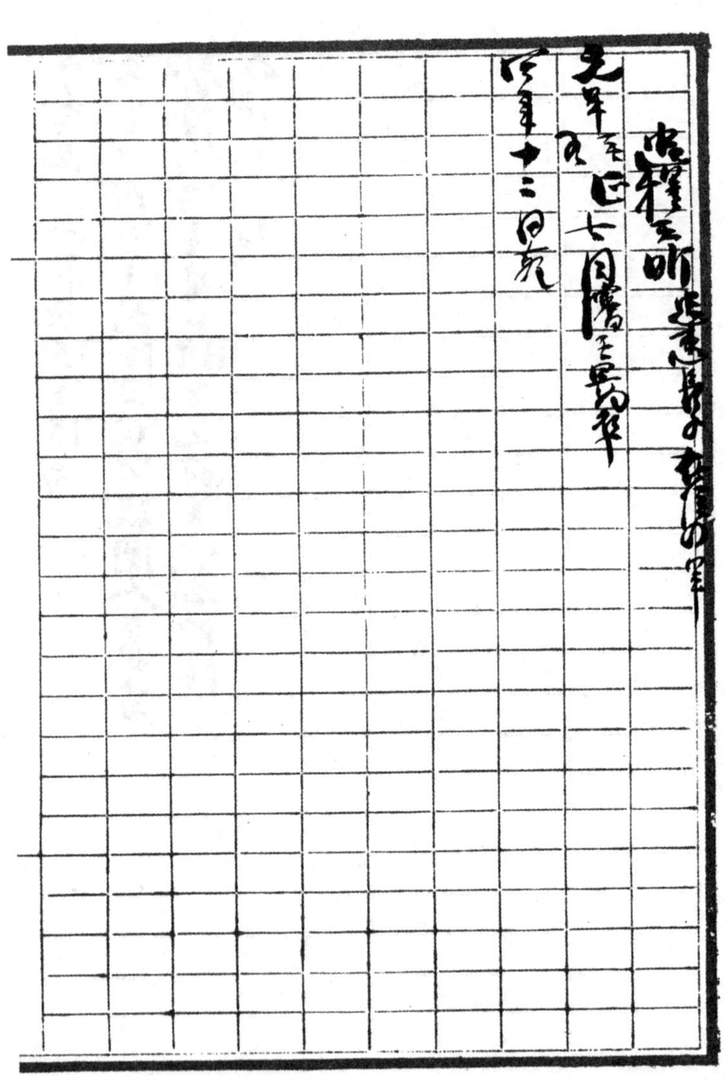

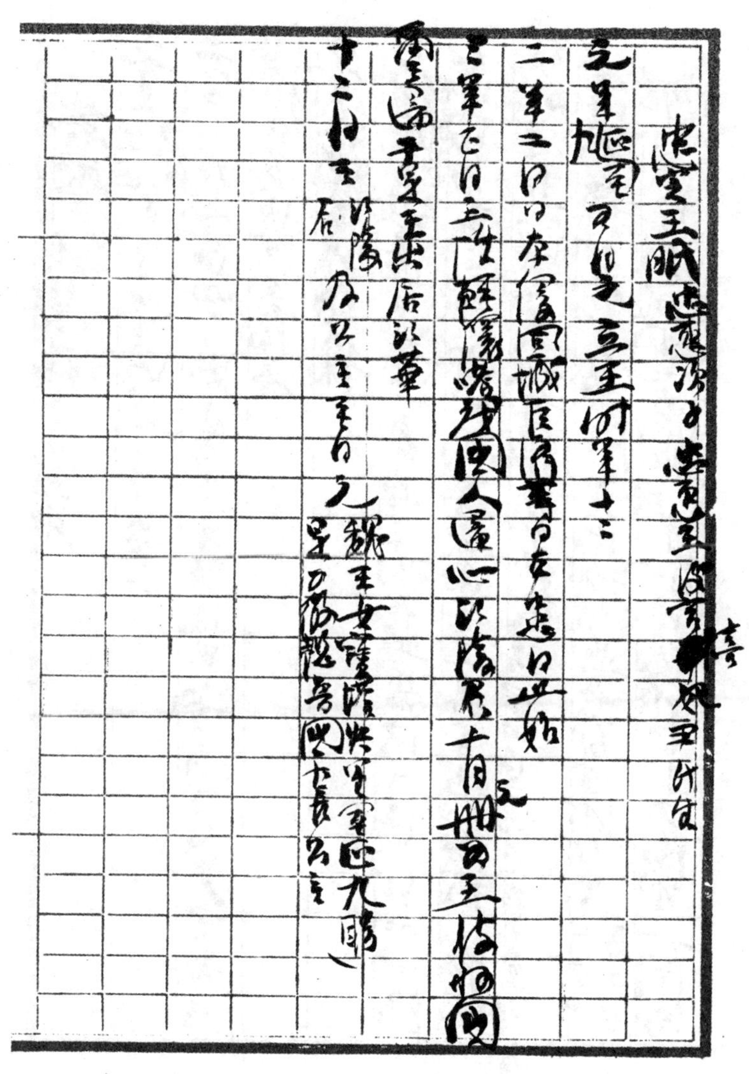

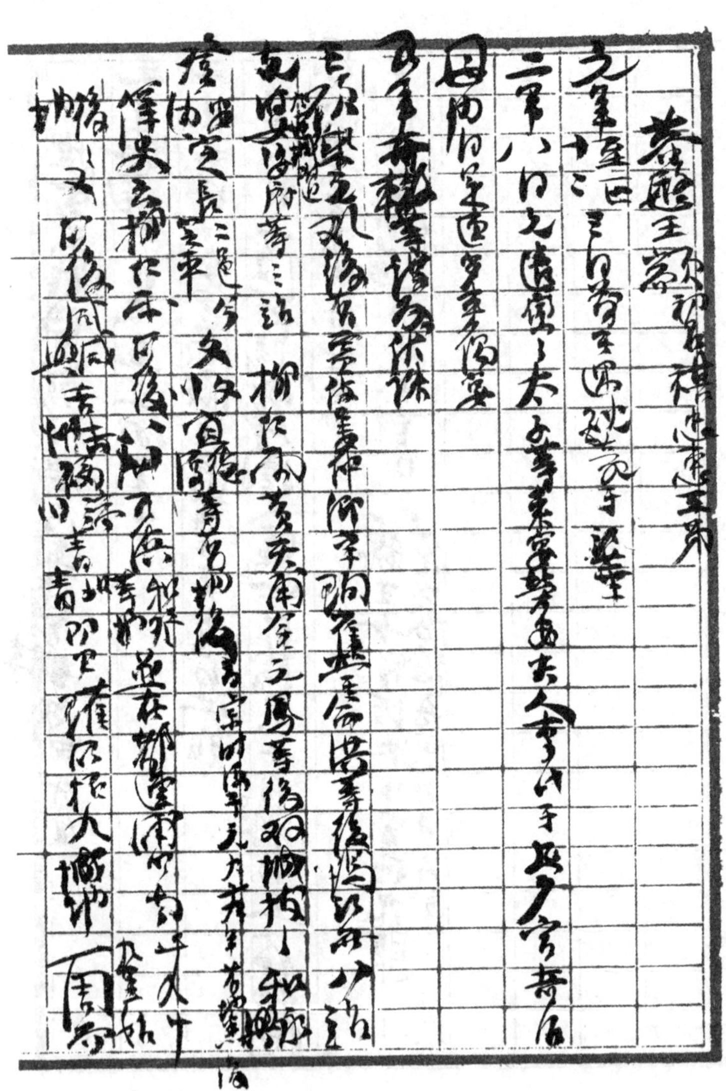

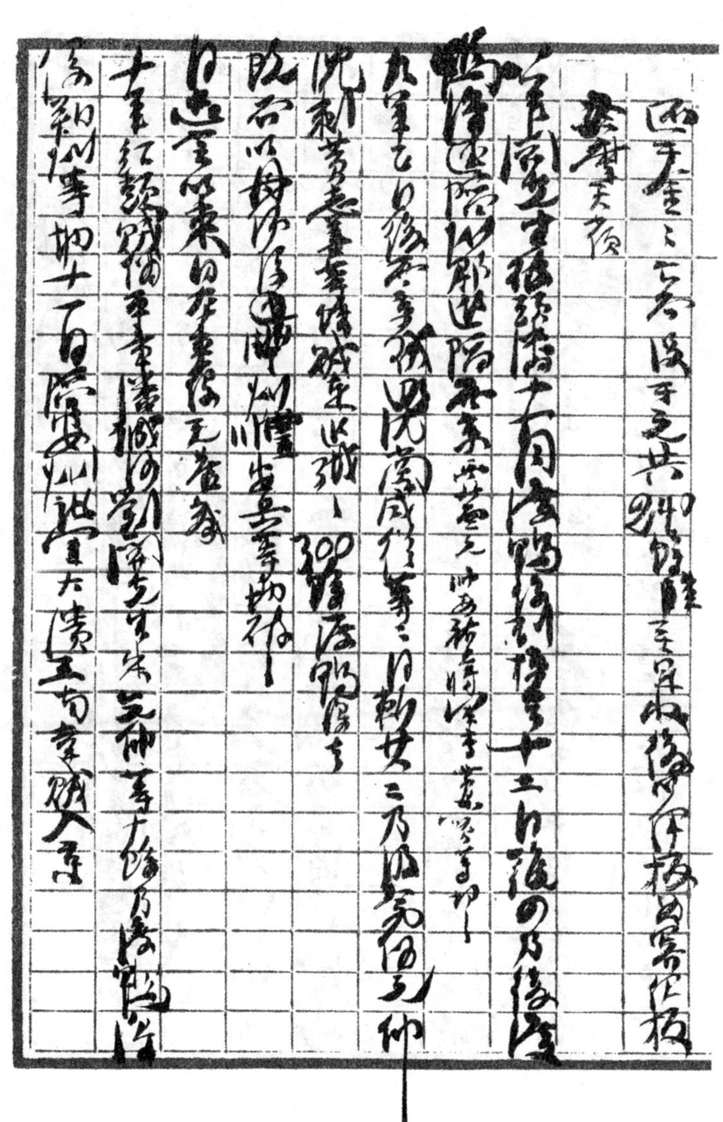

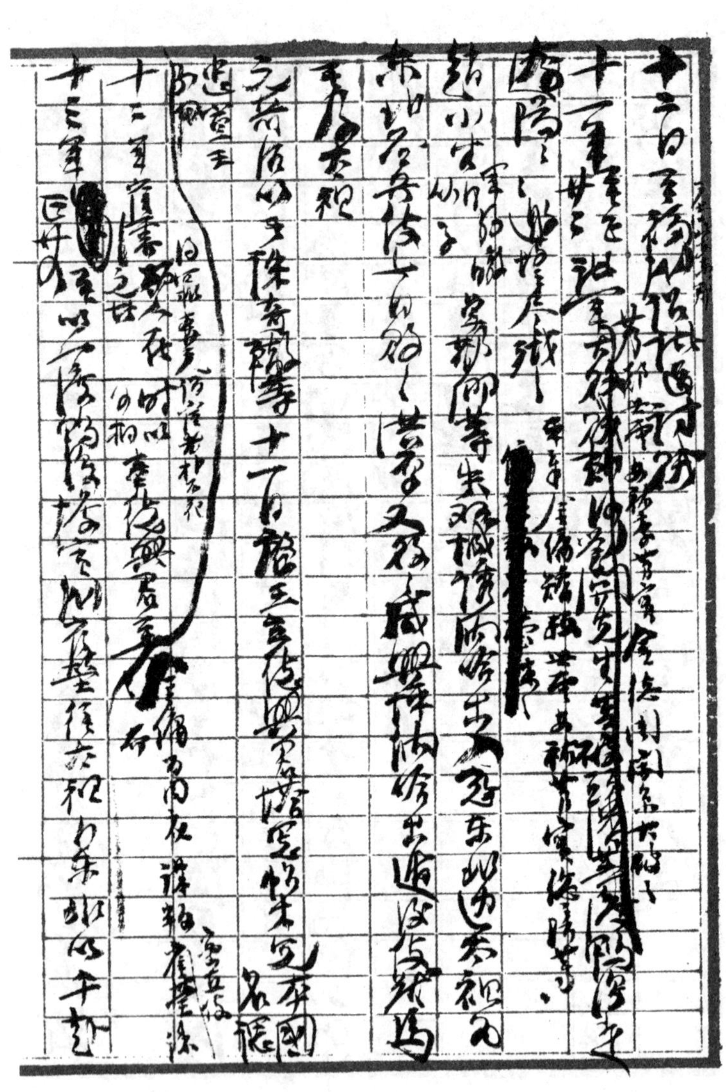

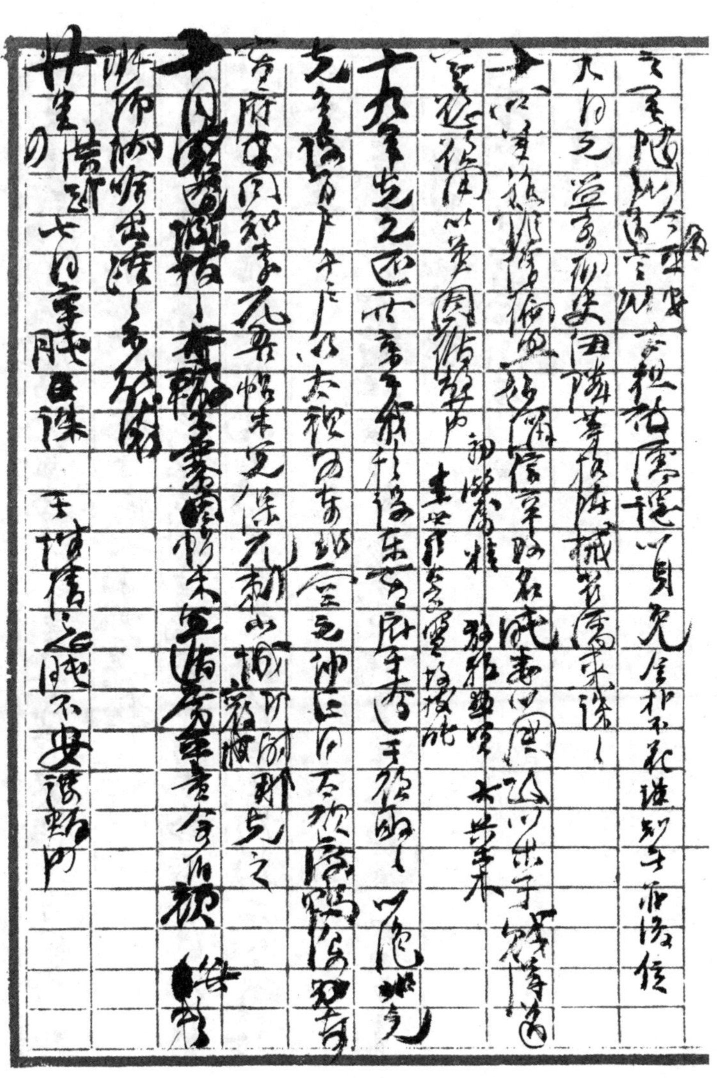

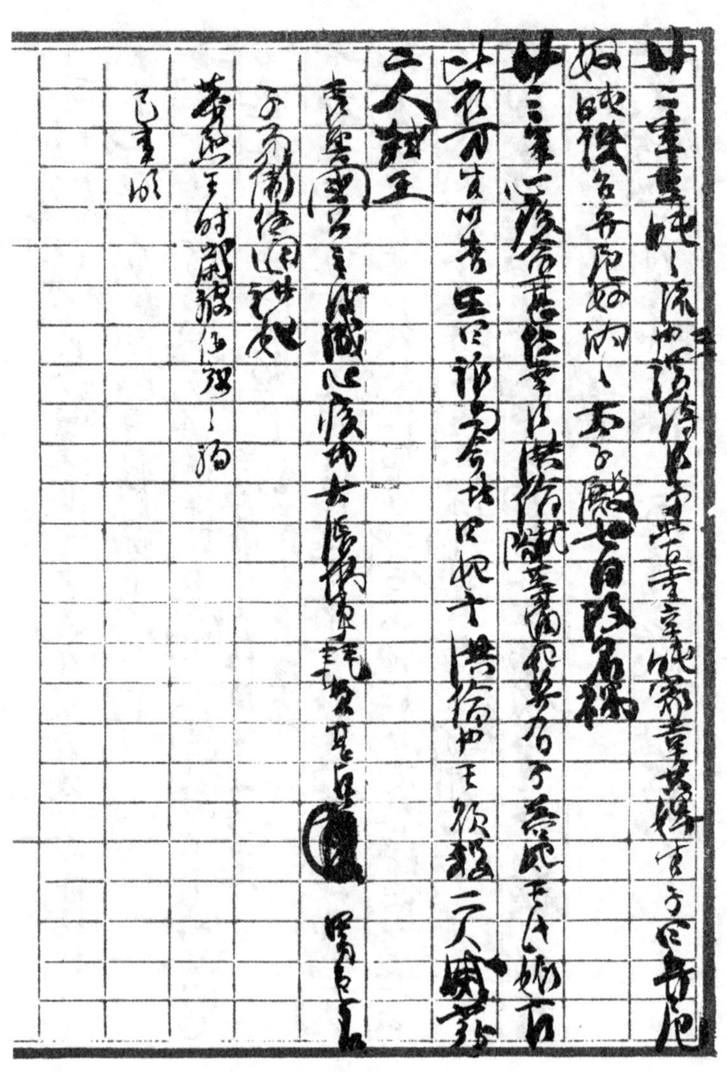

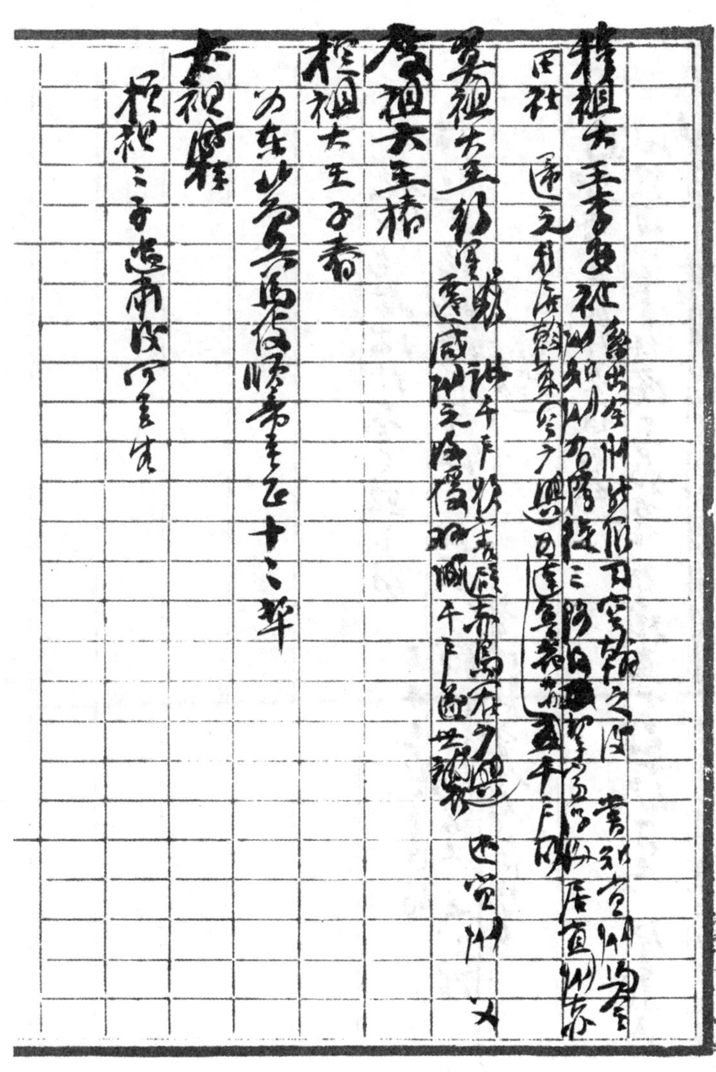
穆祖大王李安社 [illegible]

翼祖大王行里 [illegible]

度祖大王椿

桓祖大王子春 [illegible]

太祖[illegible]

桓祖二子 [illegible]

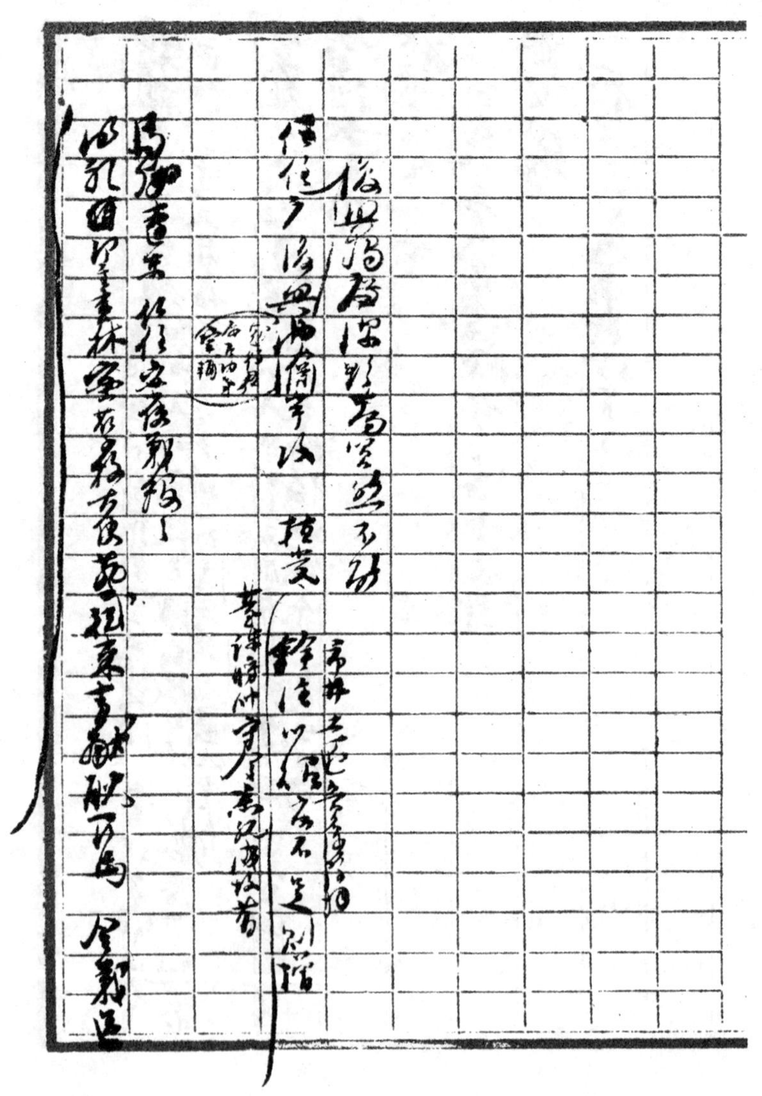

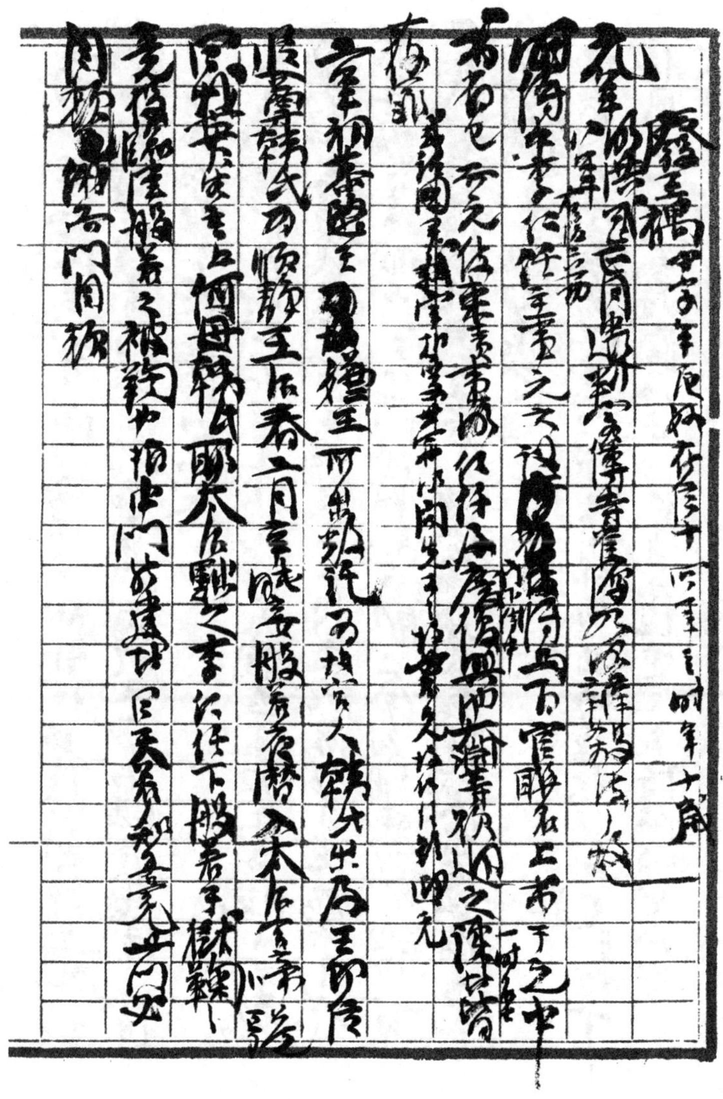

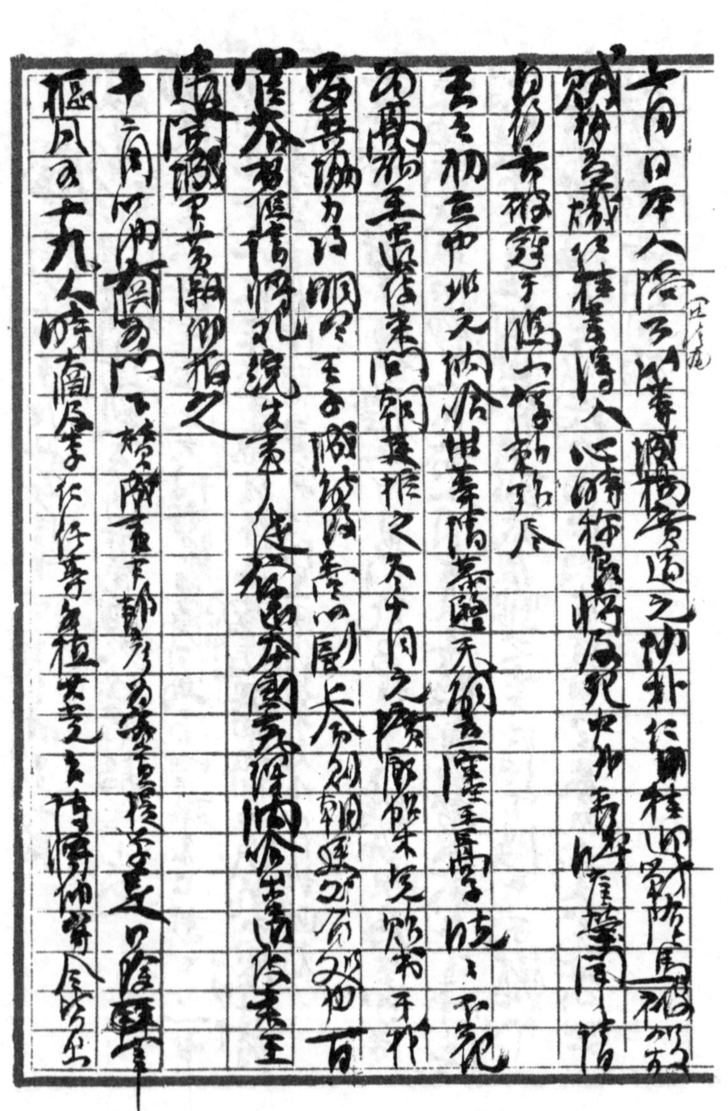

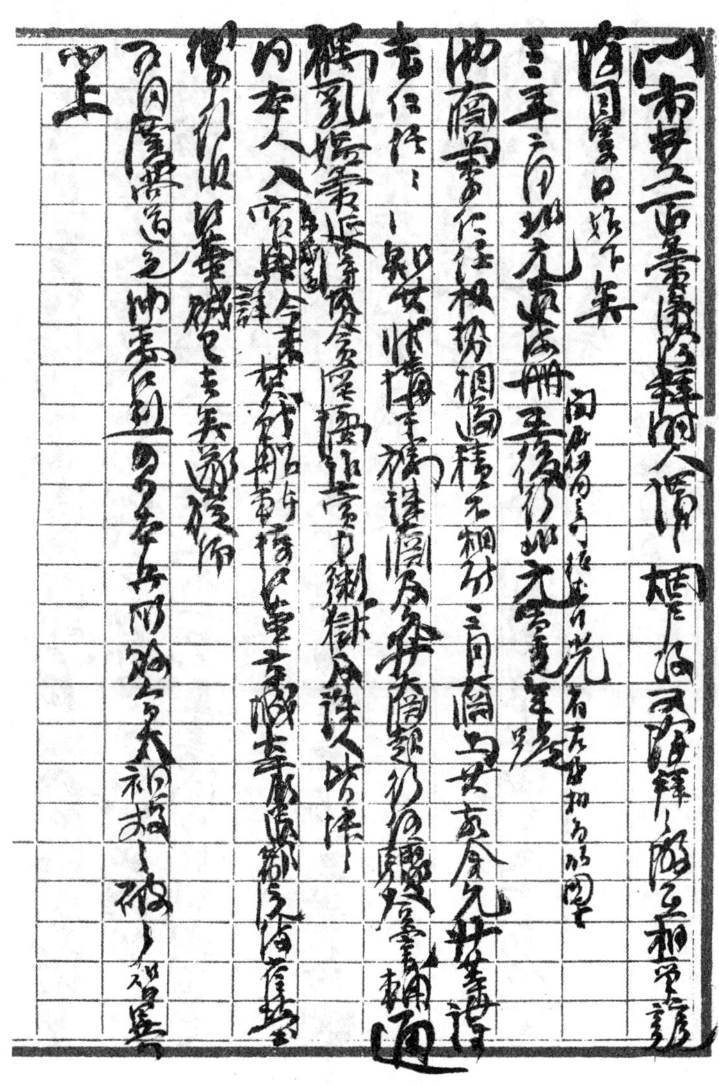

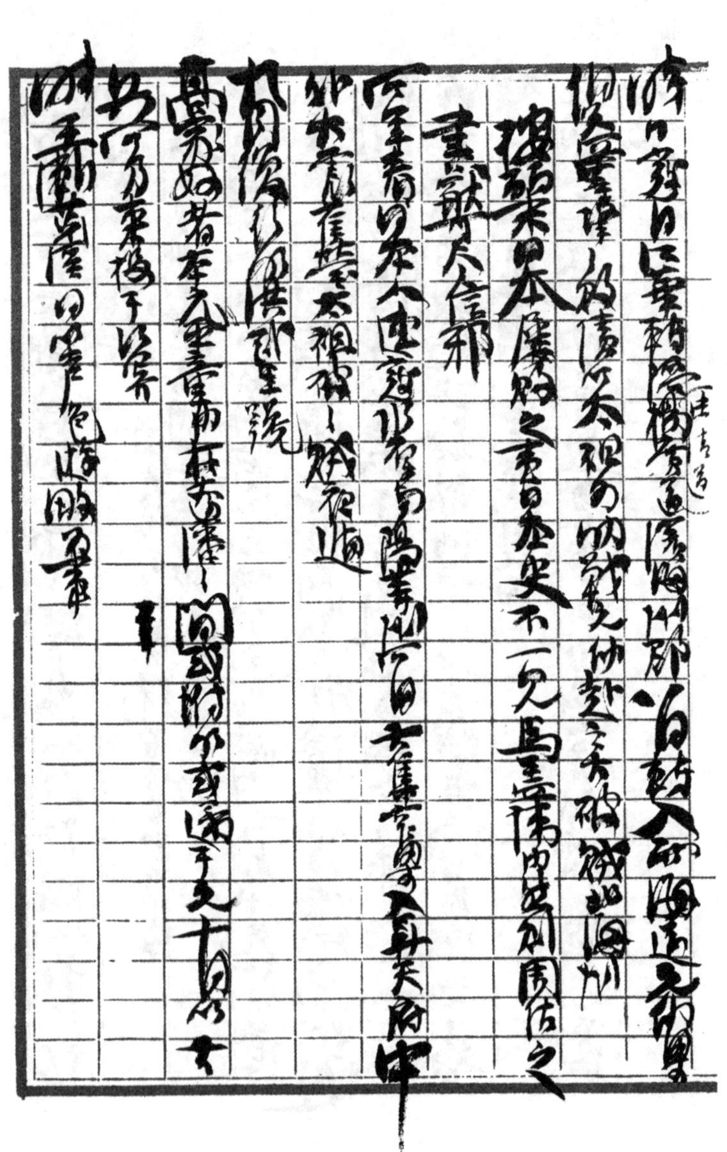

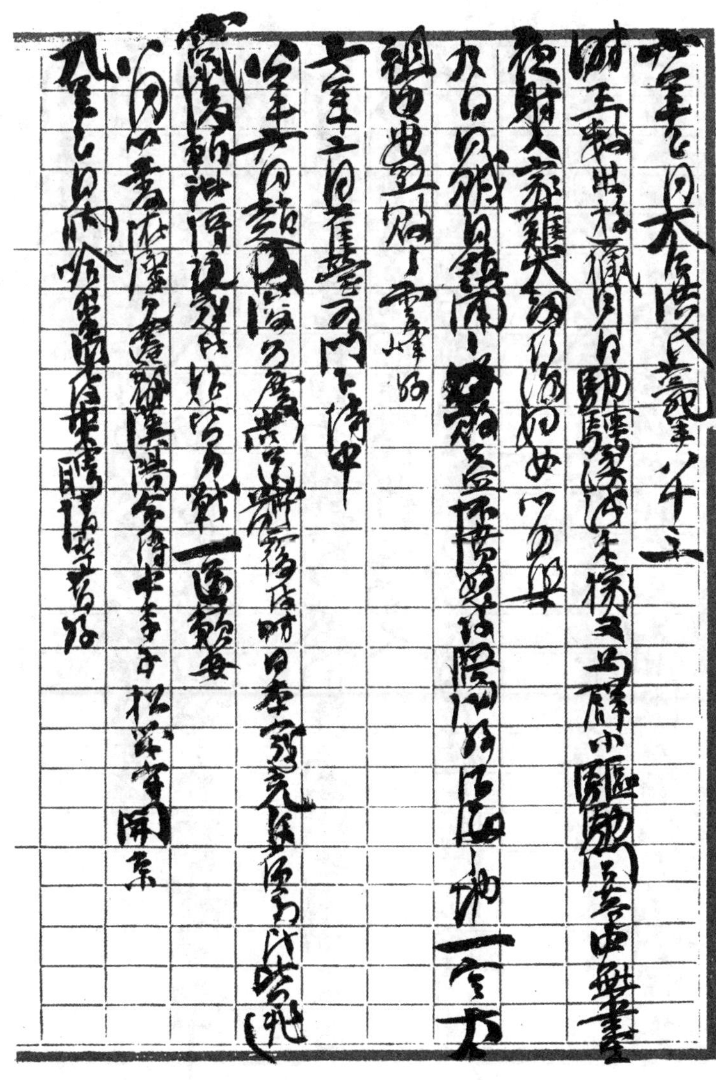

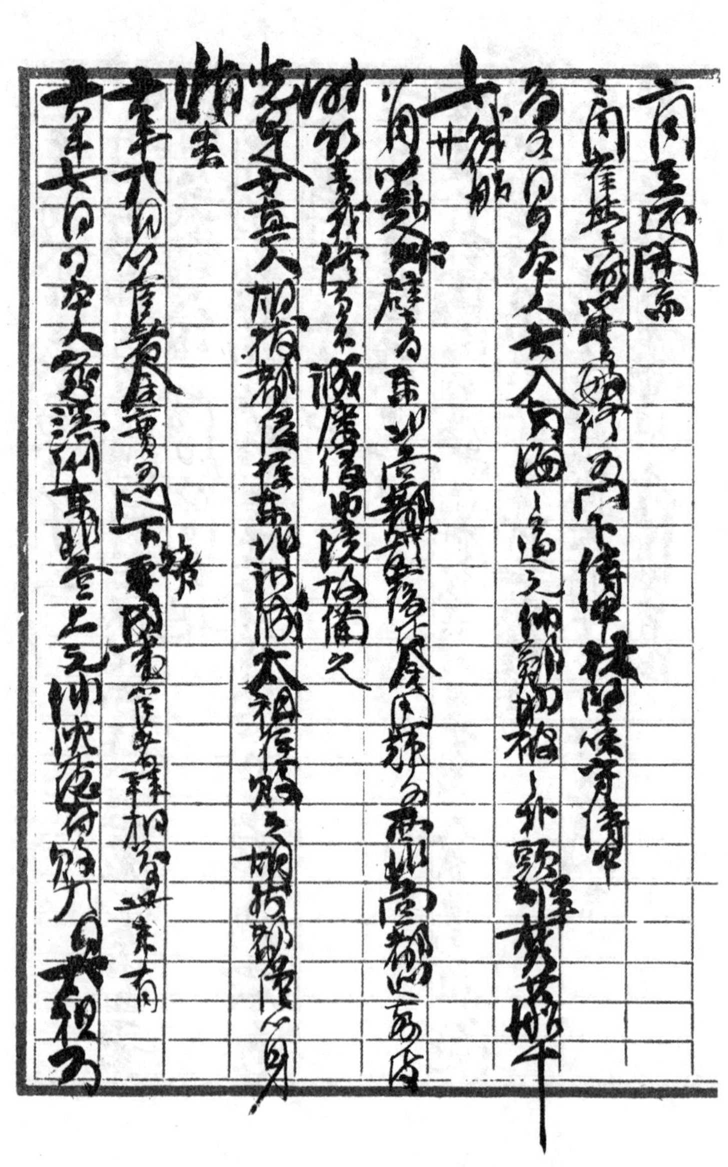

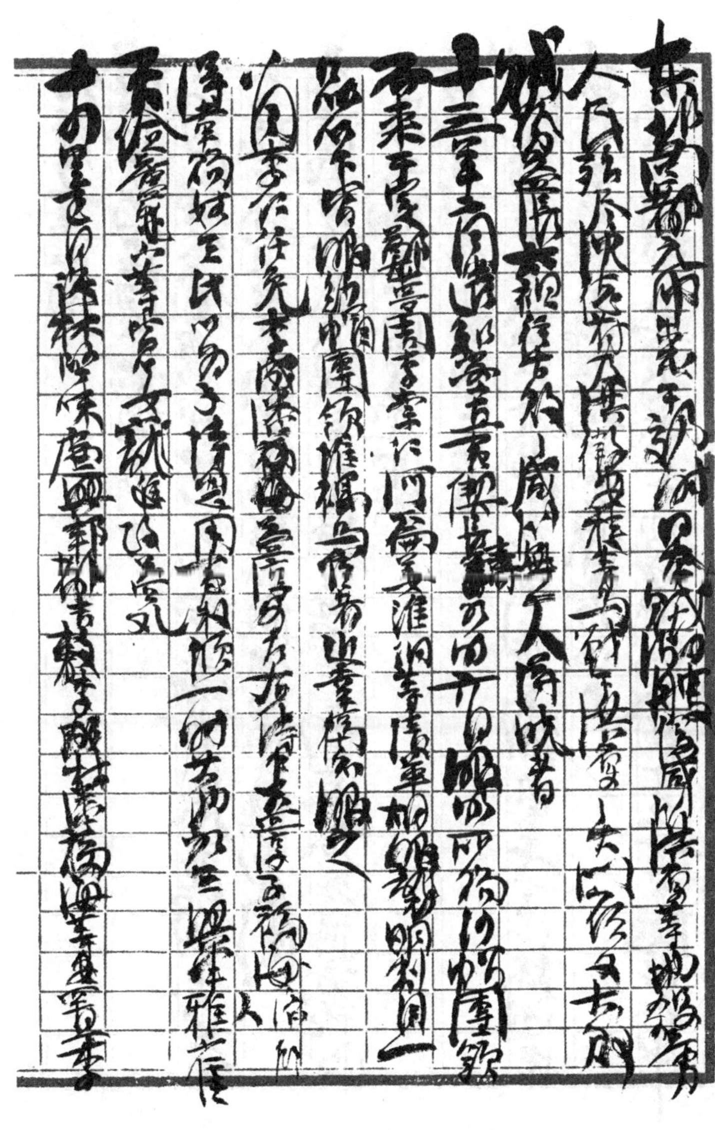

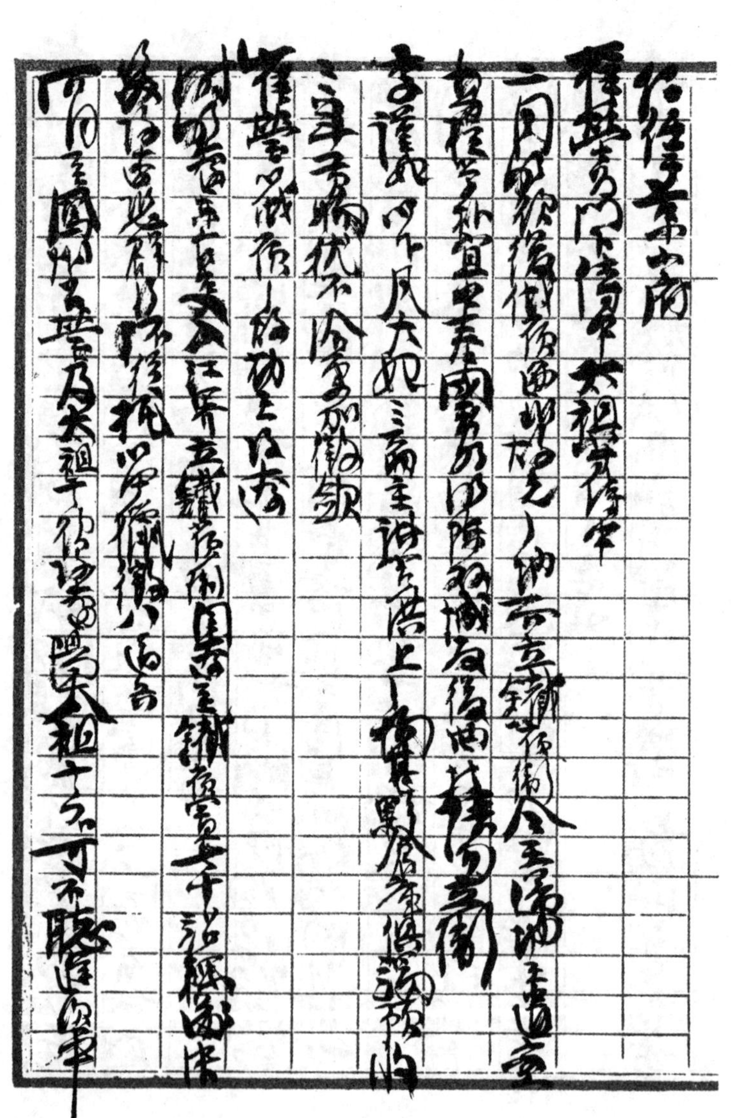

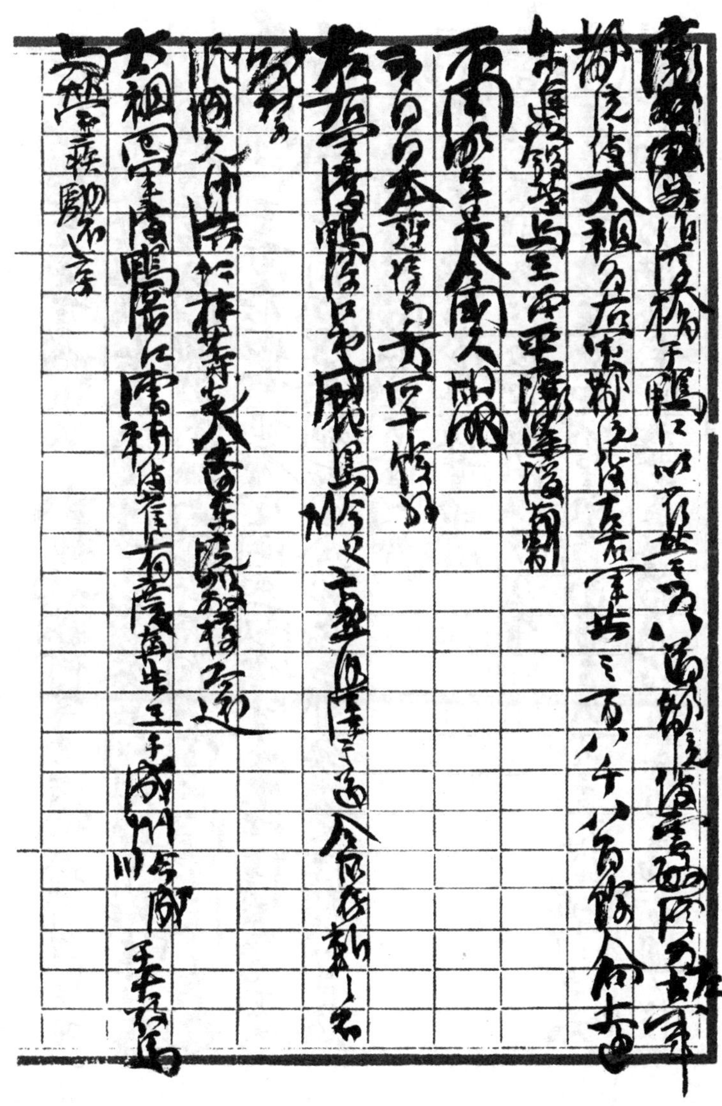

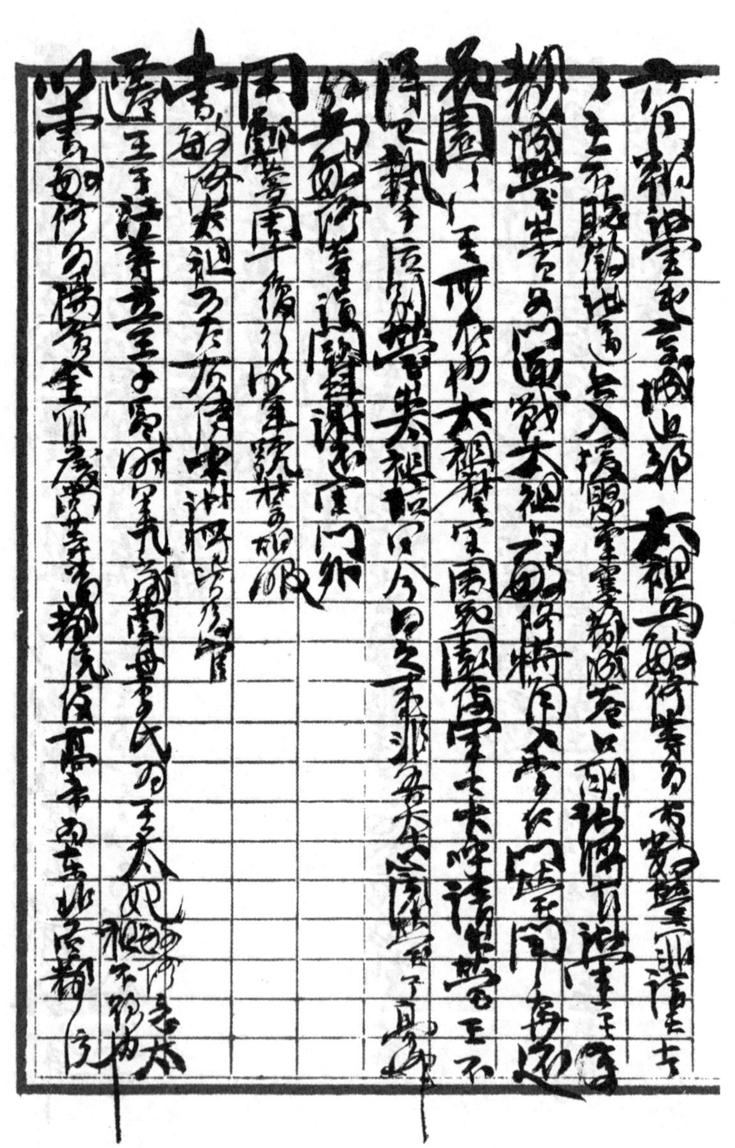

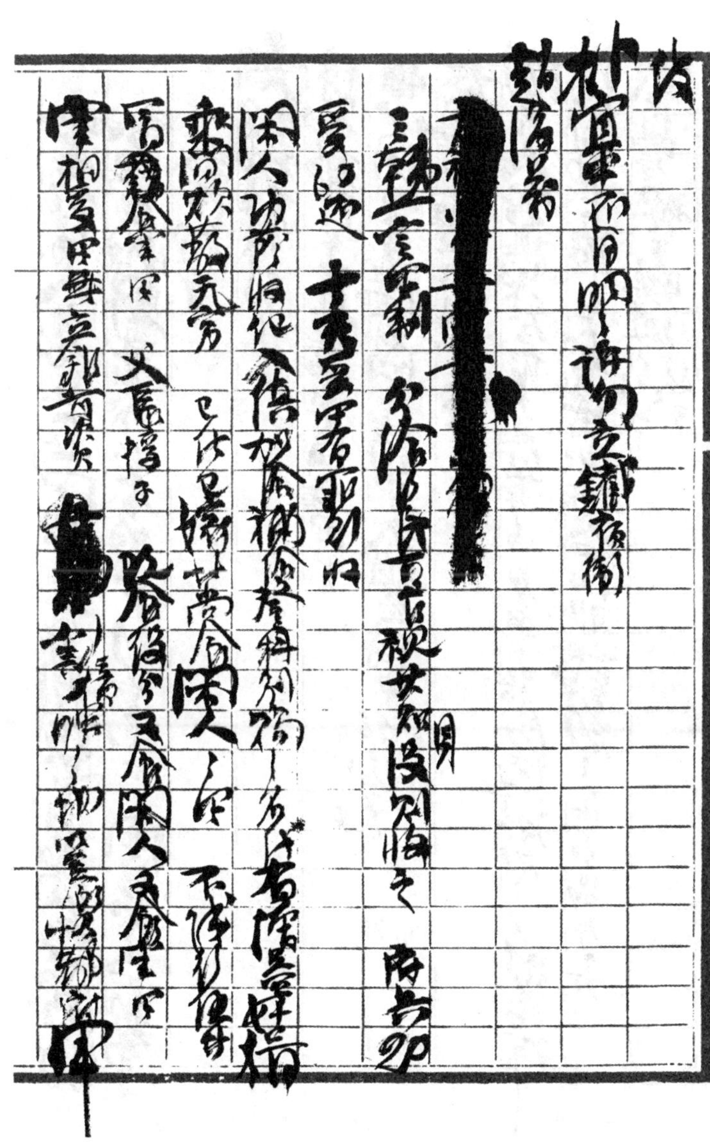

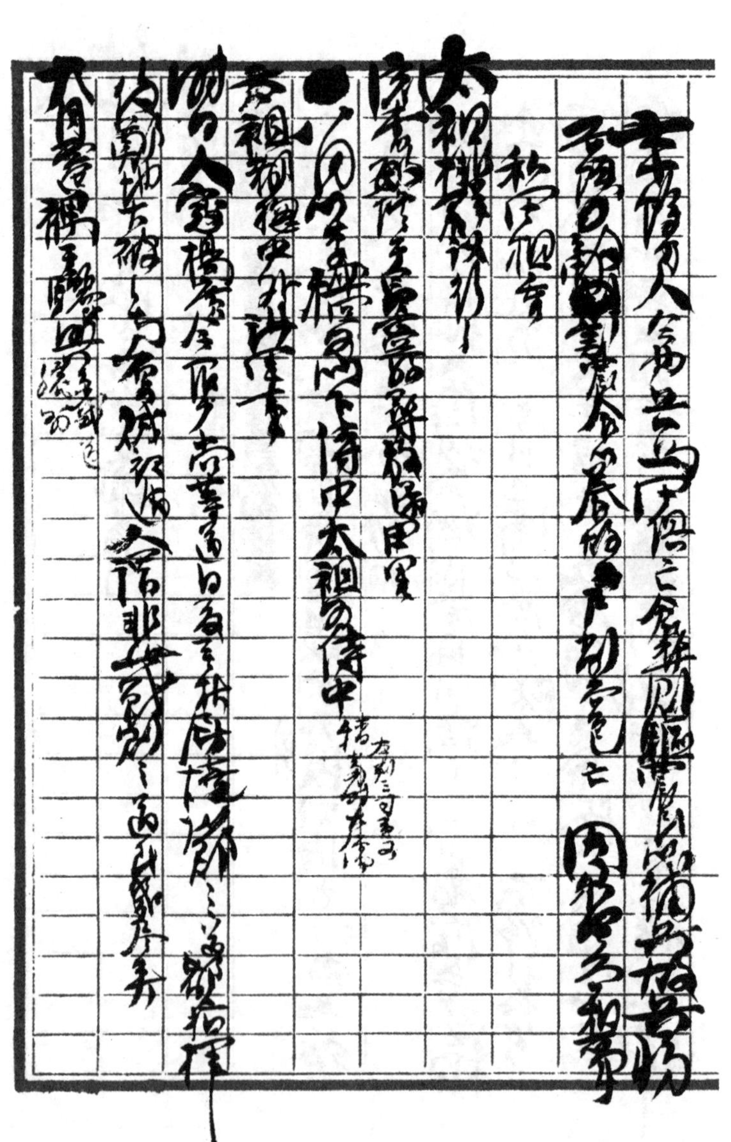

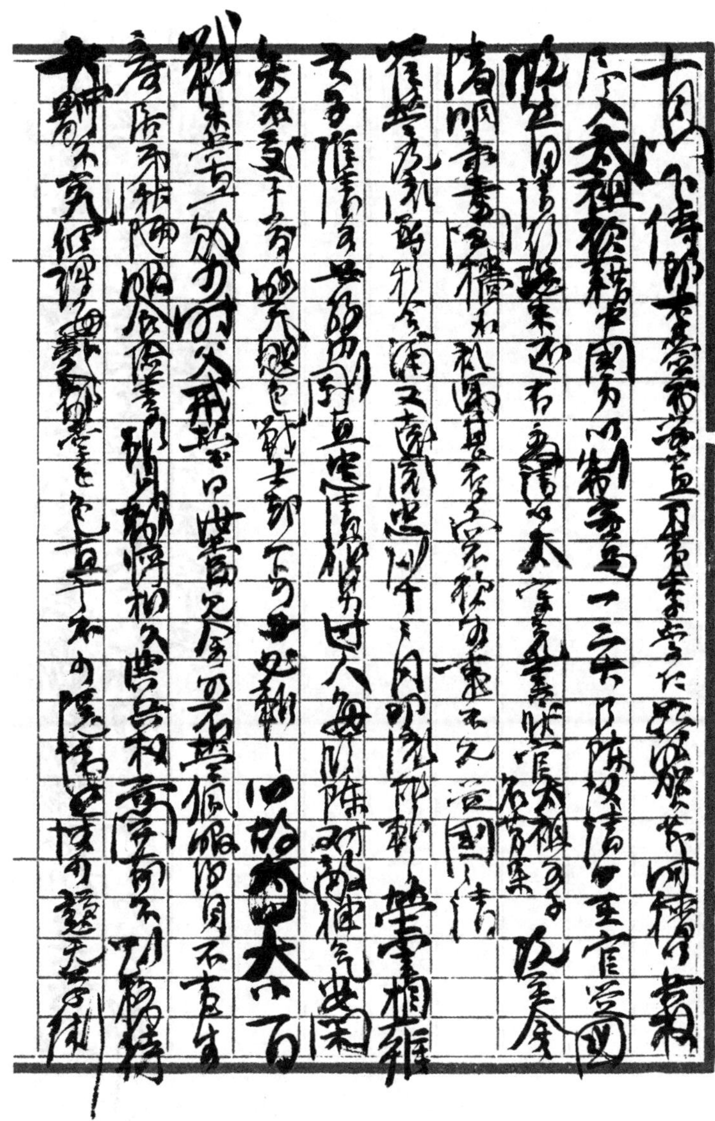

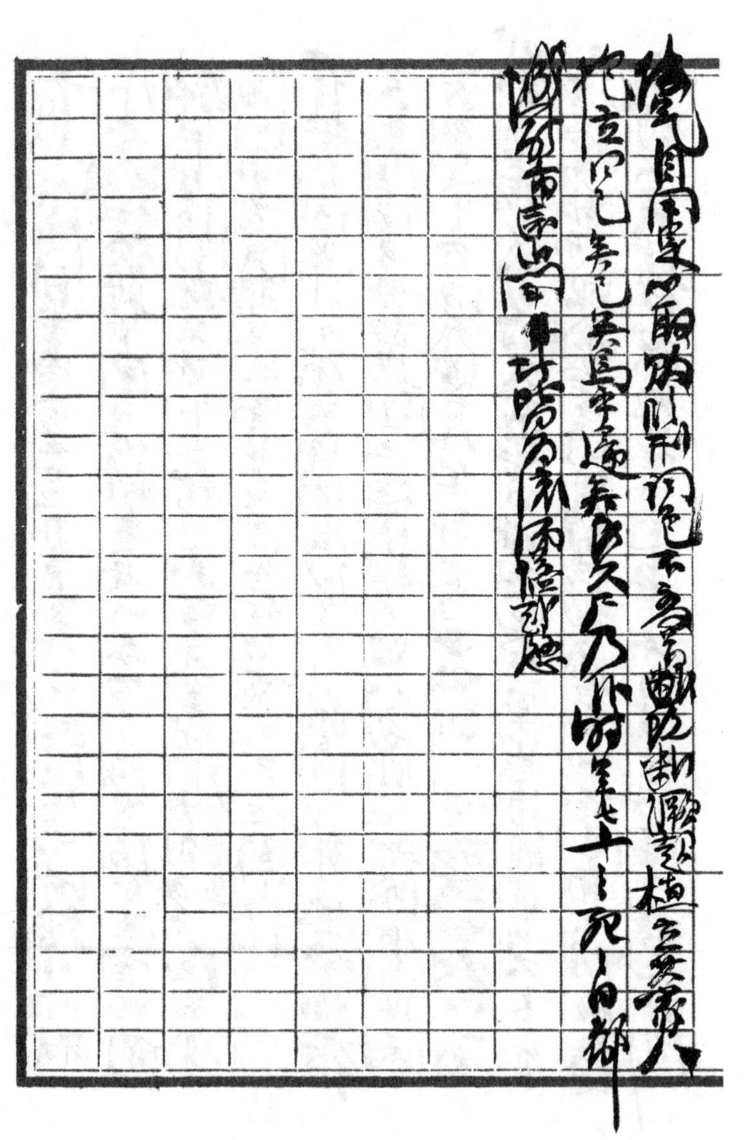

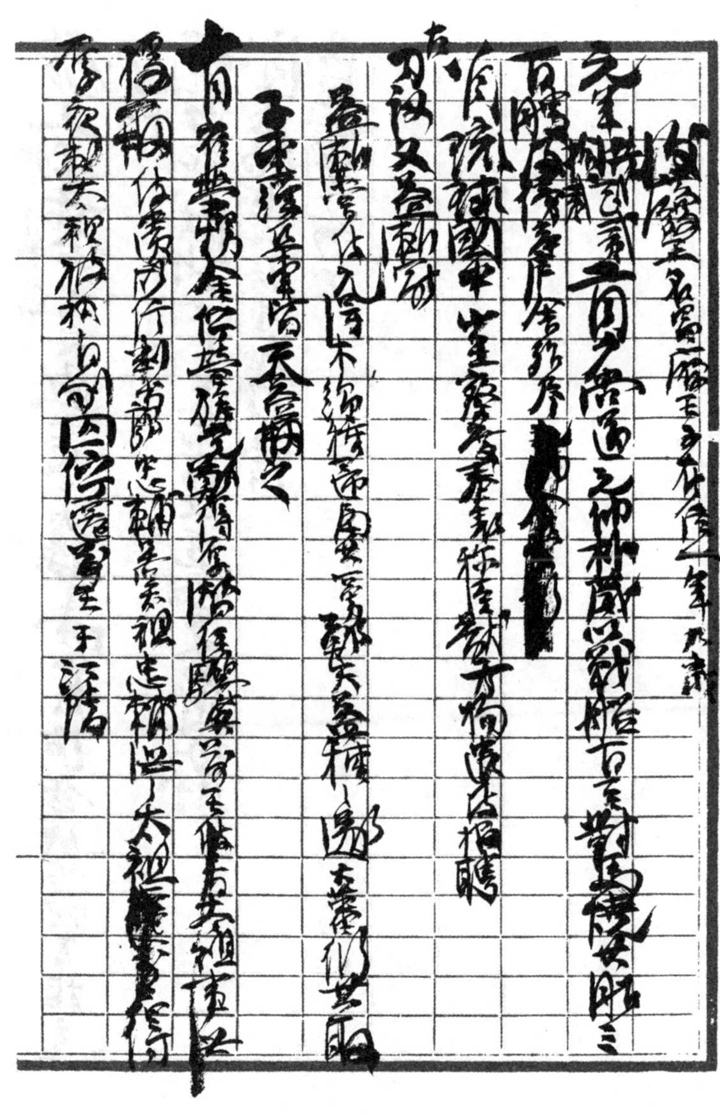

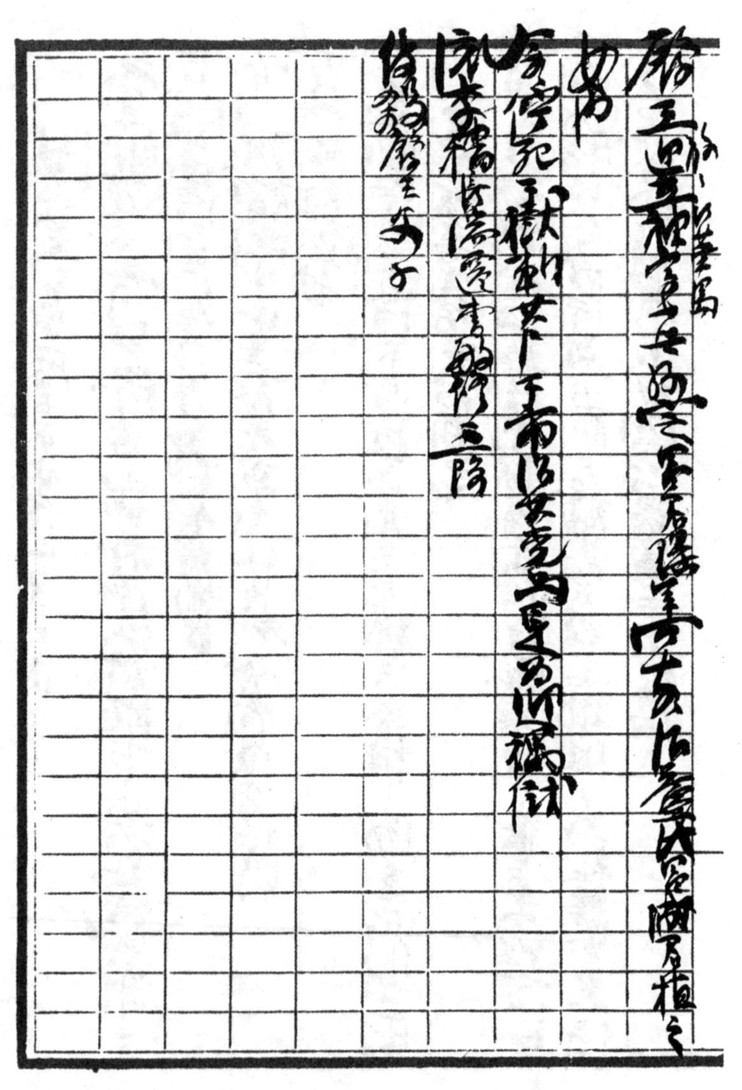

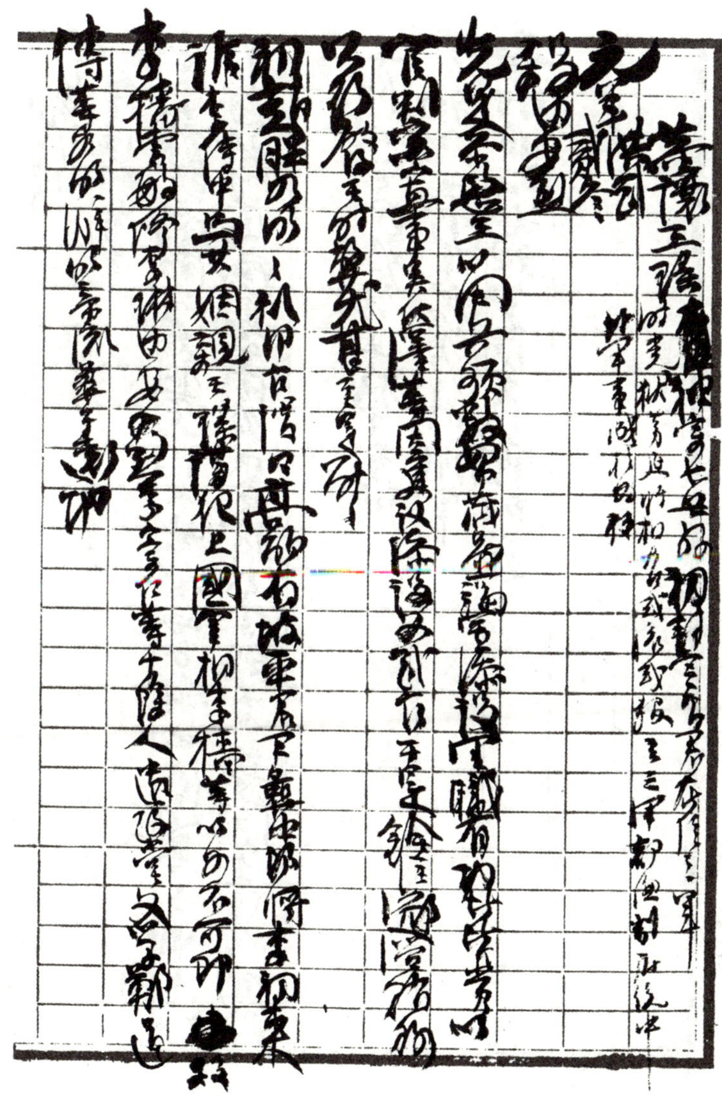

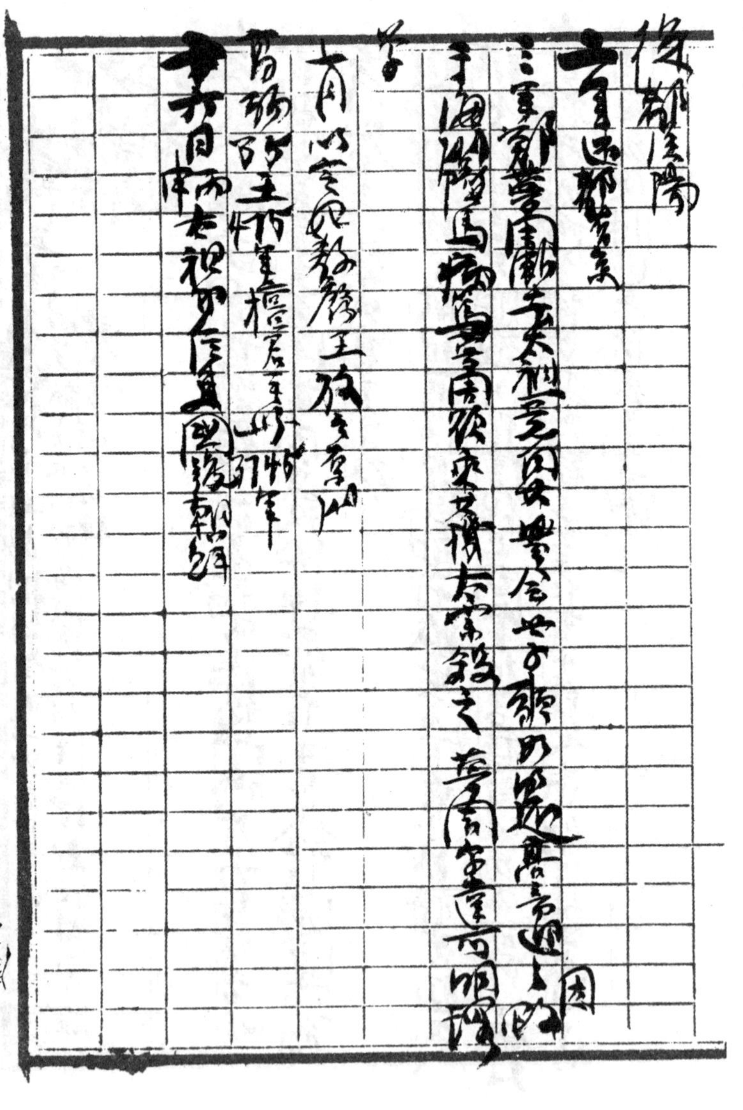

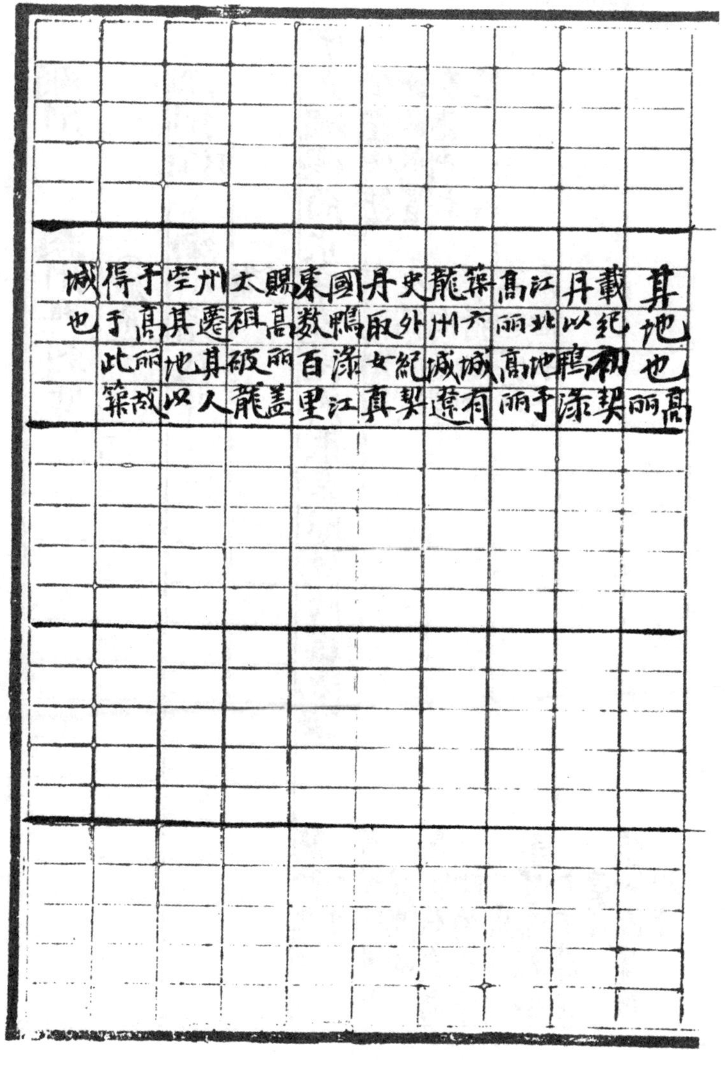
其地也高丽載紀初契丹以鴨淥江北地予高丽高丽築六城有龍州城遼史外紀契丹取女真國鴨淥江東數百里賜高丽蓋太祖破龍州遷其人空其地以于高丽故得予此築城也

下云十…南三百 柳…吉林…懷…

遼永州有長寧縣乃長寧也 氏首非舊地 遼志漢浿水縣高麗為句麗縣渤海為常樂縣 後漢浿水縣屬樂浪郡 渤海雞山府所屬之三縣也

湖州　湖州興利軍

（東京）

渤州 貢珍　渤州清化軍

貢 珍

中京顯德府　東京遼陽府　東京遼陽府　遼陽路

金德 常樂　遼陽 渤海

仙鄉 永豐　金德 仙鄉

渤海 永豐

鶴野 渤海

雞山 長寧　雞山 興遼

渤海 長寧

鶴野遼陽西八十

常樂縣在遼陽城內

長寧在遼陽西南蓋平之東

永豐海城西六十遼水東岸

雞山遼陽西八十

盧州杉盧郡領縣五山陽杉盧漢陽白巖霜巖

顯州賈耽道里記謂天珤中王所都

東京盧州渤海五縣皆廢有熊岳一縣

東京巖州白巖軍渤海白若縣・遼營衛志云敦睦宮以渤海巖州戶置是渤海亦有岩州

東京顯州奉德軍

熊岳屬蓋州省

遼治今熊岳城非渤海之舊

當即唐巖州故城在遼陽東北五十七里石城山上

今遼陽州地

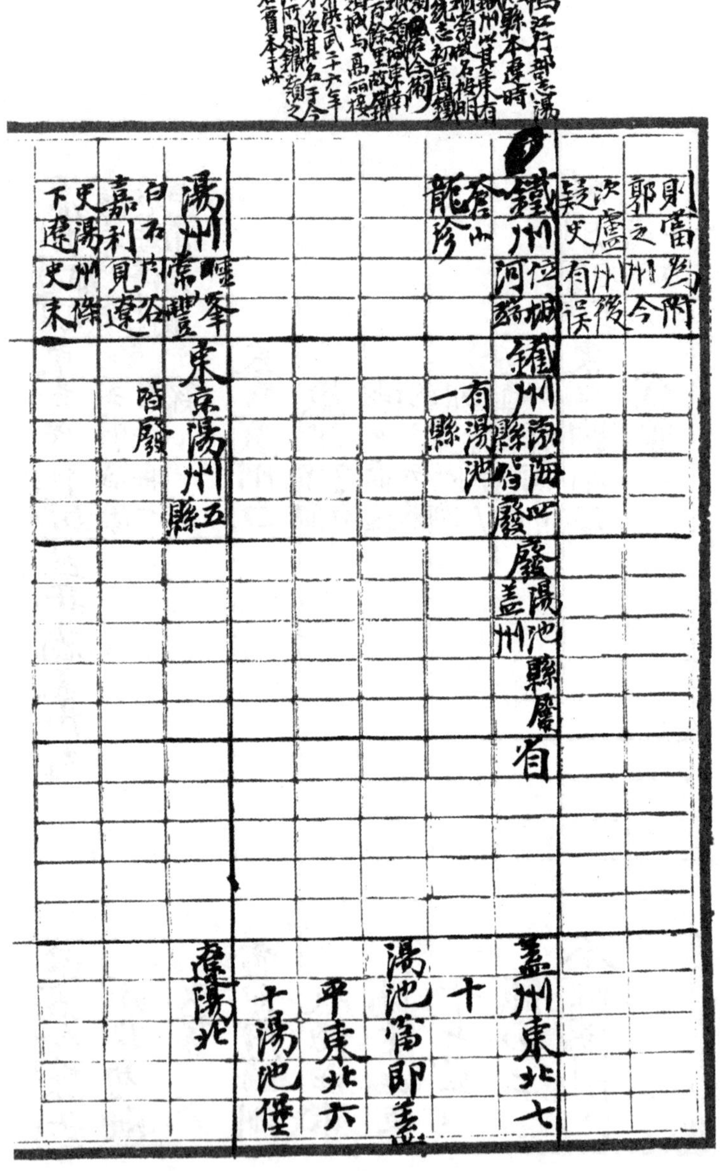

言湯州即
渤海置然
故縣皆渤
海縣名

榮州疑即
崇州

見後。
興州盛吉
蒜山
鐵山

東京乾州靈
山縣即渤
海靈
峯縣

北京懿州靈
山縣遼有
懿金
廢
州蓋
乾州也

興州即人地
志有以
州為鐵
興縣之懿
路城者攷
金志瀋州

乾州漢無慮
縣池無慮
因醫無閭
山得名
則靈峯
六相近
當

松漢紀聞銀
州南鋪鐵
嶺五十里
至興州四
十里至蒲
河承德

本宋宮
柳城府丁
云云丸鎮
城山柳云鎮
臨山

東京龍原府
通考：唐貞元時大欽茂徙此○縣六：龍原、永安、烏山、壁谷、熊山、白楊

東京開州
領縣一：開遠
渤海龍原

挹婁縣遼舊興州常安縣，貫遼之興州，始實移于挹婁，後乃復渤海之舊

朝鮮咸興府
西北
熊山一統志在開州西，不城，或即鳳皇城北六十九里之沃赫和也

鐵山
西北四十，或即今臨海西南百五十之鐵山

非朝鮮慶尚道之慶州也，非金之慶州。（金慶州在遼祖州地）

州名	隸屬	位置
慶州盡龍泉府（據遼史）附郭州龍泉為州之附郭縣餘五縣皆州慶	同上	同上
鹽州龍河郡縣 四陲陽接海格川遼史訛格州據一統志改龍和	東京鹽州隸　開州	朝鮮開州城西北
穆州會農郡 會農水 郡岐順化	東京穆州隸　開州有會農縣	朝鮮開州西南

下州皆[?]今
咸興

唐書州以沃沮故郡
落蓋真滿治古[?]
州之静蕃成縣
系山蓋■渤
海移其名于
此

唐書丹州七
沃州居其一縣
一濱海也在今
喀喇沁演[?]古
大寧城北善渤
海途其名于此

美
賀州吉理　宋屬賀州　一統志遼末入朝鮮
郡洪賀縣
誠吉理
石山
南京南海府　東京海州南　澄州　初曰■　海州治　澄州治臨溟縣　海城縣
沃沮鷲巖　龍山濱海　昇平靈泉　海軍　明一統志　云遼海州治臨溟縣　臨溟縣見元一統志　金史不詳　沃州為南海附郭州沃沮當為沃州附郭邑鷲巖當即岫巖
沃州附郭
睛州天晴神陽　嬪州隸海州廢為新昌鎮　遼嬪州東南

遼史地理志平壤城在[illegible]西南盖隅以海城西南之於泡河[illegible]消洄水之北[illegible]洄水故有山誤

丁未今海南[illegible]城之隅州之州於今江[illegible]東北二百

蓮池狼山 仙巖

入澄州

至海州百

二十

蓮池武郎海城西南蓮花泊

椒州 椒山 貂嶺

矡州隸海州

灦泉 尖山 巖淵

巖淵不言即渤海故

海州西南六四十

西京鴨淥府

淥州鴨綠軍

丸都東北溯

神鹿 神化 劍門

流二百里

神州 附郭

桓州 丸都 附神

桓州隸淥州

[illegible]

鄉洞水（遼史作渭水，誤，今據一統志）

豐州盤安　豐州歸德州　豐州在渤州東北二百里

郡安豐　恰濕灤　豐渤

硤石

正州沸流　正州歸德州　淥州西北三百八十

郡　東那在州　那西七十

長嶺府　東京長嶺府　吉林西南五百長嶺子

瑕州無攷　州當為

附郭之州
遼廢
河州

河州德化軍

明人以遼河州置軍一名防因謂一統志開元東北五百里穩圖河源出防州北山所謂防州即河州延未之據

下柳云兩存縣

夫餘府長平富利
佐慕肅慎
永寧豐水
扶羅永平
夫餘布多

東京龍州黃龍府黃龍渤海
長平富利
佐慕肅慎

隆州利涉
舊隆州收三縣並入
湖仁扂咸平府元初

開原及開原
邊外
金史渤海
師縣北有

顯義龍川
强師新安
進谷

并入遼民
渤海求學
并豐求扶
羅求平渤
海置

東京開州安
遼軍遼遼
渤海
夫餘布多
安遼渤海
顯義并龍
川歸仁渤
海强師并
新安進谷
渤海熟
遼史言改
渤海夫餘
府為龍州

又唐

據奉使行程
錄黃龍府
在松林河
西三百里
三十日

烟仁城在
今鐵嶺东
北

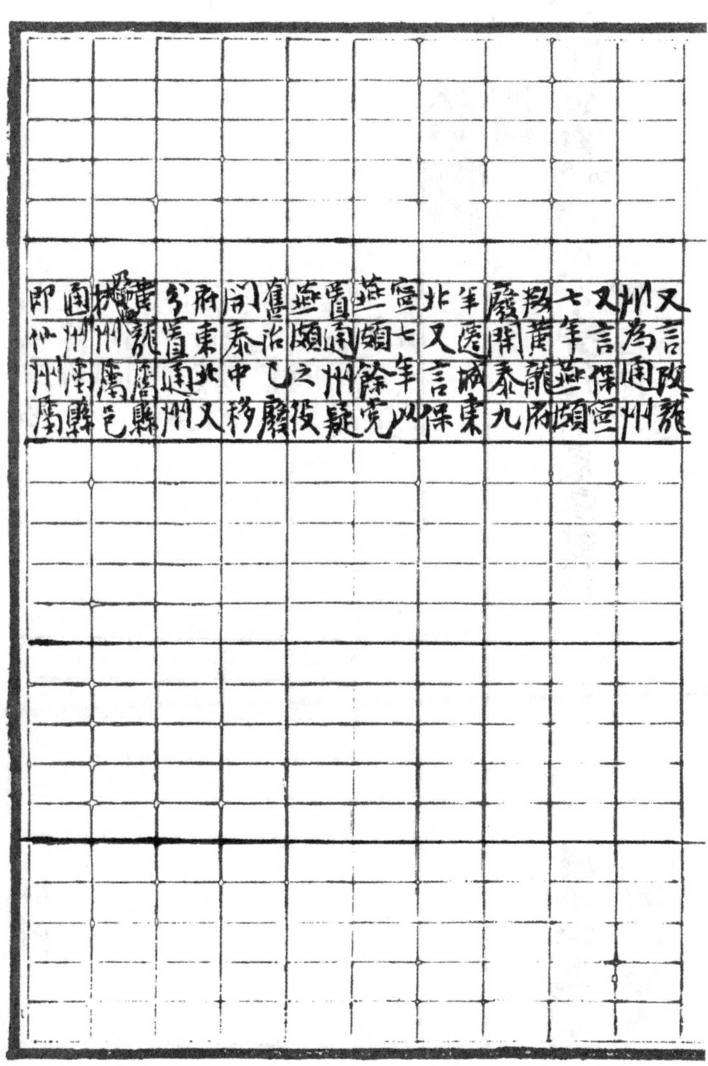
又言改龍州為通州又言保寧七年燕頗撥黃龍府廢開泰九年還城東北又言保寧七年以燕頗餘黨置通州疑燕頗之役舊治已廢開泰中移府東北又分置通州黃龍屬縣撥州屬邑通州屬縣即仙州屬

也又渤海夫餘府與契丹鄰未能過南京以北遼黃龍府既又稍廣舊五代史言北至混同江僅百里則又遷國府東北之陰

扶州 管系 附郭

仙州

[illegible]

鄚頡府 關喜 方安

東京 鄚韓州 扂京 韓州

柳河（渤海） 關喜 并 万

科爾沁左翼

南北 百七

細河

在遼中京別有高州廣信州地今略刪之

鄚州 諸書不見 當即附郭柳河縣地 遼史高州作韻州

安。韓州故城在遼水側移白落寨移柳河改又遷九百奚營改州爲柳河縣

上京遼州 西北至上京千里。興鳳州隸鳳州在韓州北二百里西北至上京

十阿勒瑪圖城 柳河出遼陽東北八十入十里河舊稱柳河

丁卯並云盛
參本州

九百里則遼州韓州相去亦百里

安寍郡 唐書但言鄚頡府領鄚高二州此見遼史鳳州條下當為鄚頡府之支郡

上京鳳州 韓州北二百里西北至上京九百里

定理府 元一統志云領定理平邱巖城慕美安夷潘水安定保山能利九縣

東京定理府潘州挹婁縣 以金史攷之遼始置府治則省之廢渤海定州為双州金又廢

鐵嶺南六十 明懿路所

在遼東京別有定州在朝鮮平安道平壤西北百餘里云

一統志云興京西北柳云秦六府故朝鮮平安道安州乃遼之保州

雙州并州城入瀋州双

定州安定郡　雙州保安軍州廢縣屬瀋　鐵嶺西六十

双城渤海州　安東

瀋州遼史　瀋州一嚴　瀋州縣五樂　瀋陽路

縣九昭廢　州白巖　部遷置

○唐書作　軍縣二樂　華義遷廢

瀋當漢　部瀋州治　州遷瀋遷

所今承德　遼州花婁

虛源皆非　遷置定理

渤海舊名　府双城遷　双州

安邊府

安州縣歸仁遼安州　咸平府歸仁　隨在開原縣遼

肆通州并

渤海強師

縣

外

遼史云東京康州本渤海率賓府地按康州屬頭州在渤海爲頭德府地

新安二縣

首強師臨

夫餘府新

安武麗山

瓊州改 無

率賓府 下云興京無考

析云三州州山

東京率賓府上京率賓路

在涑州定理開

舊作恤品 又作速頻

壽州

華州舊爲 無改

附郭

益州

東京益州

鄚多理城

南

契丹國志宋政和五年金太祖攻遼取賓祥咸三州薄益州按進

遼金元建代皆有金源剌卜土野特

建州

金

鴨淥江一名益州江則益州實與鴨淥江近當在長白山西南遼益州屬黃龍府不言仍渤海之舊或因其名不必即其故地

上京之南混同江自此北流五十会淋水

遼史東平府治
遼陽縣故城
在郡隱子山
下云東平府即
[illegible]
[illegible]

東平府 東京遼州 貞祐時廢 遼東北

伊州

蒙州 紫蒙 祺州 祐聖軍 廢以慶雲縣廢慶雲縣為慶雲鐵嶺西北五

遼史祺 金史改 隸咸平 驛 十

○慶雲

東京紫蒙縣

開府

遼史 貴德州 本漢襄平縣地有范河國初置

沱州 遼史作陀

欽

東京寨	懷遠府	達州無考	越州无考	懷州无考
尚州（本漢襄平縣地。金史作同州，改隸州。有尚州山，當為同州）	東京信州武昌	渤海懷福、定武、渤海豹山井乳、水天戶		
咸平府銅山（縣南有柴河，北有清河，西有遼河）	上京信州武昌	渤海懷福		
	信州治武昌			
科尔沁左翼	東南三百	八十故城		

大元一統志 北抵柳河 勒江

紀州無攷	富州	美州	福州
	東京銀州富國軍延津 渤海 富壽 新興 渤海富置 咸平府新興 縣有范河 崇河	東京遼州山河 銀州 永平 渤海優富 渤海縣弄 生川 榛川	上京福州係州 北二十西 北至上京 七百八十
	今鐵嶺 故新興縣在今鐵嶺東即新興 永平廢縣在鐵嶺東北		開原北行汜自十三山東行數日過遼州至福州十三山今錦縣

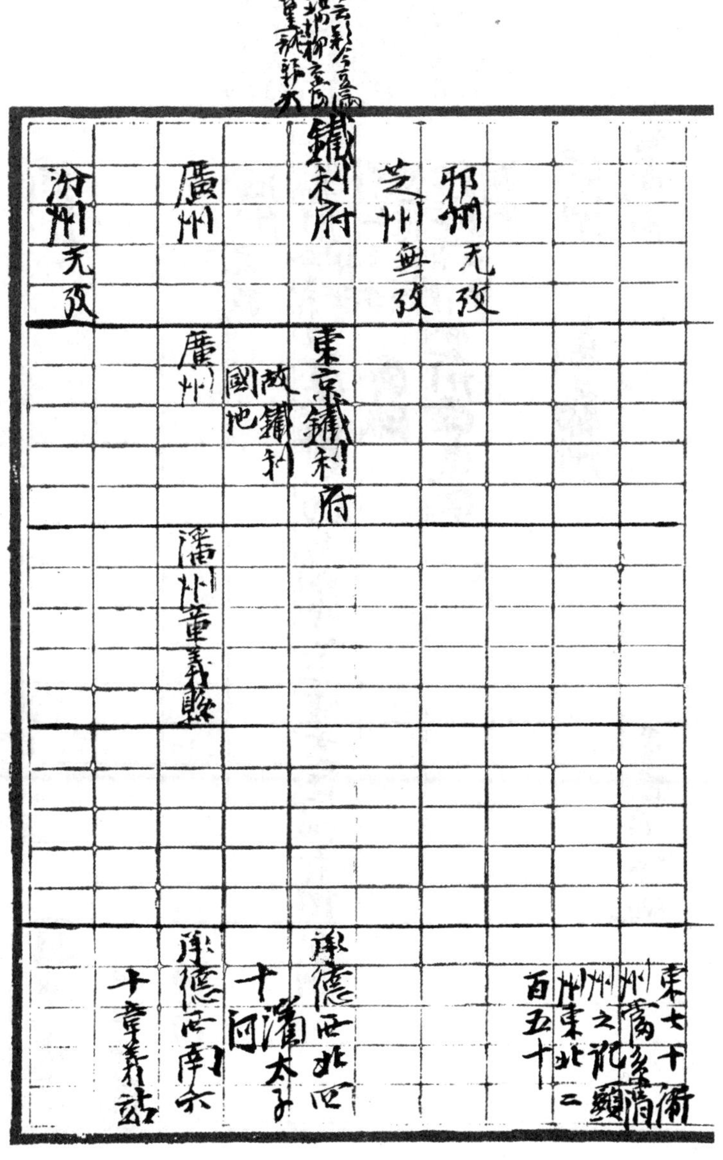

邪州无攷
芝州無攷
鐵利府
廣州
汾州无攷

東京鐵利府
故鐵利國地
廣州

瀋州章義縣

東七十衛
州傍瀋
州之記鐵
州東北二
百五十
承德西北四
十蒲河
承德西南六
十章義站

疑瀋州之誤
蓋別海州非
一字
遼史上京慶
州，禱義縣之
地義豐縣
吾是渤海義
州並從之渤
海縣民來遼置
其名仍非其故
地也

丁香未詳，扣來
係在里試證

瀋州

海州 元改

義州 州今義州西
義州 崇義軍 太宗四改 義州 義州

章五十古

饒慶縣城

金上有饒

慶鎮或渤 宜州

海縣

歸州 東京歸州

安遠府

東路宣安遠

麗在承德西

北四十蒲

河源

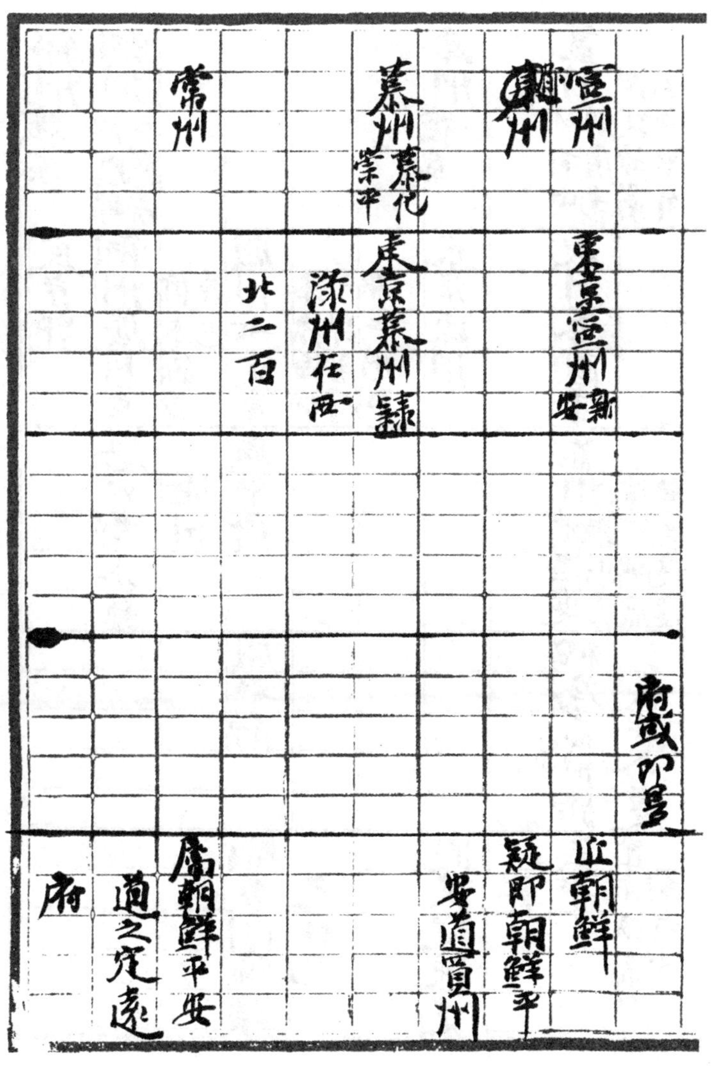
宣州
興州
慕州 慕化 崇平
常州
東至宣州 新安
東京慕州 隸
瀋州在西
北二百
府 武寧
近朝鮮
疑即朝鮮平
安道買州
屬朝鮮平安
道之定遠
府

郢州獨奏	東京郢			
銅州（銅山郡）獨奏	銅州廣利軍	廢以析木隸		
	析木（勃海花山）	澄州		
	咸州安東軍	咸平府	咸平府	開原南鐵嶺
	本勃海銅山郡唐營平二州間			之北也
涑州獨奏	東京涑州			通設近涑末江
蓋州（以下四州唐書遼攷所載六十州外）	辰州奉國軍	蓋州（湯池（遼鐵州）秀巖（今岫巖）熊岳（遼盧	初為蓋州路	蓋平
			後并入遼	熊岳城蓋州南六十

州縣建安（遼）陽路
漢長岑縣地
崇州崇山渤州水谿減
崇州崇信
顯郎中京屬崇州
貴德州渤海崇山
廢為巡檢司鐵嶺南
縣
奉德縣渤海緣減
縣
集州
集州奉集縣渤海縣
貴德州奉集
奉集廢縣僅
縣
順南八十
檀麓州屬遼乾州屬司廣
檀麓州
康載
縣本渤海麓郡縣并

蓋廢波雲川二縣入焉

乾州漢无慮縣地因醫巫閭名

蓋州蓋廢郡或亦府北鎮之蓋廢歟

上京長春州泰州長春縣

定州定東

保州

近百都訥

朝鮮平安道

定州平壤西北

三百餘

朝鮮平安道

安州

在渤海為顯德府也遼史云即渤海率賓府誤

懷化軍隸保州

來遠城

來遠軍

嘉州嘉平軍

隸顯州

遼西州長寧屬顯州

康州屬顯州

宗州在遼東石熊山

□縣一熊山渤海縣

乾州漢無慮縣統州

在渤海為顯

廣寧西南七

一縣四奉陵延昌靈山渤海靈峯司農渤海麓州遼

海北州屬乾州。開義屬義州有　義州南四十
縣一開義即治所

安遠州懷義軍屬黄龍府

威州武寧軍刺史屬黄龍府

清州建寧軍

屬鄚頡府

雍州府 屬鄚頡

安定府

鎮海府 平南

華州 永安軍

東州

尚州

吉州 福昌軍

荆州

懿州 遼史有兩懿州 懿州 皇統三年省入 至元六年省 廣寧北二百

一載東京道，一載上京道。然載東京道者曰初隸上京，則實一州也。○領縣二：遼昌（本平陽）、順安

順安縣改復置

一入順安縣

二十

勝州昌永軍

順化城嚮義軍

鹽州新安

衍州安廣軍皇統三年廢

遼陽西南百

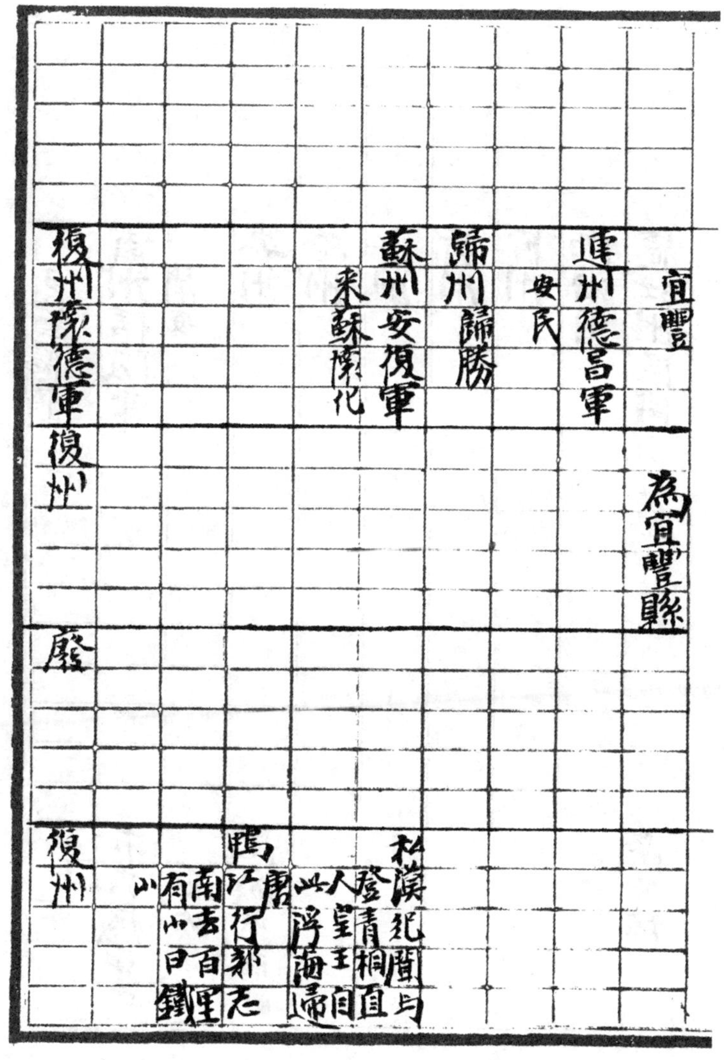
宜豐
爲宜豐縣
運州德昌軍
安民
歸州歸勝
蘇州安復軍
來蘇懷化
復州懷德軍復州
廢
復州
松漠紀聞曰登青桐直人望王自此浮海還
鴨江行部志唐南去百里有山曰鐵山

永固德勝

肅州信陵軍

清安

安州

榮州

率州

河州

濱州

渤海州

遼江州混同

在九咸平府

西北

元咸平府北

傍在林

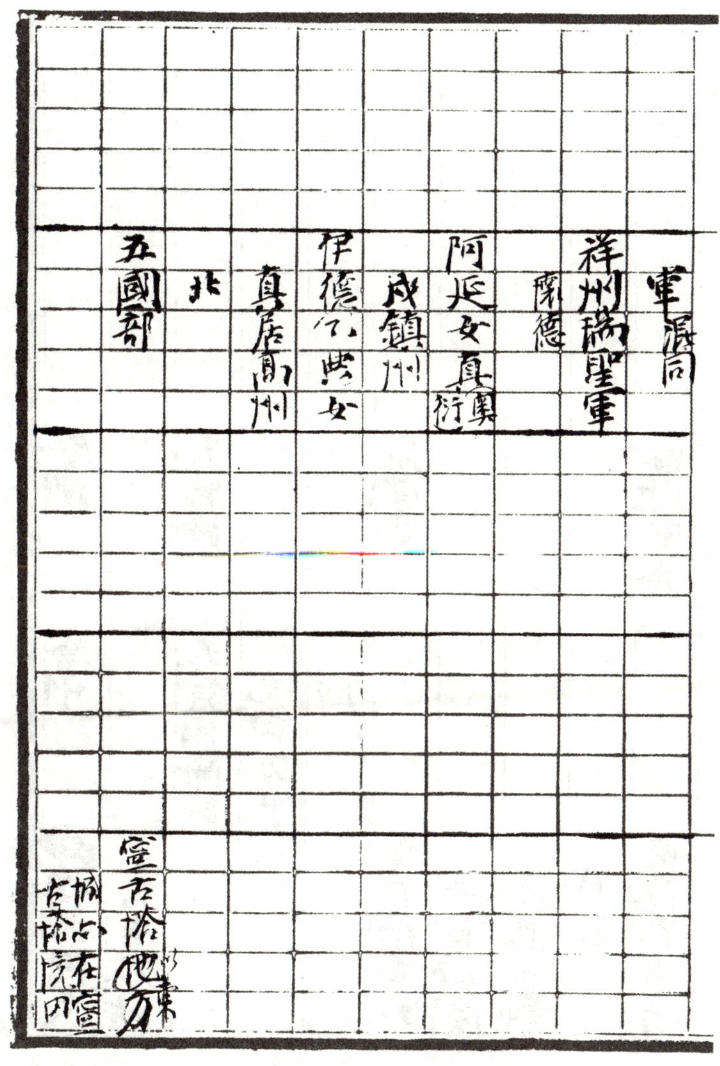
軍渼同
祥州瑞聖軍
蘭德
阿延女真
真奧衍
咸鎮州
伊德化與女
真居前州
非
五國部
寗古塔地方
城在寗
古塔境內

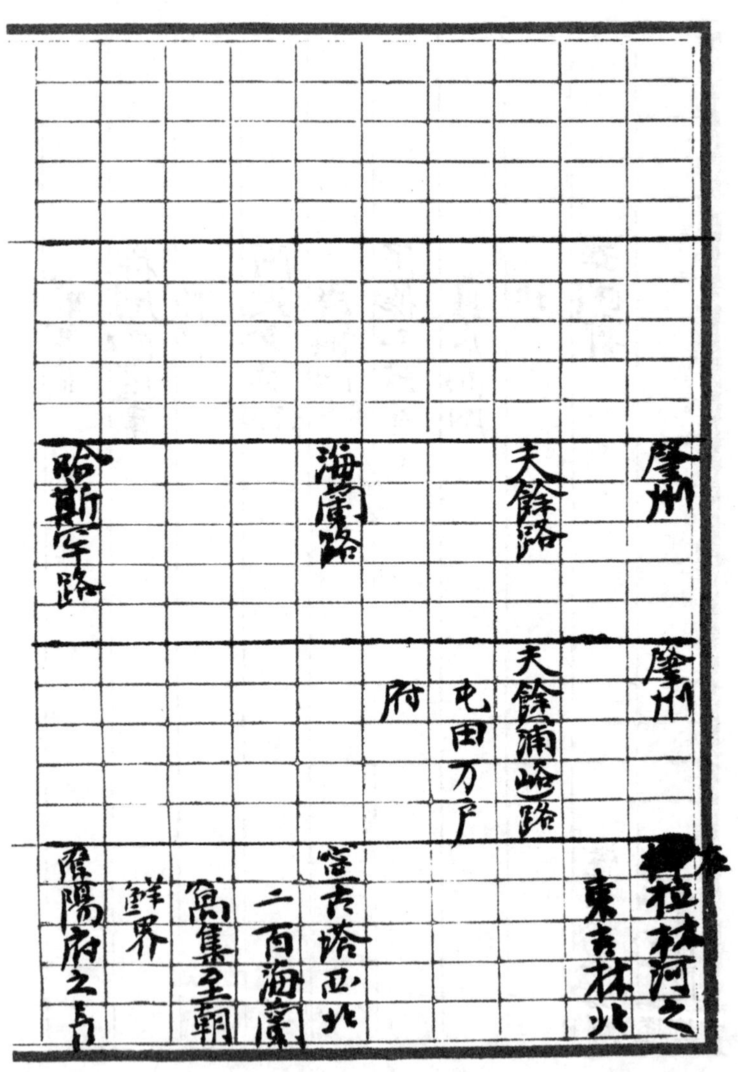
肇州
夫餘路
海蘭路
哈斯罕路
肇州
夫餘蒲峪路
屯田万戶
府
本拉林河之
東吉林北
寧古塔西北
二百海蘭
爲集至朝
鮮界
瀋陽府之

烏爾古德哷
勒統軍司
博索府（保安）廢為巡檢司
東寧路
上京會寧府

宜鎮及蓋
州等處又
河南亦有
之
吉林之北
朝鮮義州
吉林東北二
百色（[illegible]）
集

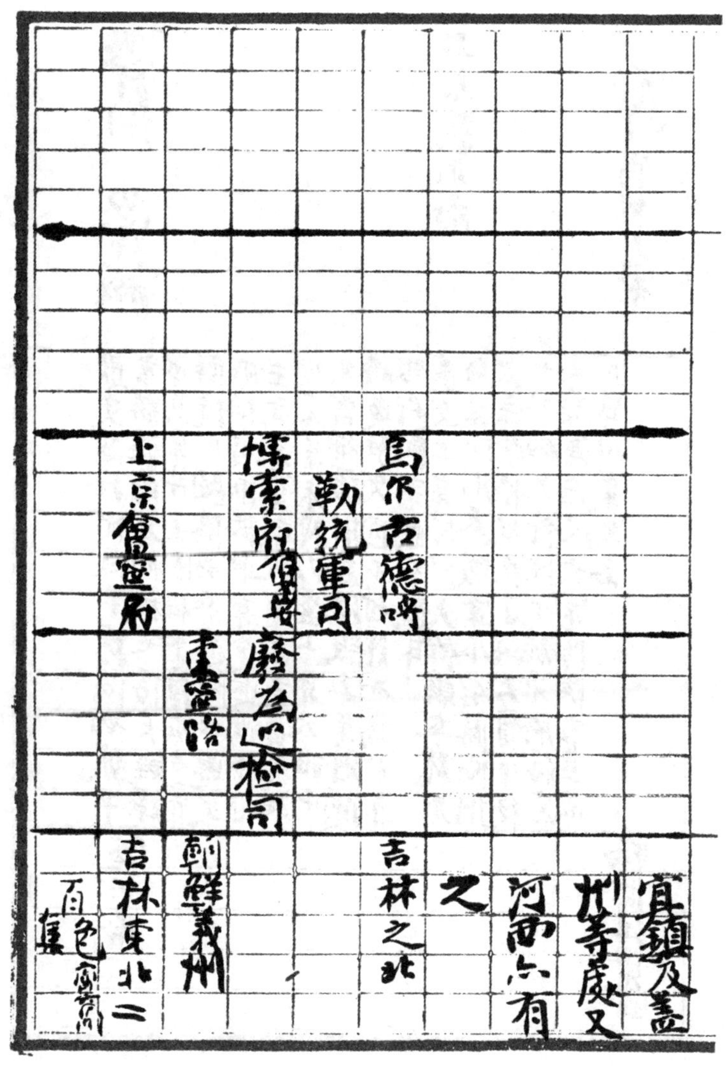

忽汗州　忽汗城

上京龍泉府

龍州　富利　長平

遼史忽汗州故平壤城也號中
京顯德府太祖改之仍大諲譔
以為東丹王國授平壤在今朝
鮮境內顯德府在遼陽北遼史
所稱似渤海中京今遼陽渤海
王于天寶末徙上京貞元時
徙東京未幾仍還上京天祐中
又舊都顯州蓋既設五京則隨
時迻駐史固不能詳而當中京
破時國王適在彼耳
遼史上京懷州夫餘縣本龍泉
府業懷州奉陵軍本唐歸誠州
太宗嘗行帳放牧于此天贊中從
太祖破夫餘城下龍泉府俘其
人築寨居之太宗崩陵在島故
州軍以是為名

寧古塔

鴨淥江東北

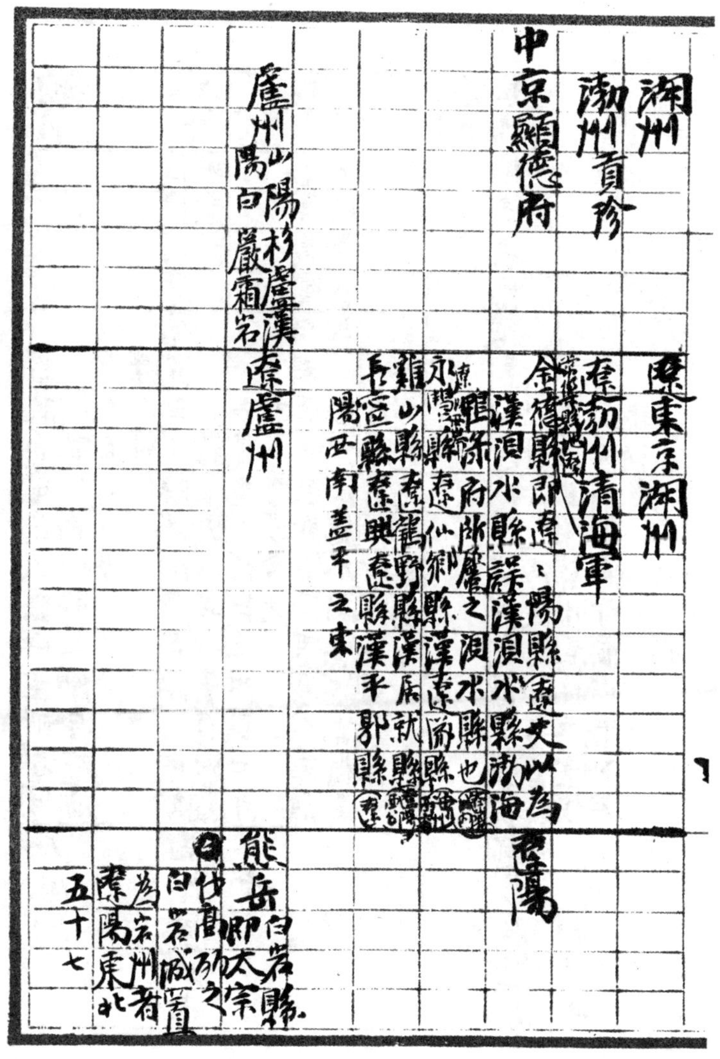

顯州

賈耽道里記天寶中王所都當
爲顯德府附郭之州今沈盧瀋陽州
州後疑有誤
遼顯州

鐵州 位城 河端 蒼山 龍珍

漢安市縣 高麗安市城 明初
置鐵嶺衛在此以東有鐵嶺蓋州東北七
名見鴨江行部志洪武二十十
六年方遷今治

湯州 靈峯 常豐 白石 均谷 嘉利

遼靈山縣即渤海靈峯漢無慮
縣地無慮本因醫巫閭得名
金廢乾州以靈山隸懿州
湯州遼湯州漢襄平

榮州

興州 盛吉 蒜山 鐵山

遼興州當移于鐵嶺縣之懿路鐵山在蓋海
州城後乃復渤海之舊
松漠紀聞銀州南鋪五十里西南百五
至興州銀州即渤海富州今
鐵嶺縣十

東京龍原府　龍原永固改古鈞茂俠业
安馬山　遼開州
壁谷熊山白橋　龍原泰遼開州縣
慶州為龍原府附郭
之州，龍原為附郭
附郭：縣：慶州縣五
慶州屬
鹽州　海陽　接海　格川舊作梅州　遼鹽州
據一統志改龍河
穆州　會農　水岐　順化　美縣　遼穆州
賀州　洪賀　送誠　吉理　石山　遼賀州

鳳凰城北六十九・按語云在朝鮮開州
朝鮮開州西
北
朝鮮開州西
南
一統志遼末入朝鮮

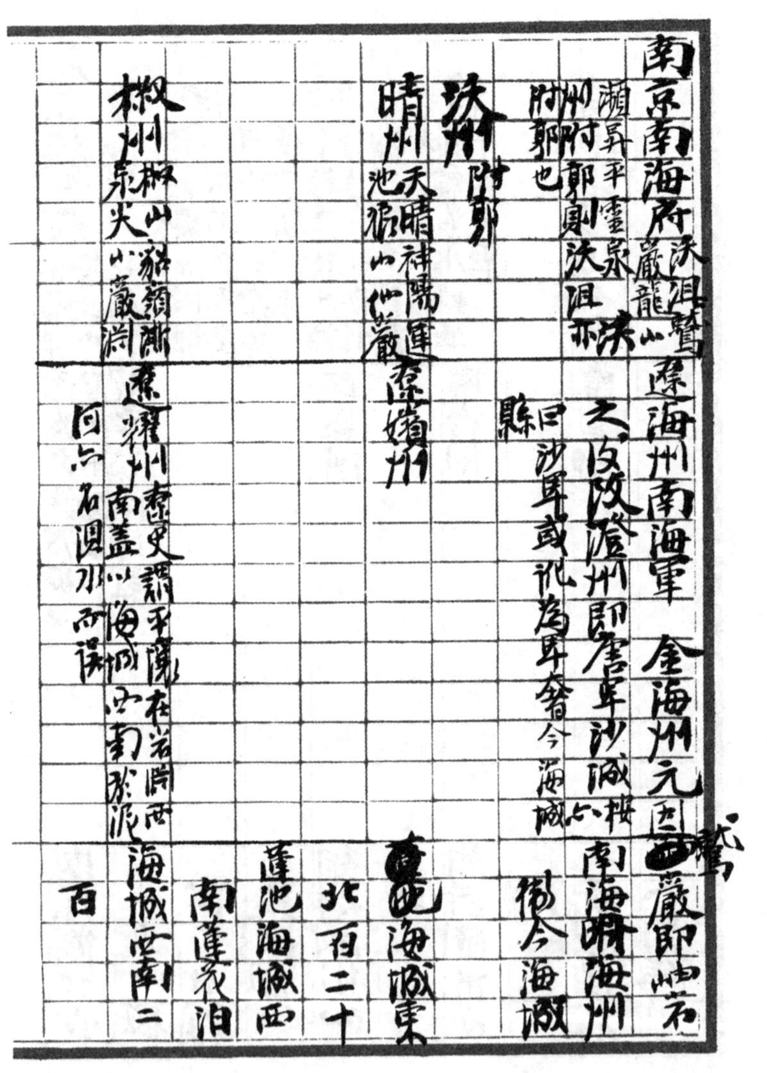

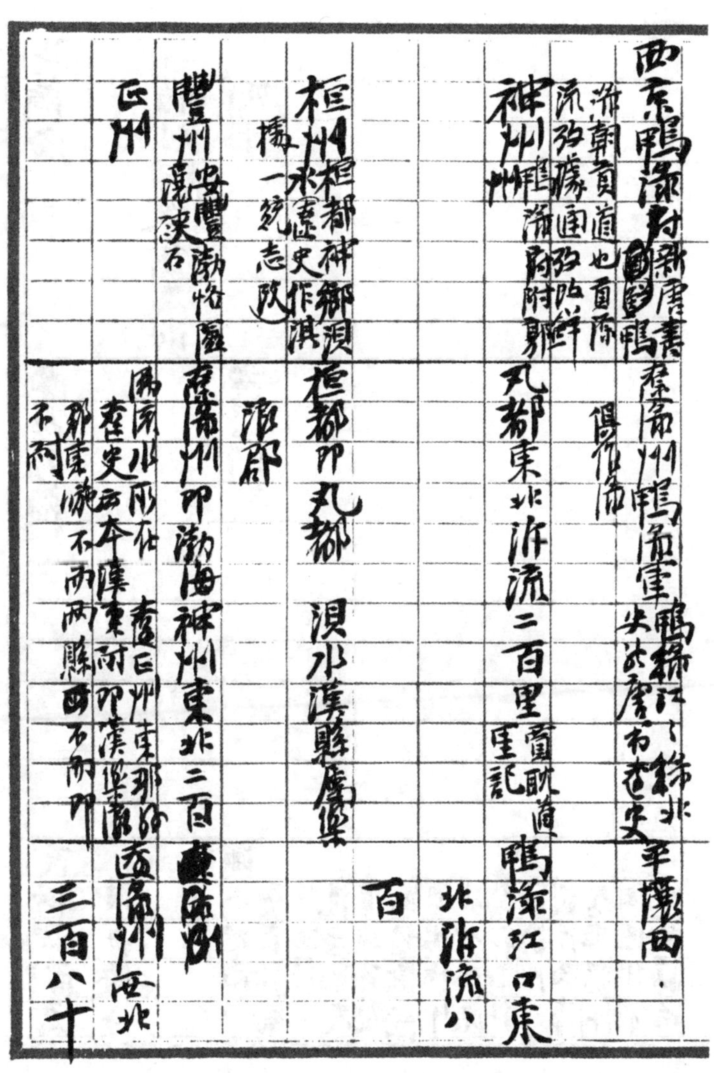

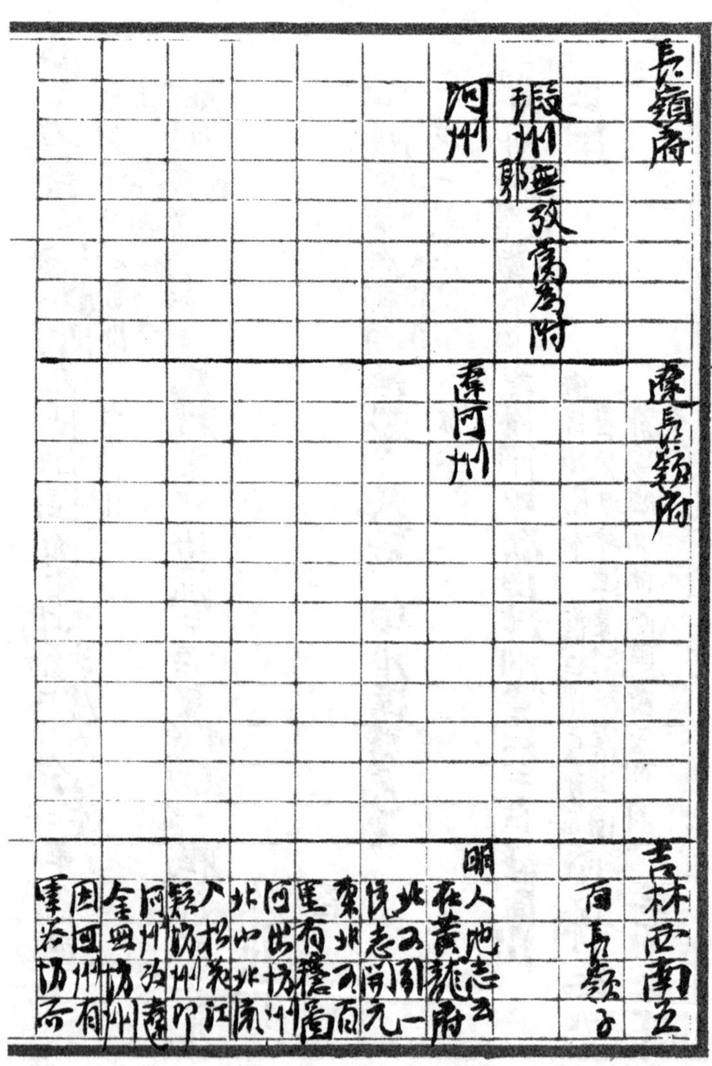

長嶺府

瑕州無考當爲附郭

河州

遼長嶺府

遼河州

吉林西南五百長嶺子

明人地志云在黃龍府北五百一統志開元東北三百里有穆當河出瑕州北山北流入松花江瑕瑕州即同州孜遼金無瑕州因國州有軍名瑕河

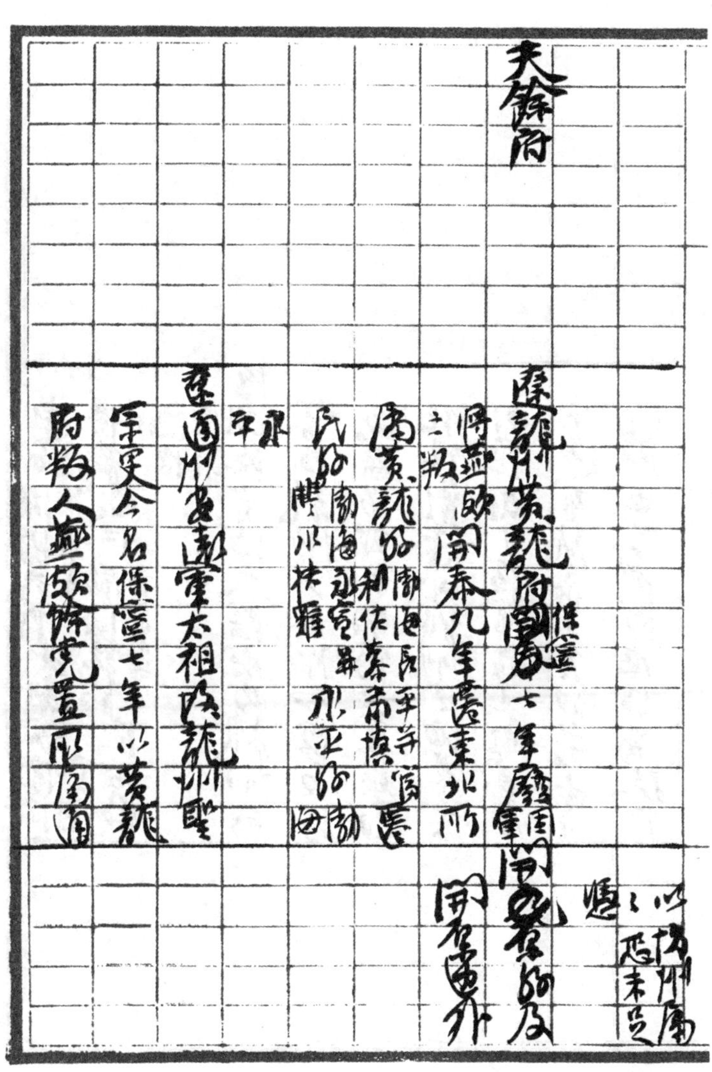

夫餘府

遼龍州黃龍府（保寧）七年廢 開泰九年遷[illegible]
將燕頗 開泰九年遷東北所 開[illegible]界
二叛
屬黃龍路渤海民平等官遷
和佐[illegible]南境 渤海亂後異 承平路渤
民路隸小扶餘 海
東年
遼通州安遠軍太祖改龍州置
軍又今名保寧七年以黃龍
府叛人燕頗餘黨置屬

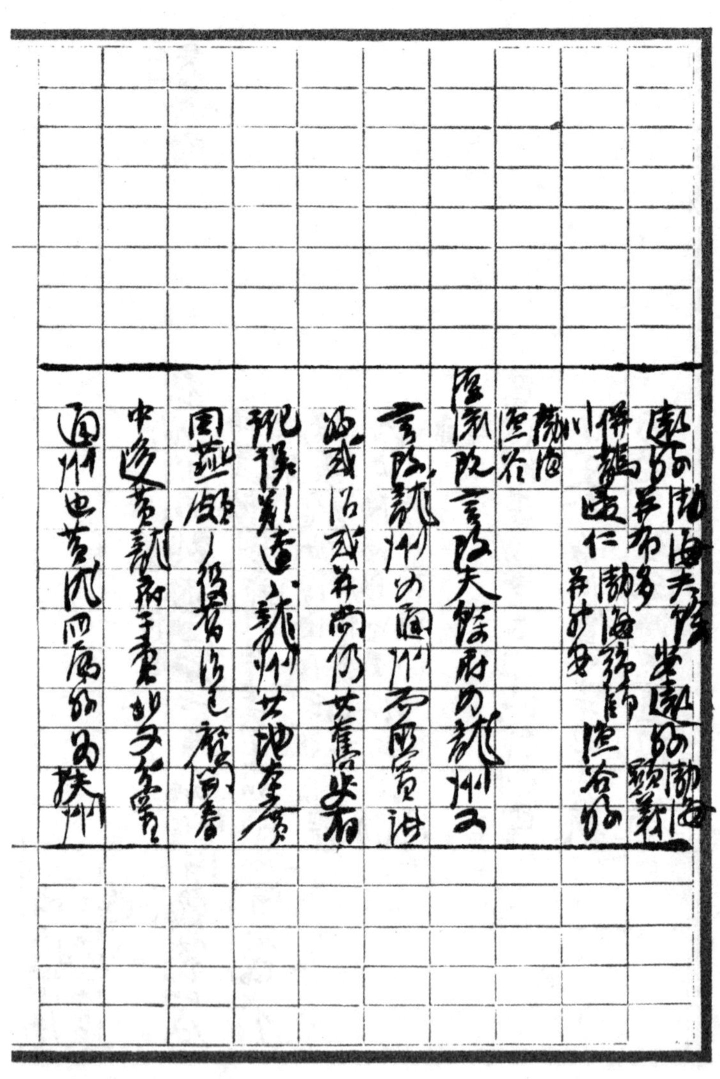

扶州因扶餘得名
扶州富州附郭

仙州

鄭頡府

鄭州當即附郭
鄭州柳河路地
高州唐書云鄭高
二州查史云
鄭頡鄭遼史誤
安寧郡唐書鐵利府
流路云有

屬通州而屬路所仙州屬渤海地
考隆府為契丹所郡未詳何地
聞贊路此者之莫表契勘可
僻言北平民同以懷百里又
睦遷於于東地之所係地也

西柳河路

遼上京臨州府北至上京一千

里

遼上京咸州在韓州北三百里

見靺鞨閘西
出外林屯寨

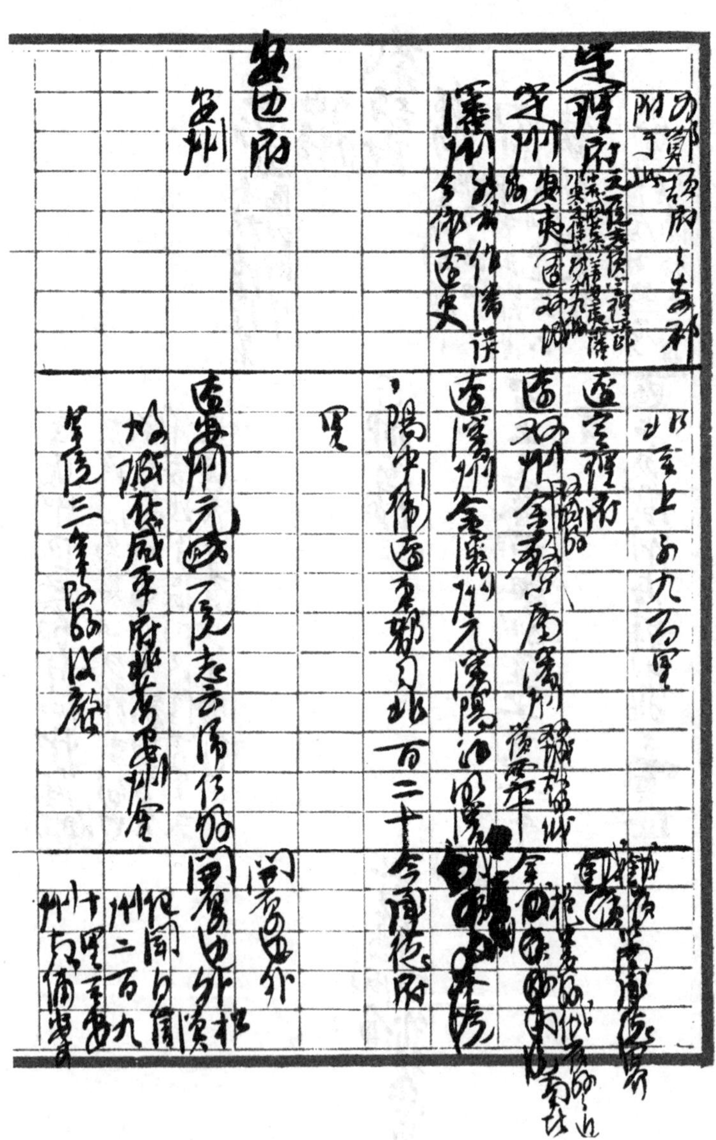

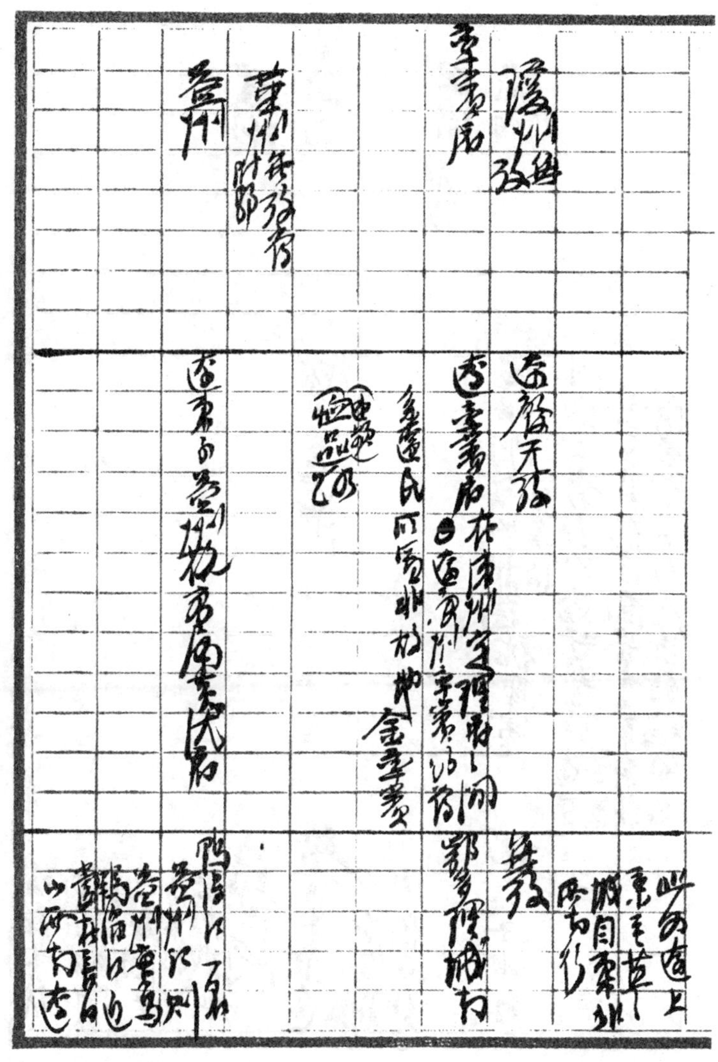

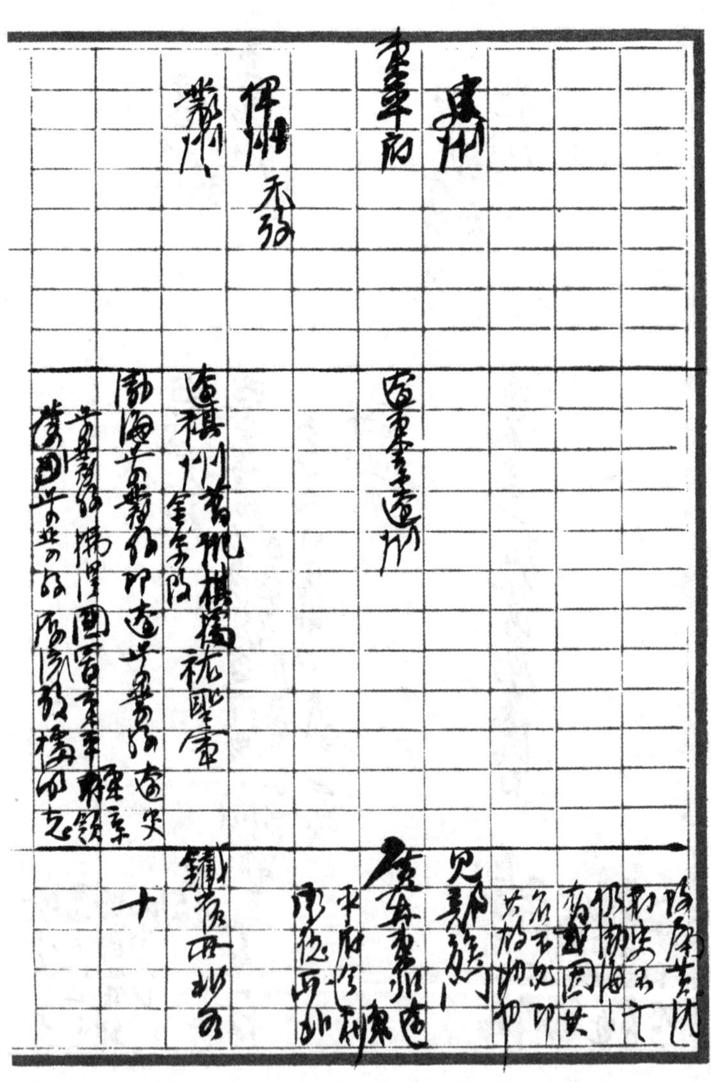

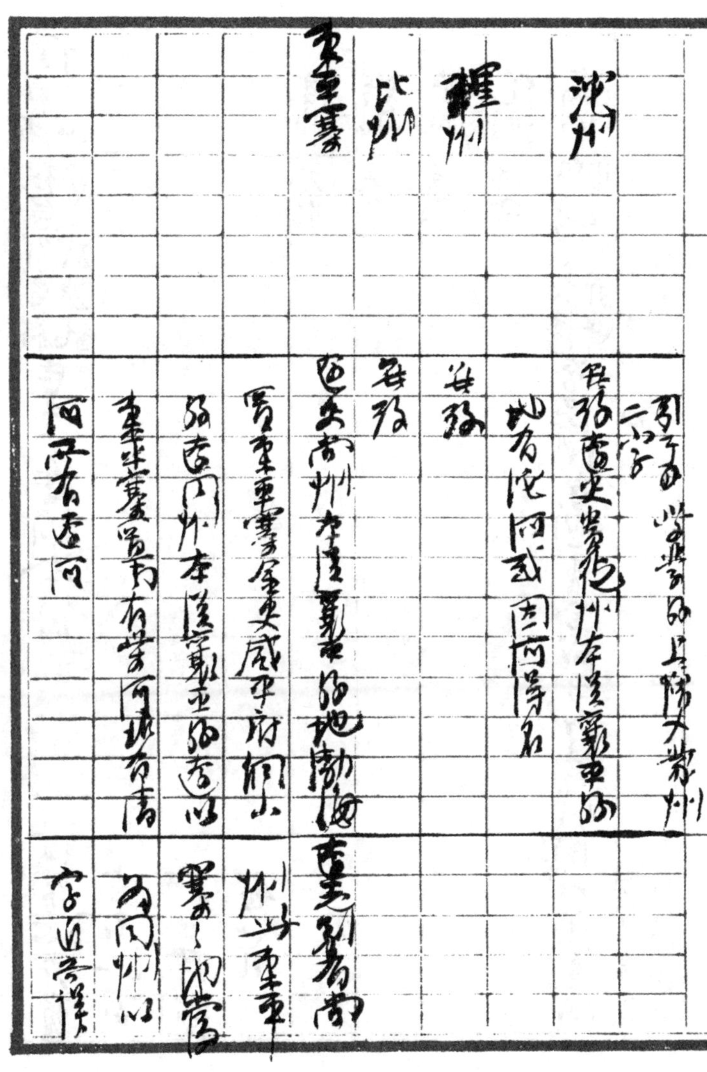

懷遠 求福(宋)公葛(遼)南 西京 信州 金 同 科爾沁 右翼

中山(宋)定(遼)武(遼)亂

北(同) 東 三百

八千里開

百 邊外

達州 天復

趙州 天復

懷州 天復

代州 天復

高州 儒壽(遼)反書 優高(遼)永平(遼) 西 潛州 北 高(遼)常 金 咸平府 鎮 州 興 高(遼)尉(遼)高 武 儒壽 會 簡

原優 高 十

物

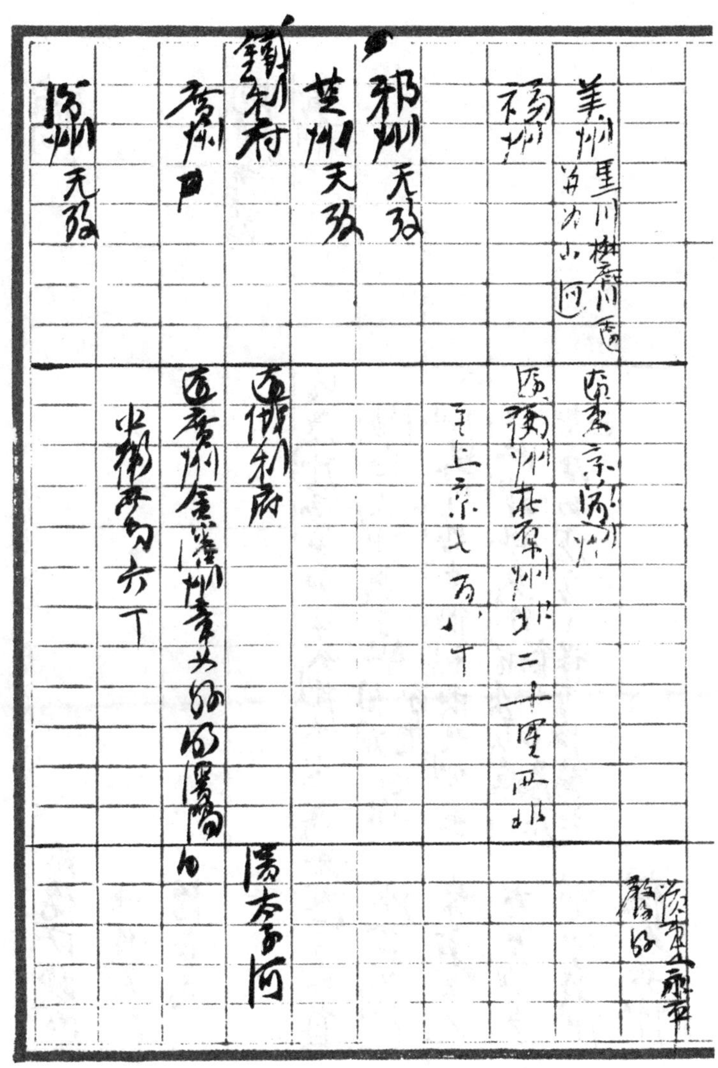

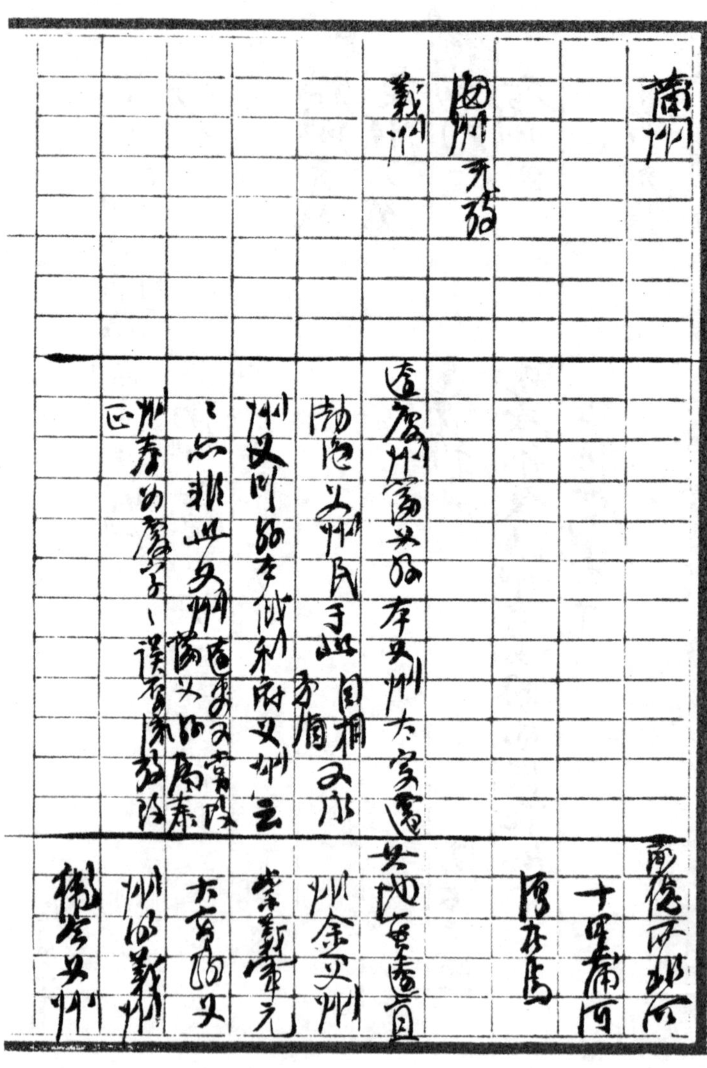

遼州	安遠府	寧州	郿州	慕州	常州	郢州　獨奏州	鄚州　獨奏州	銅州　獨奏州　遼故木	雜山
遼陽州	舊郡元大東京路	遼東京留守司[illegible]	遼[illegible]州	遼東京[illegible]州在[illegible]州東北二百			遼鄚州	遼同州[illegible] 又咸州[illegible]	屬本高麗[illegible]郡[illegible]二州[illegible]
在高麗界	舊靺鞨[illegible]		舊靺鞨[illegible]州		靺鞨[illegible]道	遼[illegible]			

[illegible]

咸平府 此當為勃海[illegible]州

可當信

瀋州 隋末[illegible]州

南路 遼陽 沫江 以寧末州

遼東京 瀋州

蓋州以下 四州 據杜書 書志 所無 載

遼 辰州 南 [illegible] 隋 蓋 [illegible] 渤海 [illegible] 蓋 今蓋平 縣

六十州 之外

州

崇州 崇州 [illegible] 南蜀 等德

東崇州 [illegible] 渤海 南古京 之地

崇州 州等德 路 [illegible]

州

綏城 又作綏 [illegible] 奉

德路 [illegible] 按 [illegible] 責

陸長 今 [illegible] 地

德路 [illegible] [illegible] 河

在今 [illegible] [illegible] [illegible]

集州 奉集

古陴離郡地 後附 [illegible] 集州 撫順 [illegible] 八十

今西 [illegible] 德州 [illegible] 集 [illegible]

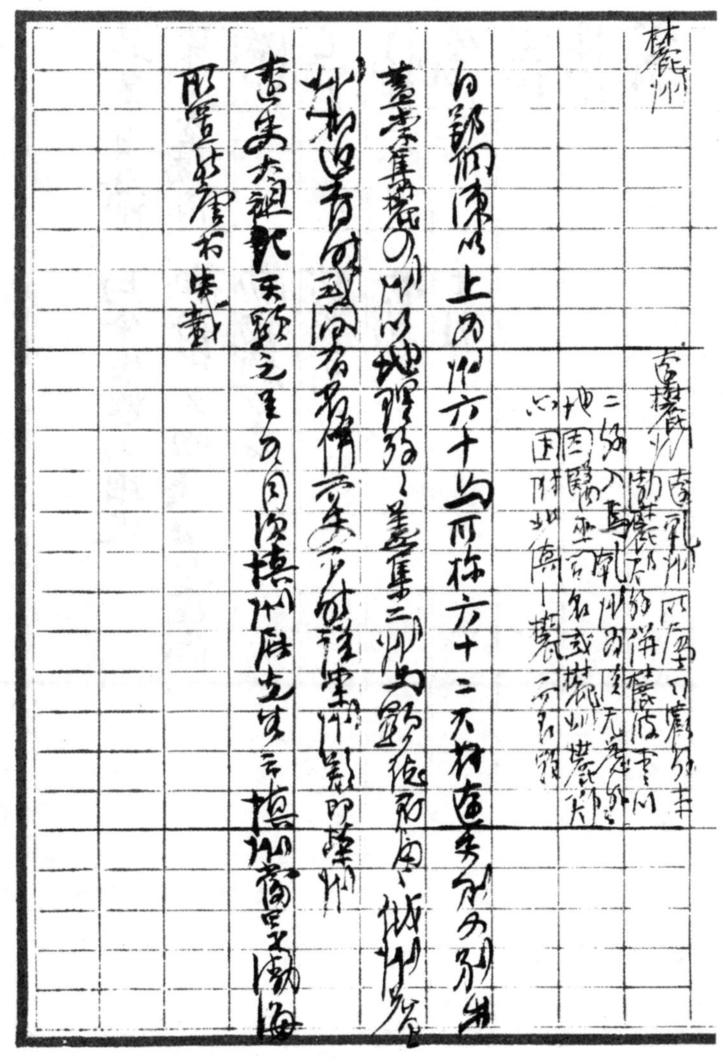

上京長春州　與今伯都訥相近
東京遼陽府　渤海中京顯德府今遼陽
開州　渤海龍原府
鹽州　龍河郡
穆州　會農
賀州　吉理
定州
保州
宣州

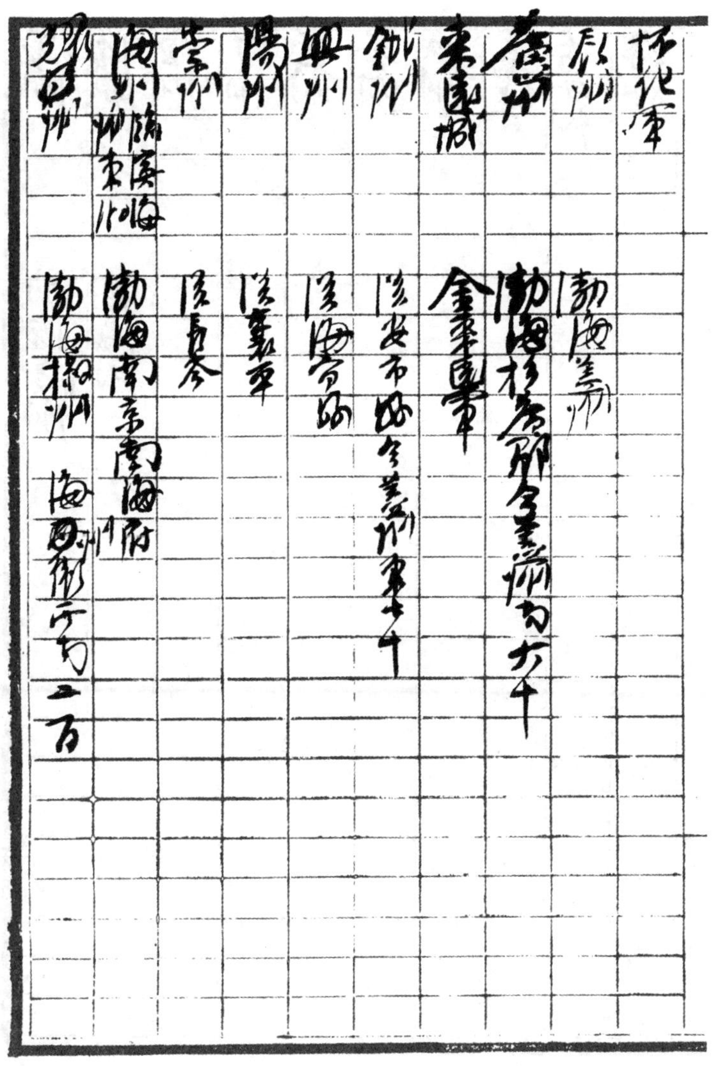

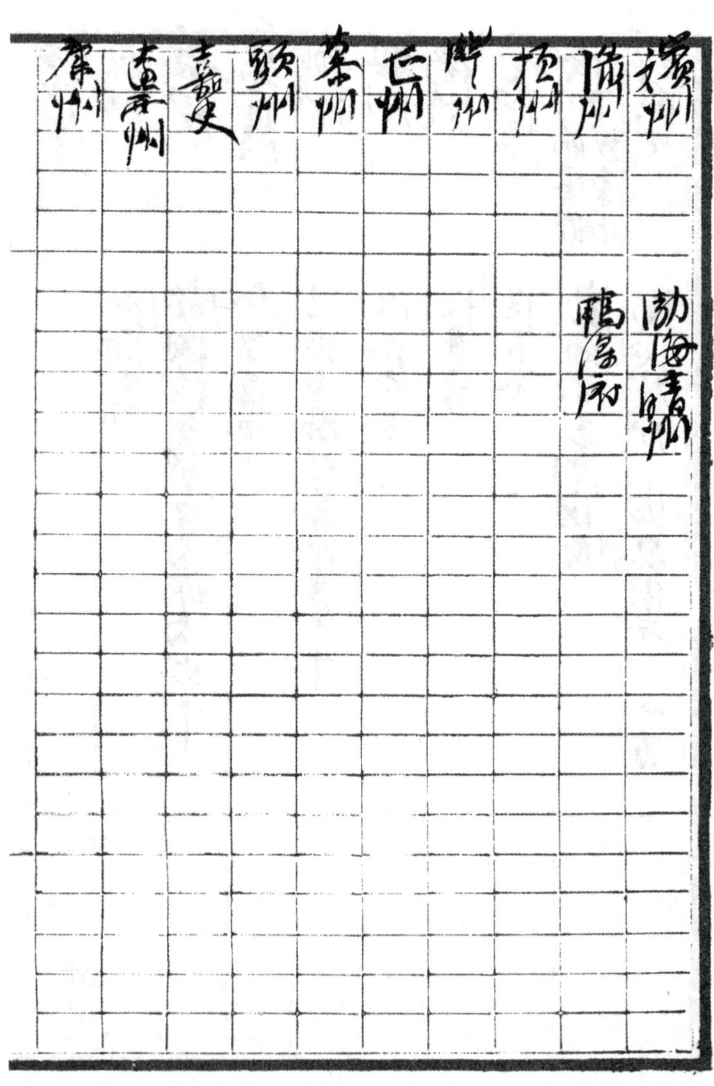
濱州　勃海[illegible]縣
[illegible]州　[illegible]府
棣州
[illegible]州
沂州
萊州
[illegible]州
[illegible]
[illegible]州
[illegible]州

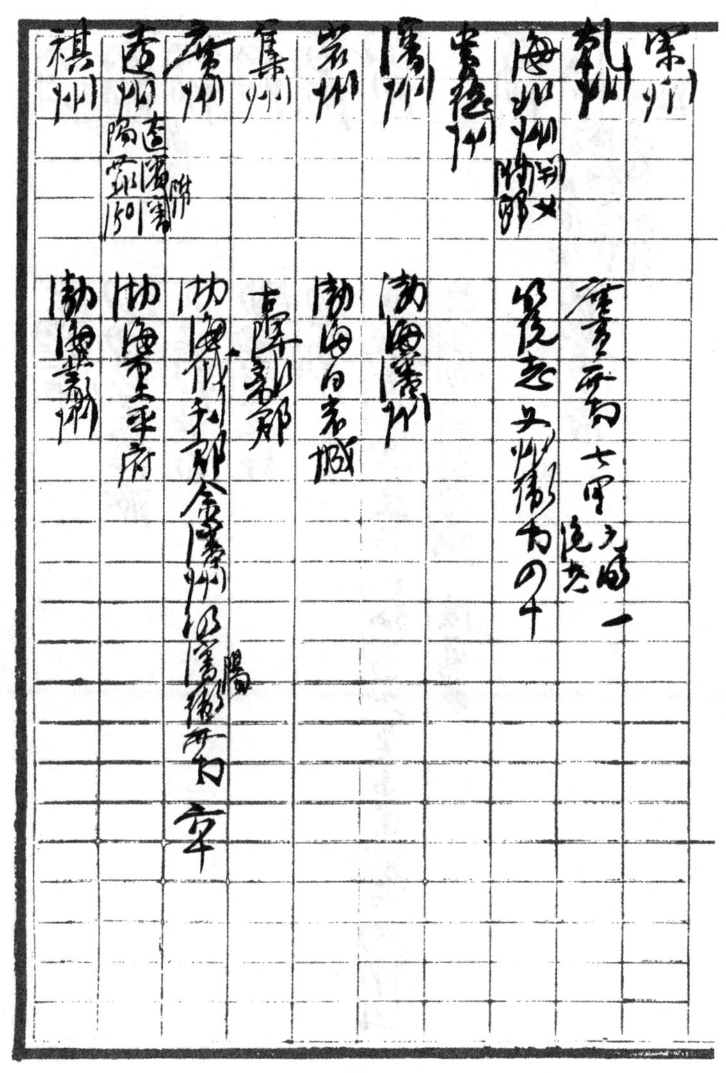

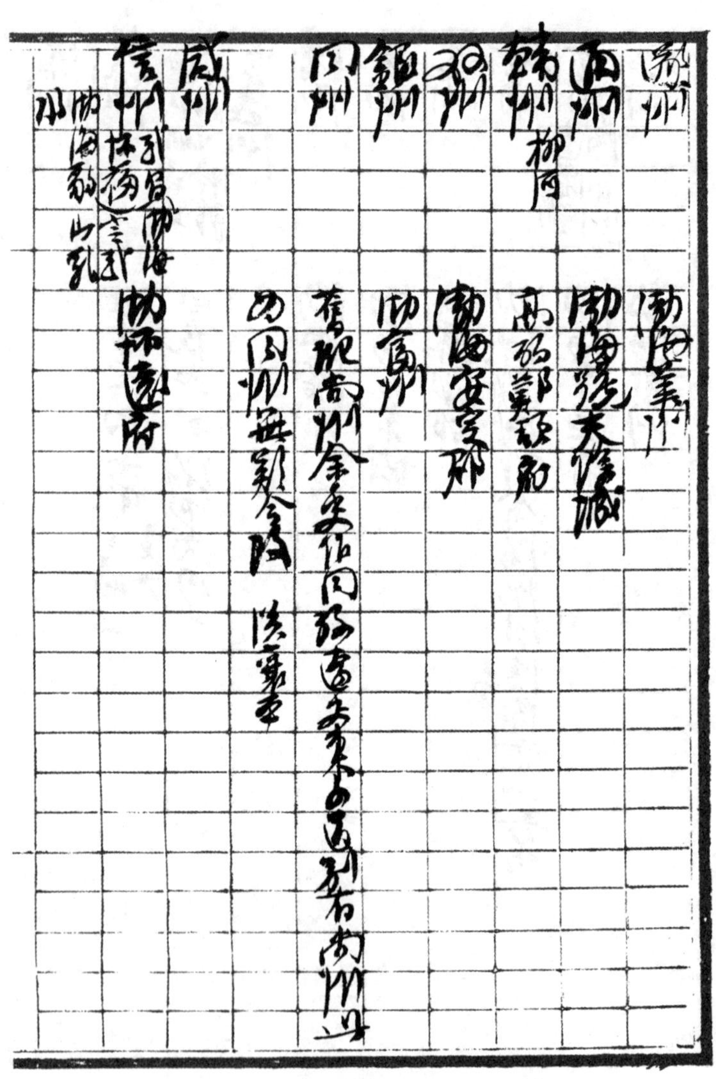

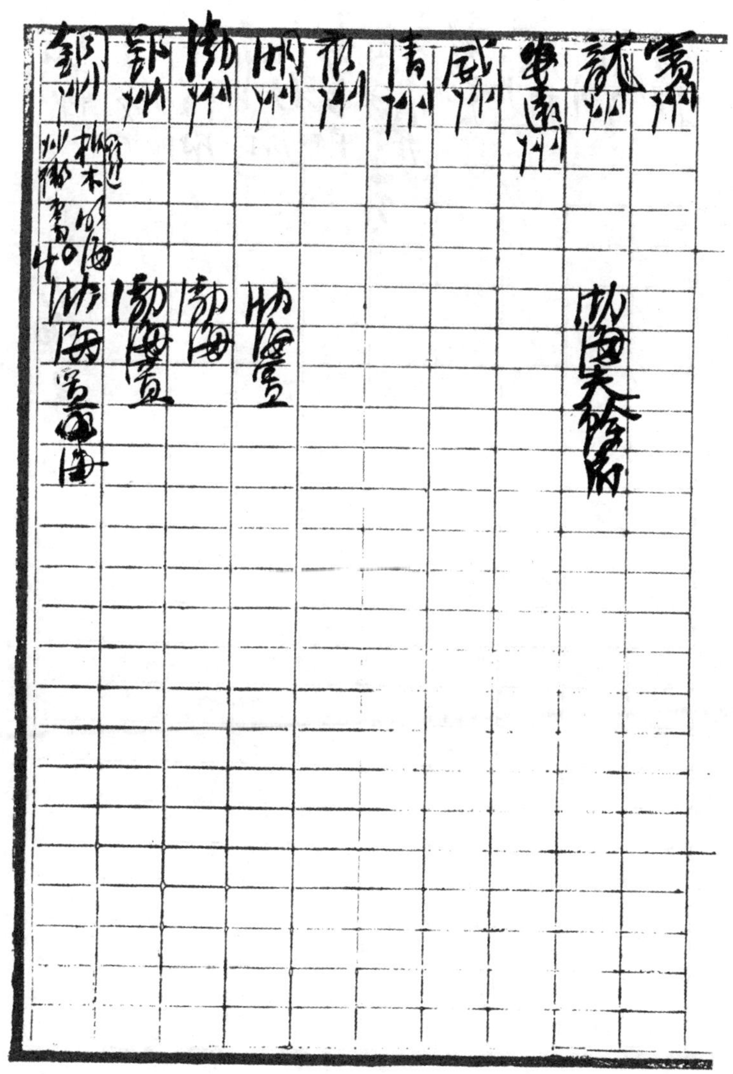

賓州
試州
集遠州　渤海夫餘府
咸州
清州
祁州
朗州　渤海置
渤州　渤海
郢州　渤海置
銅州　渤海置

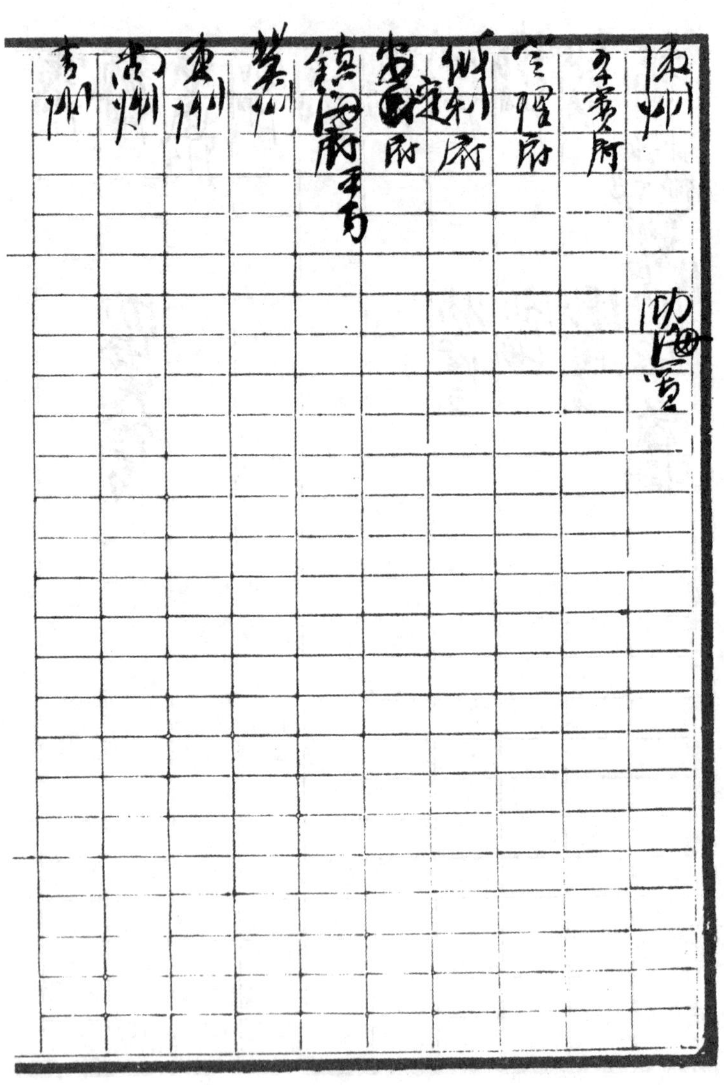

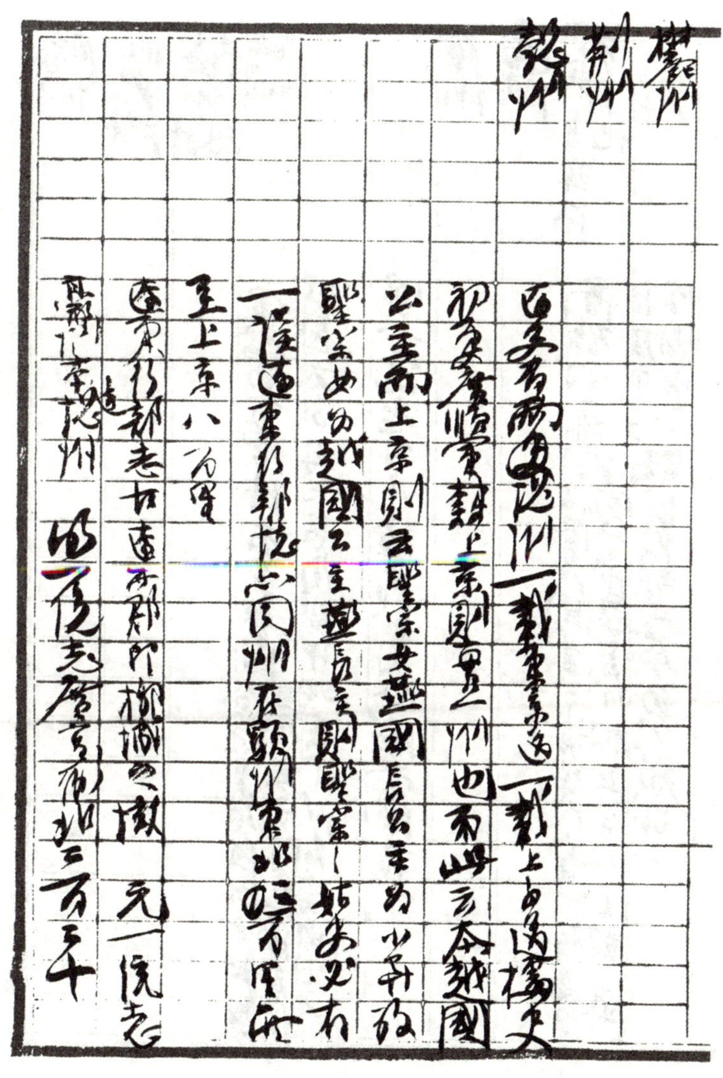

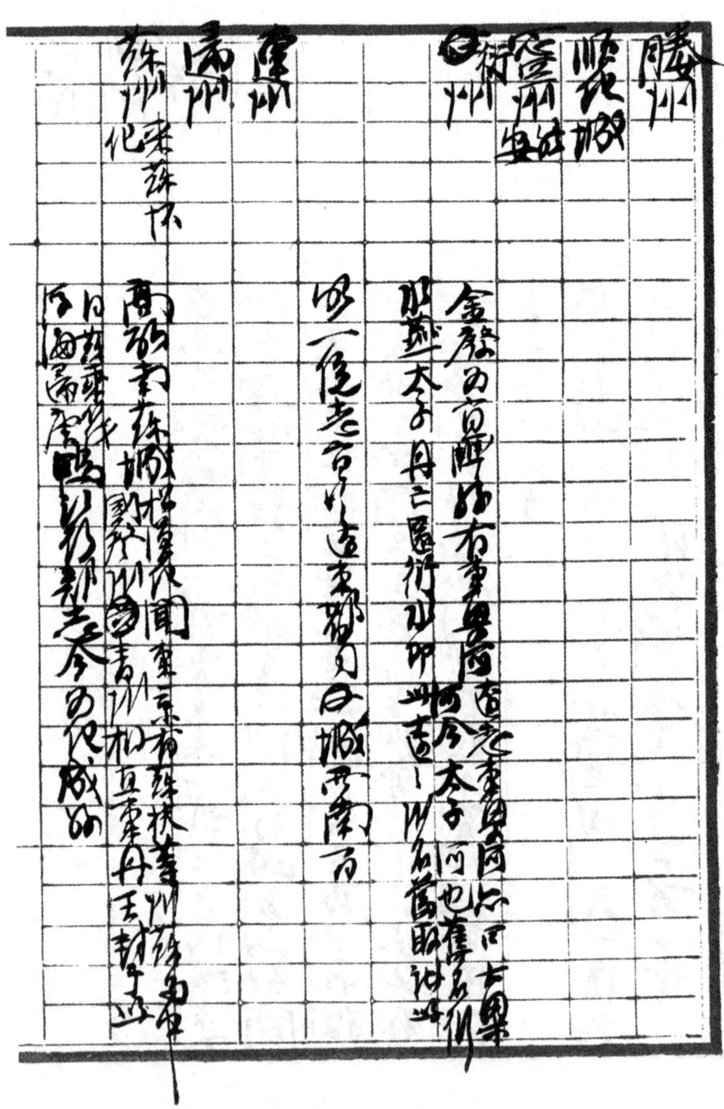

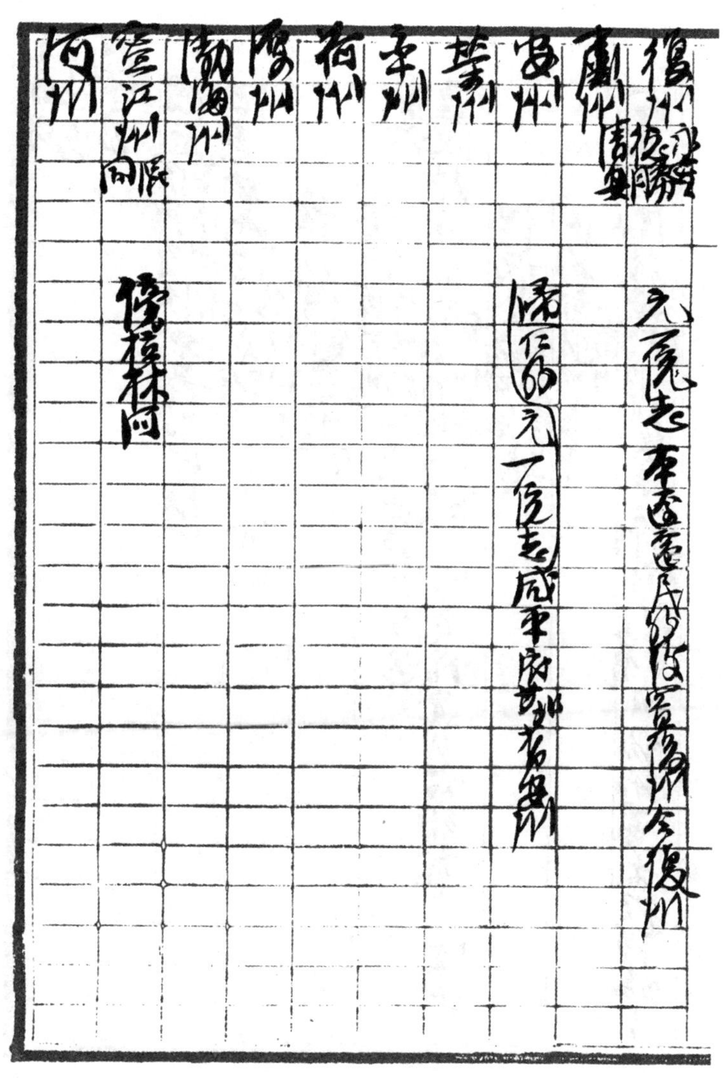

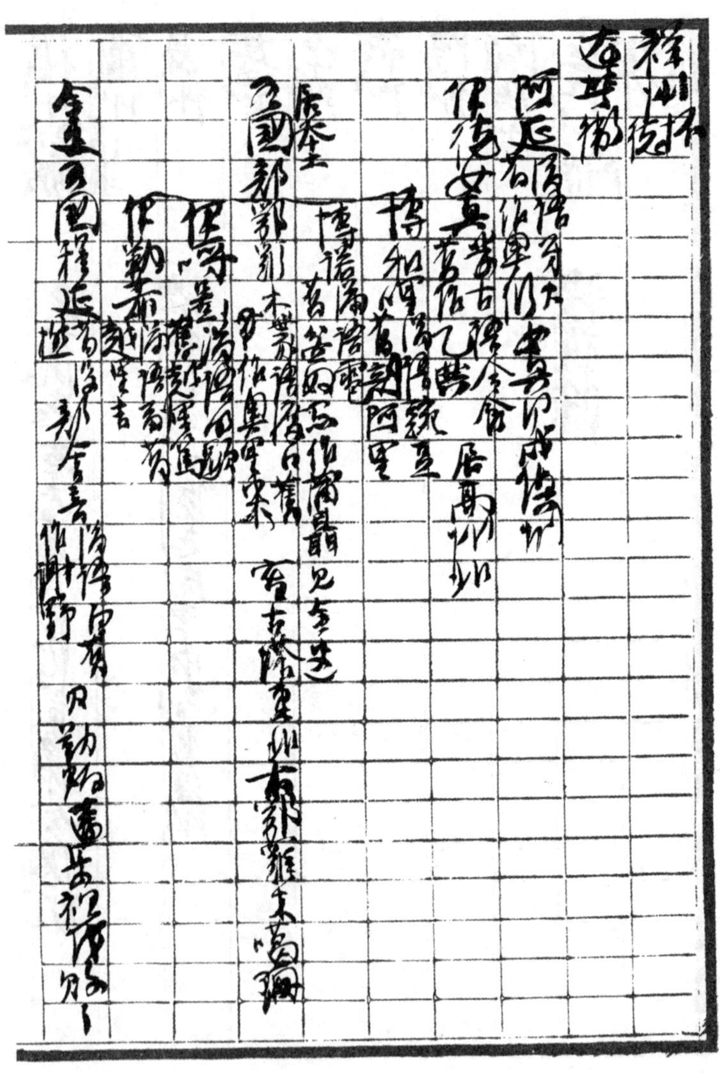

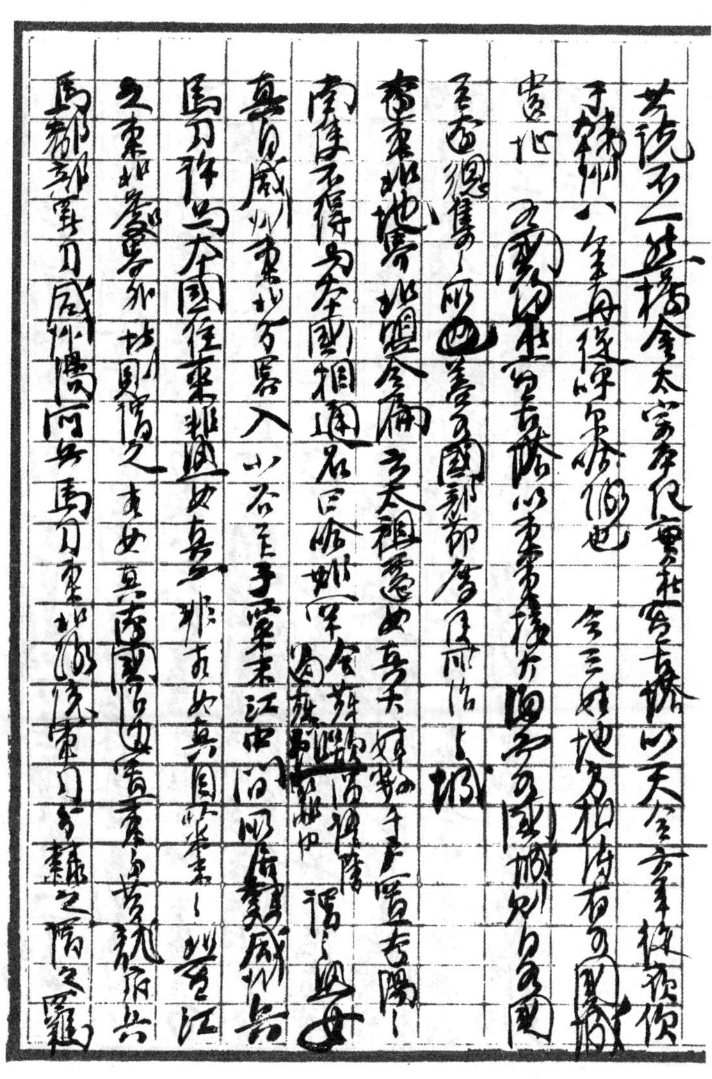

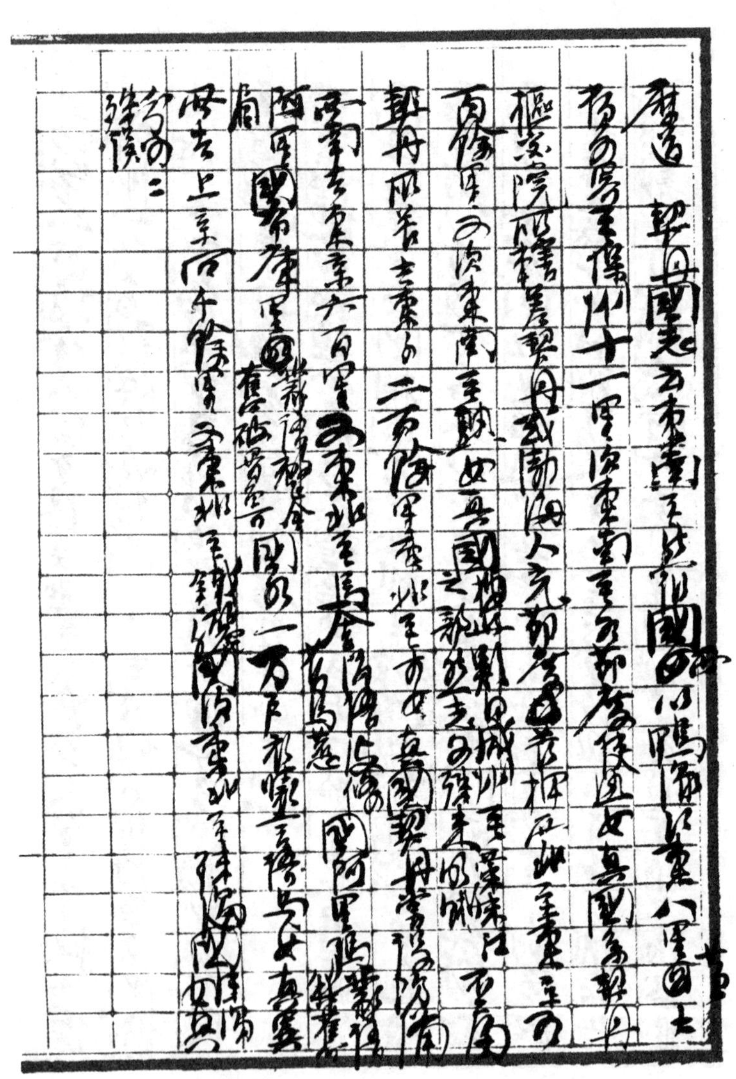

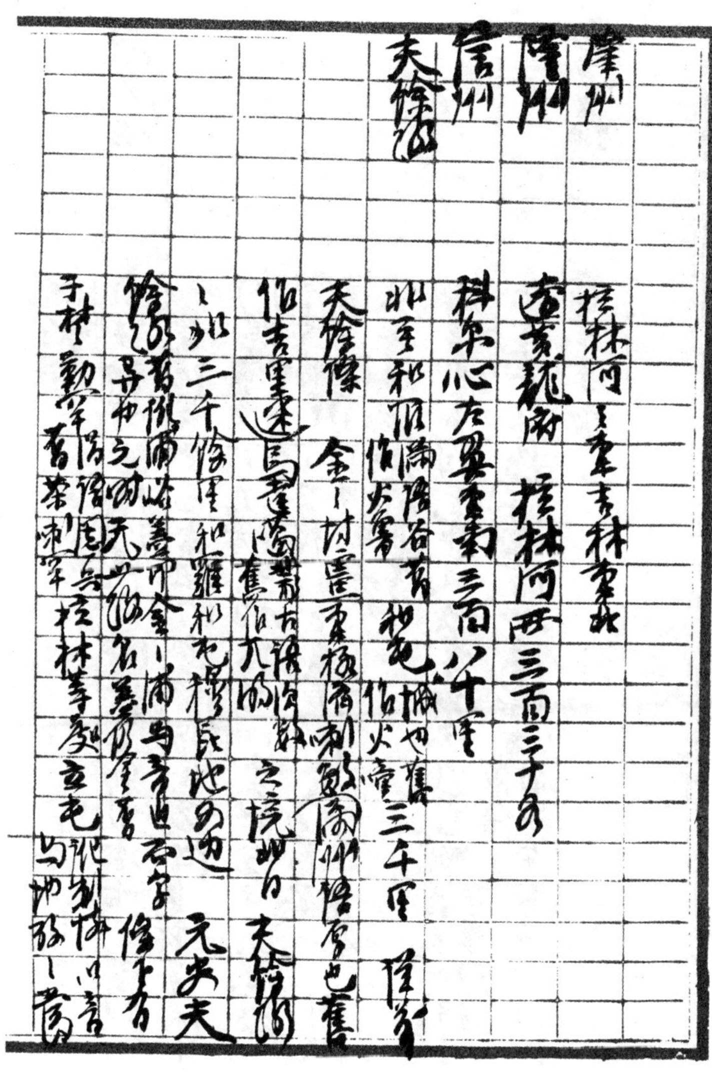

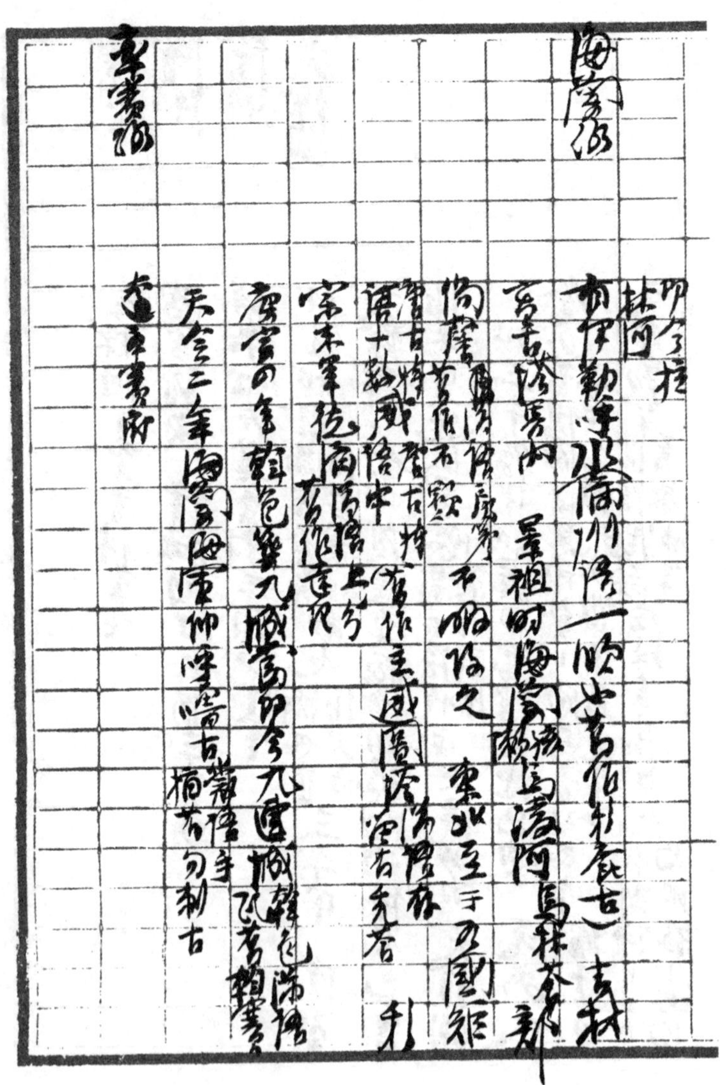

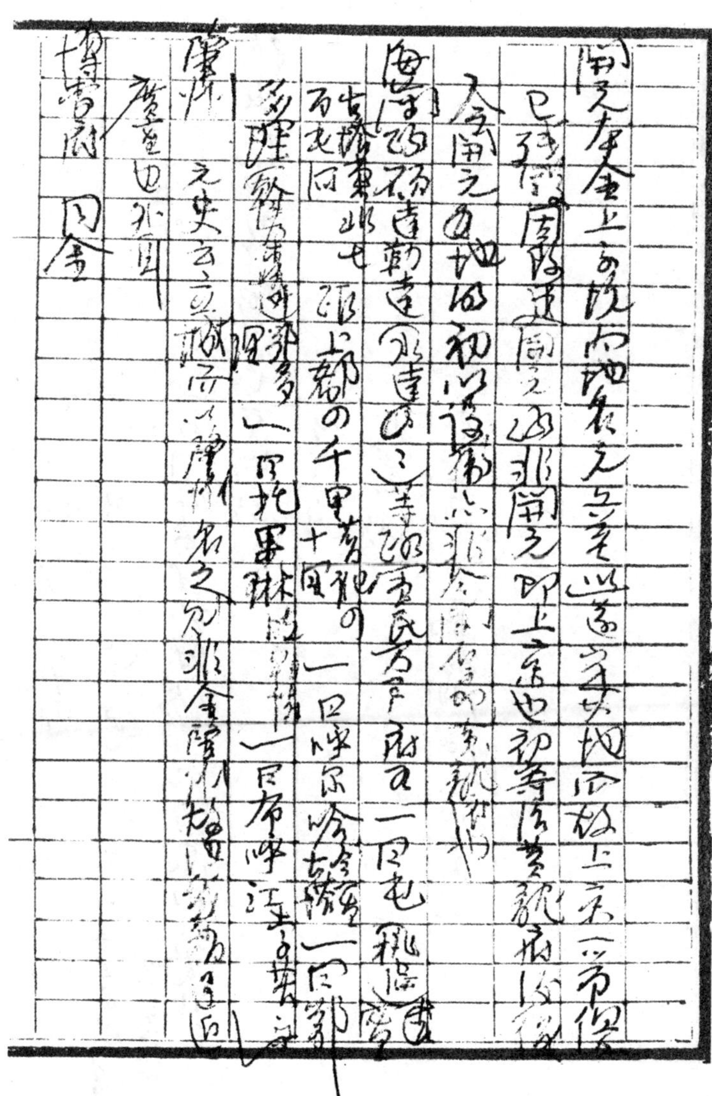

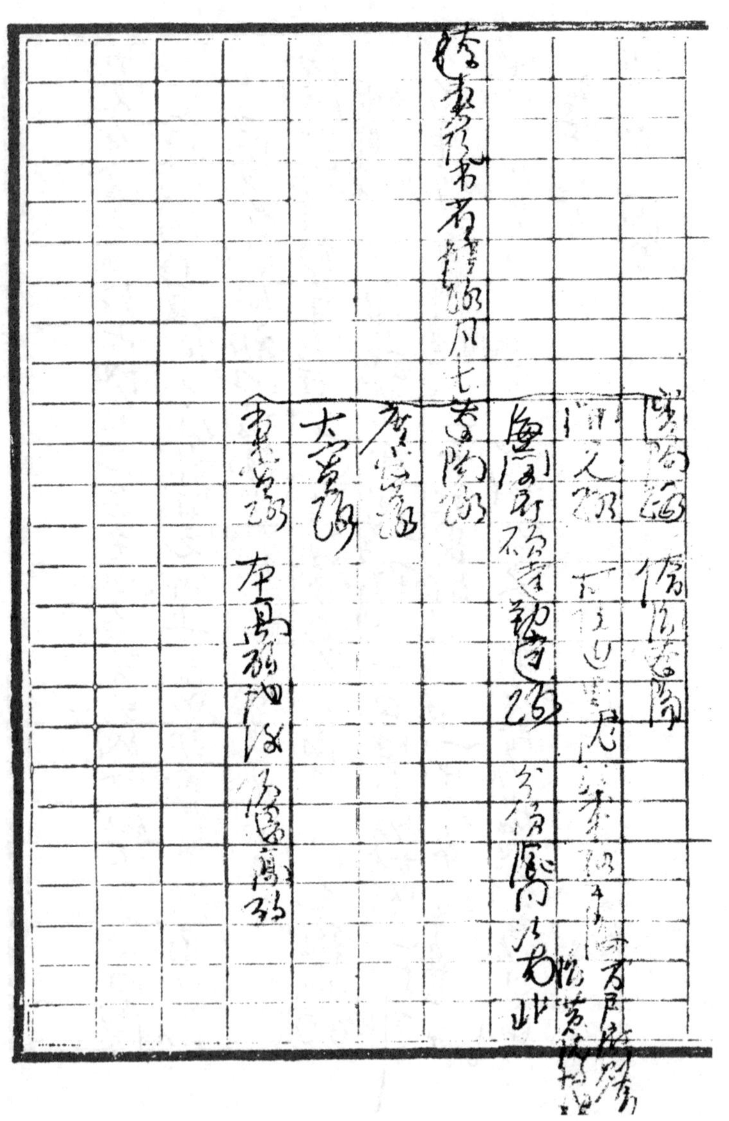

名稱	出處	今地
不咸山	山海經 晉書 太平寰宇記	長白山 吉林烏拉城東南
徒太山	魏書 隋書 新唐書	同
太白山	魏書 新唐書	同
從太山	北史 通考	同
太皇山	北史	同
長白山	契丹國志 金史 明一統志 元一統志	同
白山	金史	同
青嶺	金史	大青山 開原城東南四十里
瑪奇嶺	金史。舊作馬紀嶺	當在今吉林烏拉境內

伊勒呼嶺　金史。舊作乙離骨嶺

長嶺　新唐書賈耽道里記

東牟山　元一統志　舊新唐書遼史金史明一統志

輝山　明一統志

白平山　山海經水經俱言為遼水所出水經注云大遼水所出

砥石山　水經注遼水亦言出砥石山

遼山　漢書云遼水所出入　出大遼水水經同

瑚瑪呼山　元一統志渾河所出

庫堪山　金史。舊作胡凱山

伊勒呼水　屬海蘭路近高麗界

吉林西南五百里　長嶺子　滿洲語果勒敏珠敦

天柱山　承德縣東二十里

輝山　承德東北四十里

庫哷訥窩集　吉林遼河東源所出　西源即潢水也

渾河　即小遼水出長白山納嚕窩集　諸書皆傳聞之異

扎松阿山　阿勒楚喀城東北里許阿勒楚喀河所出

果囉山明統志　吉林薩木禪山太子河源

馬鞍山同上　吉林西北百二十里

冷山宋史洪皓傳雲中至冷山行六十日距金主所都百里松漠紀聞云冷山去燕山三千里去金都二百餘里去甯江州百七十里扈從日錄云嶺木赫索囉站東北二百餘里為冷山自必爾罕必喇北望相去約數十里積素凝寒高出衆山之上土人呼為白山以其冬夏皆雪也

德林石金史　寧古塔城西九十里

龍首山明統志　鐵嶺東二里許

蛇山遼史　鐵嶺西一百五里

山名	出處	位置
刀蹕山	明統志	鐵嶺西北七十里貂皮山
醫巫閭山	周礼 北魏書 隋書 唐六典 通考 冊府元龜 宋史 奉使行程録 遼史 金史 元史 明史 明會典 明統志	廣甯西四十里
六山	明統志	同上
千山	同上	遼陽州南六十里
十三山	五代史附録 遼史 奉使行程録 元一統志 明統志	錦縣東七十五里
首山	三國志 金史 明統志	遼陽城西南接海城縣界 唐太宗初
馬首山	新唐書	度遼水攻遼州時駐 同
駐蹕山	遼史	同

山名	出典	所在
千山	遼史	同
駐蹕山		唐太宗攻安市所駐地志多与首山誤為一
駐蹕山	一名六山	醫巫閭山
駐蹕山		蓋州東百十餘里分水嶺相傳唐太宗駐蹕
駐蹕山		海城西南十里平頂山一名車駕山亦傳太宗駐蹕處又名唐望山（源流攷卷十鐵州条下）
明王山	遼史　元一統志　明統志	復州東十里東屏山
華表山	元一統志　明統志	遼陽州東六十里
白石山	遼史	同上

横山 新唐書遼史元一統志明統志　同上

熊岳山 遼史　蓋平縣西南三十五里望海山

金山 唐書明統志云開原西統志北三百五十里

東金山 明統志金山西北三十里

西金山 明統志東金山西北二十里

蒺藜山 金山　在廣寧縣境外

龍鳳山 元一統志云大蘇江源明統志同　鳳皇城西北八十五里龍鳳台山

鳳凰山 元一統志明統志云唐太宗征高麗駐蹕于此　鳳凰城東南五里鳳凰山

噶哈嶺 太祖甲申征渾河鑿道

太蘭岡乙酉敗太祖渾河

吉林崖酉敗栢太祖陳渾河乙

古哷山敵棄赫太祖癸巳哈達九部

扈爾奇山輝發河邊國初輝發國城所在

宜罕山國初屬烏拉戊申太祖敗之

伊瑪護山岡太祖壬子年拖烏拉築木城

薩爾滸山太祖乙未破明師

鐵背山殲杜松于此

興京西北百二十里有界藩城

碩欽山追明敗太祖卒至

尚間崖破馬林麻岩

斐芬山 破蒲宗穎

阿布達哩岡 破劉綎

固拉庫崖 降朝鮮兵

青苔峪 辛酉降明城 太祖

黃骨島 同上

牽馬嶺 壬戌降明城

覺華島 丙寅遣總兵武訥格攻克

興安嶺 由此親征察哈爾 太宗壬申

皮島 太宗丁丑使英親王取

呂翁山 太宗禽承疇 錦縣南十里

松山破明十三万太宗

㙮山使鄭親王克明城太宗壬午

杏山同上降之

單單大嶺後漢書三國志冊府元龜

蓋馬大山魏志東沃沮在蓋馬大山之東

丸都山魏志通考口在高句麗之丸都城渤海之桓都縣

據賈耽紀去鴨淥江口六百三十里

善玉山魏書和龍北二百餘里

祁黎山同上善行北行十三日通考三十日過至此又北

行七日至如洛瓌水

與滿語善延近疑即長白

和龍今土默特右翼

如洛瓌北史作洛瓌即老哈

天門嶺 舊唐書李楷固度之攻大祚榮大敗

承德縣西境 祚榮初屯營州東奔保阻于此楷固敗遂東保東牟以山度之嘗在此

獨山 新唐書程名振攻沙卑城破獨山陣

沙卑城 今海城地

佛匡嶺 金史太祖度此破垺克城。舊作盆楞嶺

沙涯嶺 金史太祖詣陸軍冷敵守此以拒我

温都爾山 舊作完都魯。金史在上京

哈達拉山 舊作合撻東。金史斡魯討錫勒哈達至希爾根河錫勒哈達適去追及于此山

阿嚕岡 金史收國元年上次甯江州西遼軍潰圍出遁北至此

額斯琿山舊作阿斯温。金史太祖追殺已酋于此山北濼之間

布爾罕山舊作婆嚕幹。金史太祖克寧江州使羅索招諭系遼籍女直敢遼兵于此

呼岱巴岡舊作護步答。金史收國元年追及遼主于此

古納嶺舊作酷輦。金史烏楞古斬遼托卜嘉于此

托輝山舊作馳回。金史呼寶野寧族屬部衆追薩烏哈烏珍降營于此山之下

色辰嶺金史烏春舉兵來戰道色辰嶺舊作斜寸涉和

倫拉林水舍于珠格部阿勒哈部。案金史又有邑底小

巴、圖嶺舊作巴忽。金史烏邑破訥格納于此嶺之西

內濼水

曹家山金史斥里據咸平權書家山明安綽奇把衣河

珠格崖舊作木虎。金師完顏默音龍斡罕輜重于此

烏扎嶺金史太宗初契丹叛宗室穀从默音討賊戰長嶺摩州之長濼賊走霹靂河復從布薩忠義追賊至烏拉嶺西之腦泉及之

今翁牛特左翼西南一百十里

有泉嶺或即是之

佛們山舊作付田溫。金史有佛們山穆昆(宗室迪)

雅卜科達巴舊作老哈達葛。布薩思恭山地人(本傳)

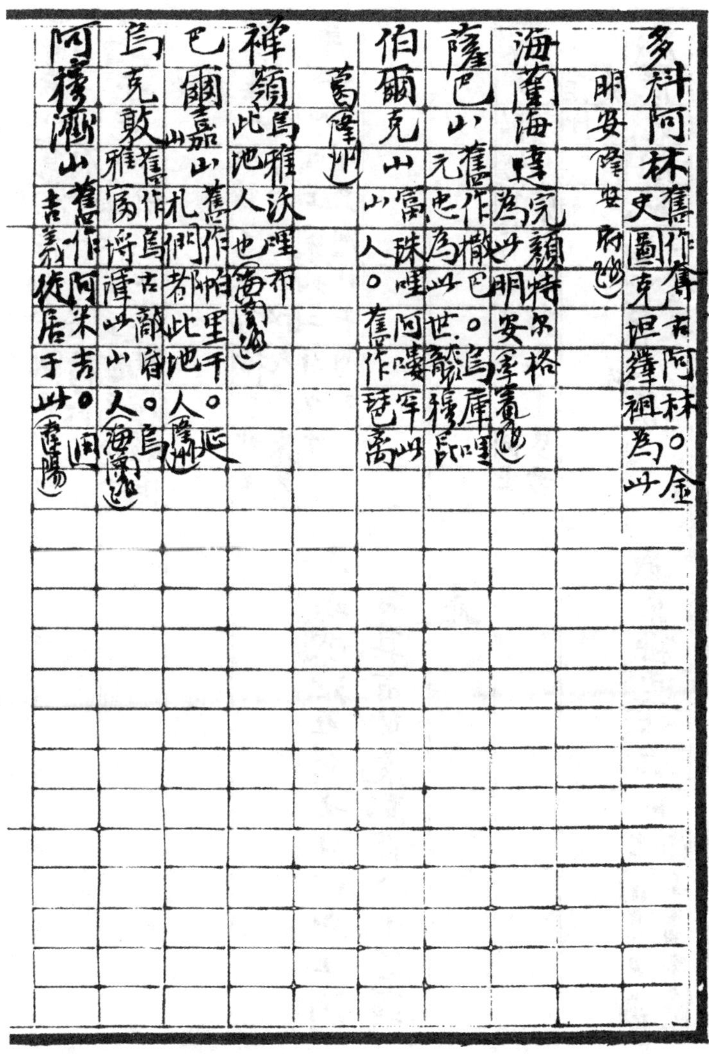
多科阿林舊作奪古阿林。金史圖克坦鑾祖為此明安（隆安府路）
海蘭海達完顏特爾格為此明安（率賓路）
薩巴山舊作撒巴。烏庫哩元忠為此世襲穆昆
伯爾克山富珠哩阿嚕罕此山人。舊作琵离葛（隆州）
禪額烏雅沃哩布此地人也（海蘭路）
巴爾嘉山舊作帕里千。延札哷都此地人（隆州）
烏克敦山舊作烏古敵昏山。烏雅富將渾此山人（海蘭路）
阿穆瀾山舊作阿米吉。固吉蘇徙居于此（遼陽）

博謨山舊作百女今改正。有母山世號穆氏

烏爾古山舊作吾里哥。元一統志在遼陽路懿博索府

濛溪山明統志三万衛東北七百四十里松花江東岸

牛心山同上東北二百五十里丈河北土河東

今喀喇沁左翼有牛心山土河在其右翼東南百八十里或是

額爾根山舊作阿克干。同上東北三百五十里古信州東

咸伊克阿林舊作斡可阿隣。金史

盛京極東北大山与俄界。渤海率賓府條下

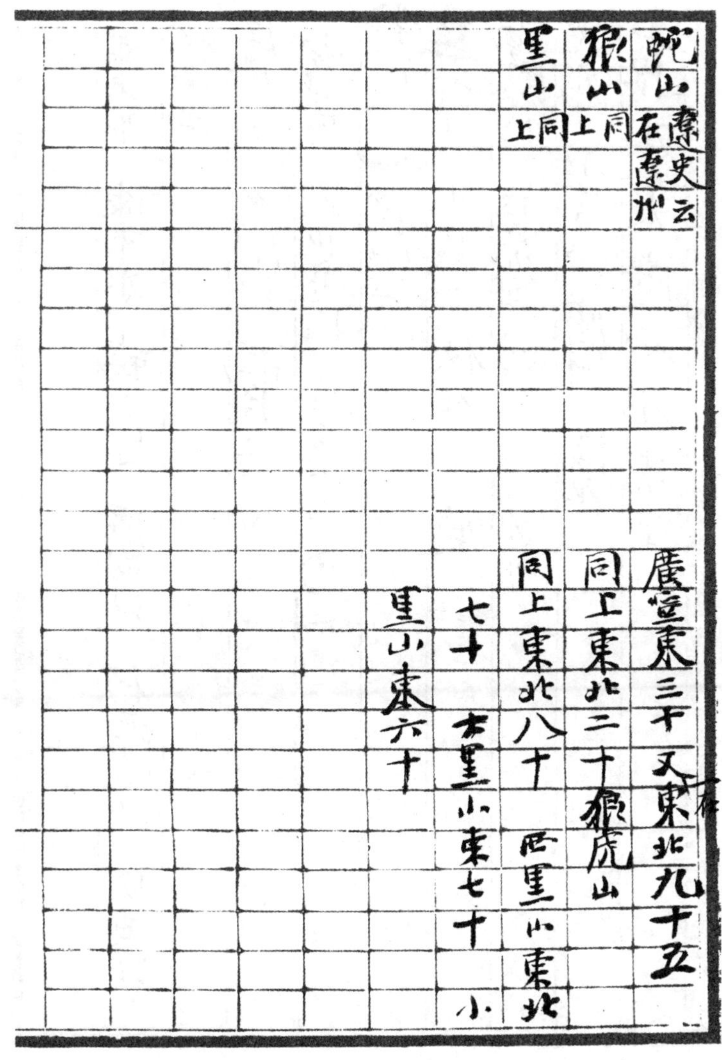
虵山遼史云在遼州
狼山同上
黑山同上
慶陵東三十　又東北九十五
同上東北二十　狼虎山
同上東北八十　西黑山東北
七十　木黑山東七十　小
黑山東北六十

粟末水　速末水　鴨子河　混同江　松阿哩江　宋瓦江
松花江
馬訾水　益州江　鴨淥江
愛呼河　阿也苦河　愛也窟　[illegible]河
統門水　圖們江
蘇濱水　大綏芬江　佟佳江　通佳江
句驪河　巨流河　枸柳河　遼河
大遼水　小遼水　靈河　隱水
大梁水　太子河　衍水　東梁河

清河　大清河出吉林烏拉界西南流入大遼河

柴河　[illegible]入大遼河

范河　汎河　俱入大遼河

輝發　灰扒江　出吉林[illegible]城入混同江

伊屯河　益褪河　一禿河　[illegible]也一統河　吉林西南北流出邊

穆稜河　伊爾們河　[illegible]　[illegible]門混同　東入混同　吉林西一同[illegible]合伊通入

[illegible]爾哈河　[illegible]河　廣寧東北[illegible]

[illegible]河　金史[illegible]出海城西北入二[illegible]河　大定[illegible]平[illegible]

[illegible]至松花入海

蒲陽河　廣寧

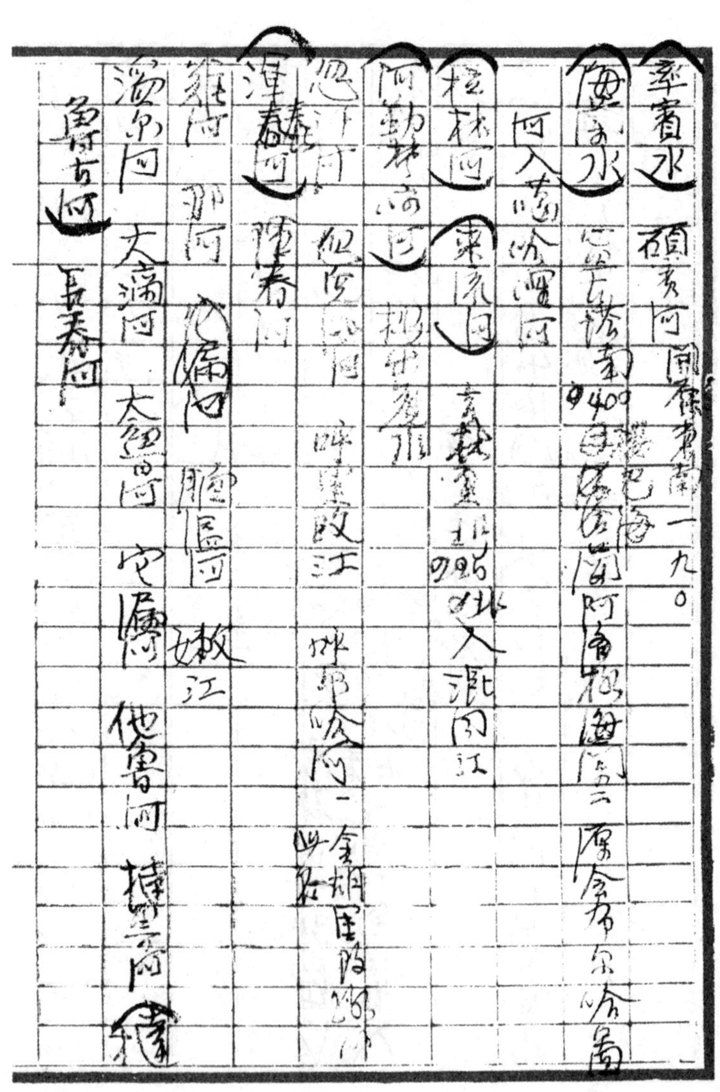

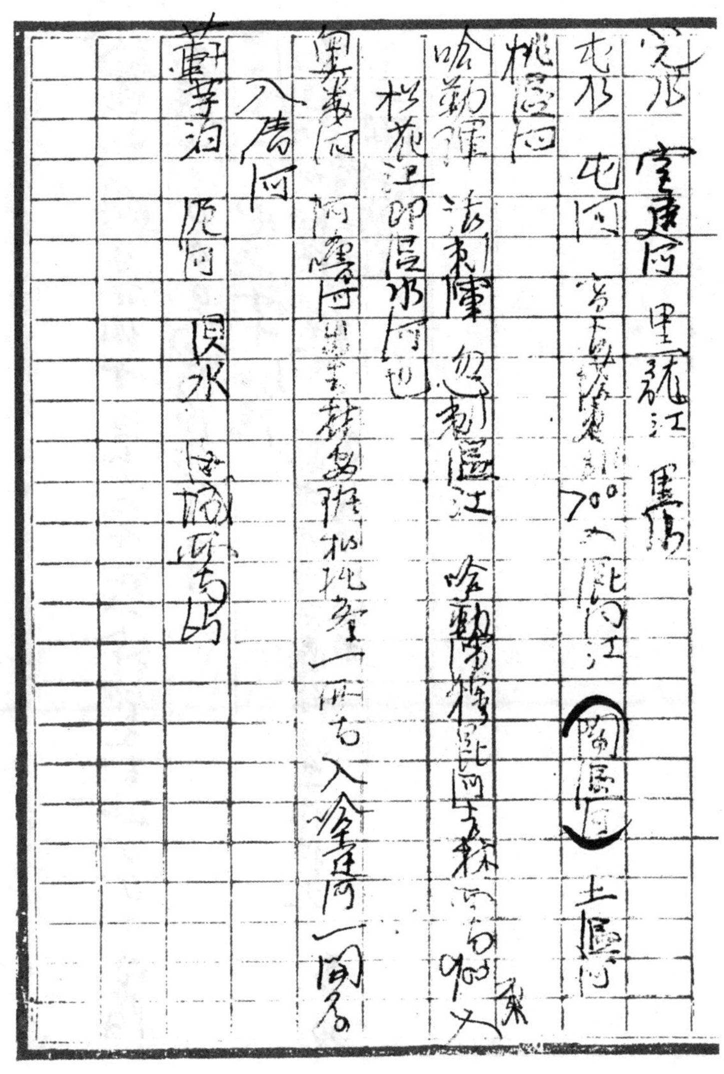

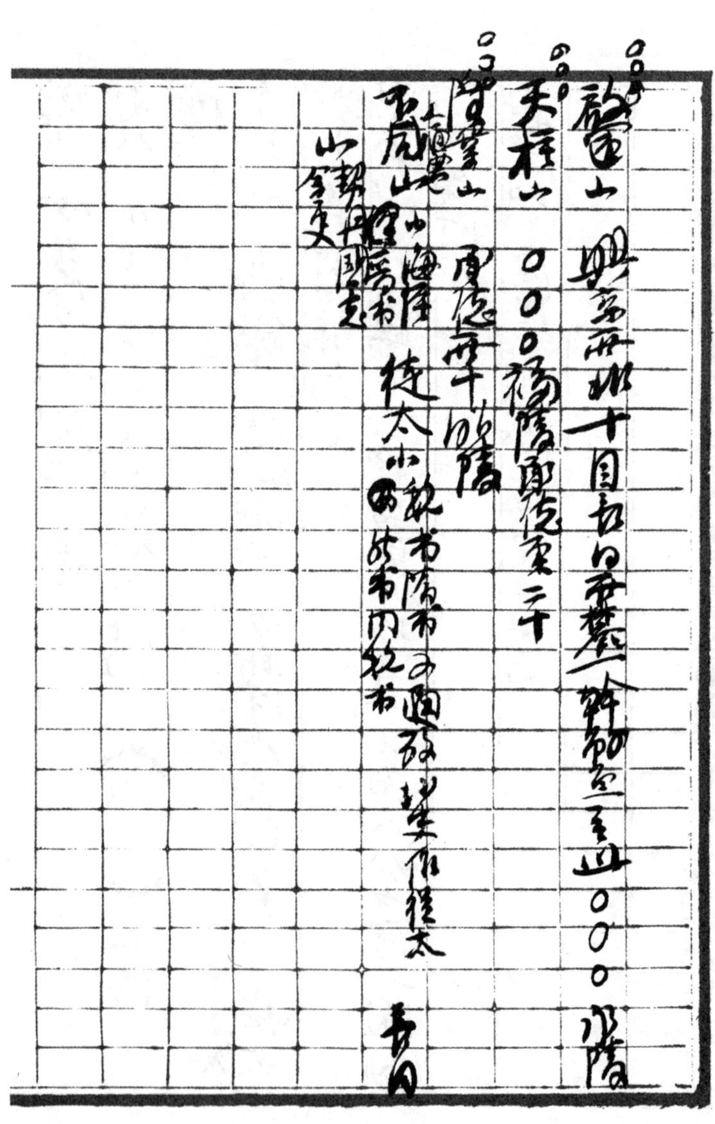

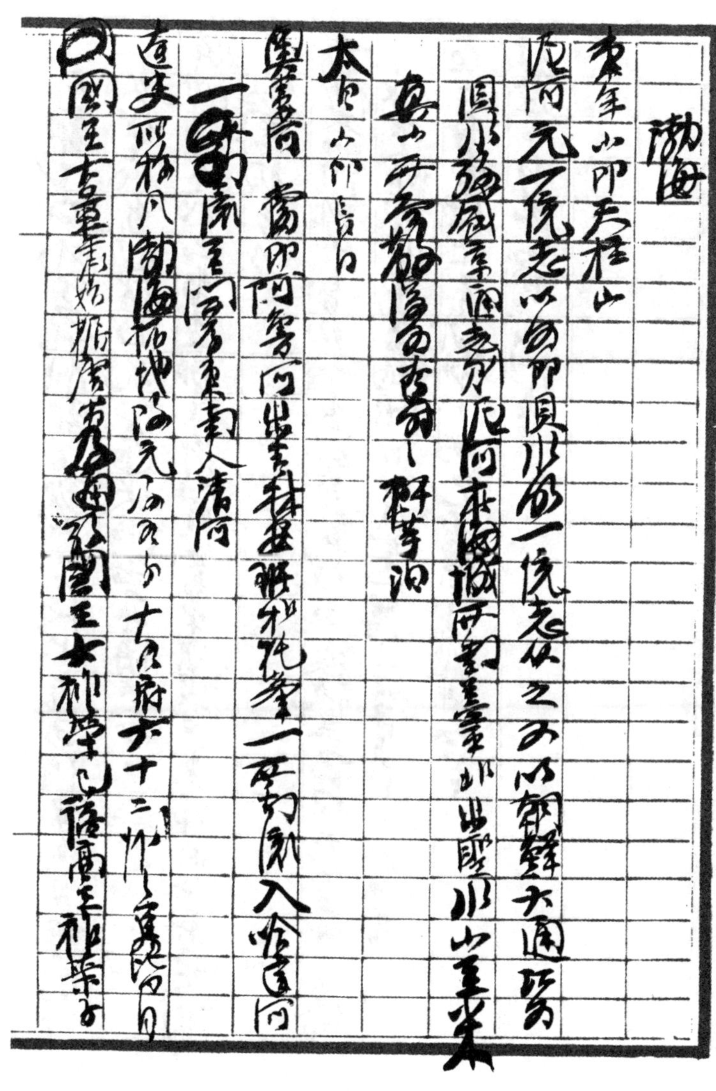

渤海

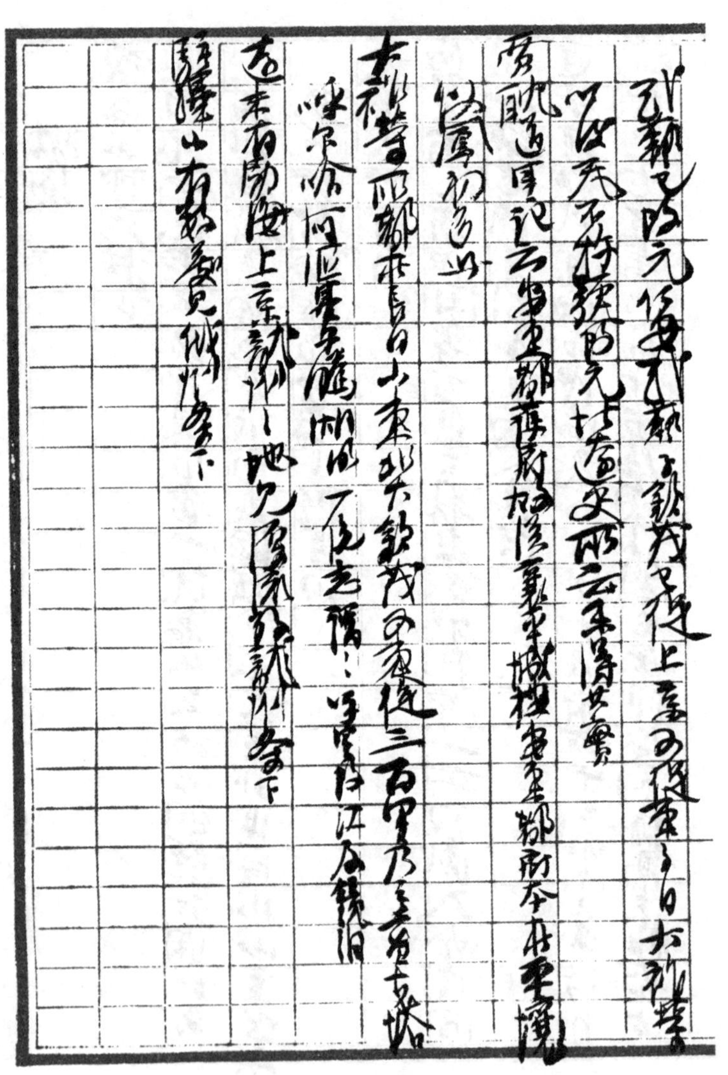

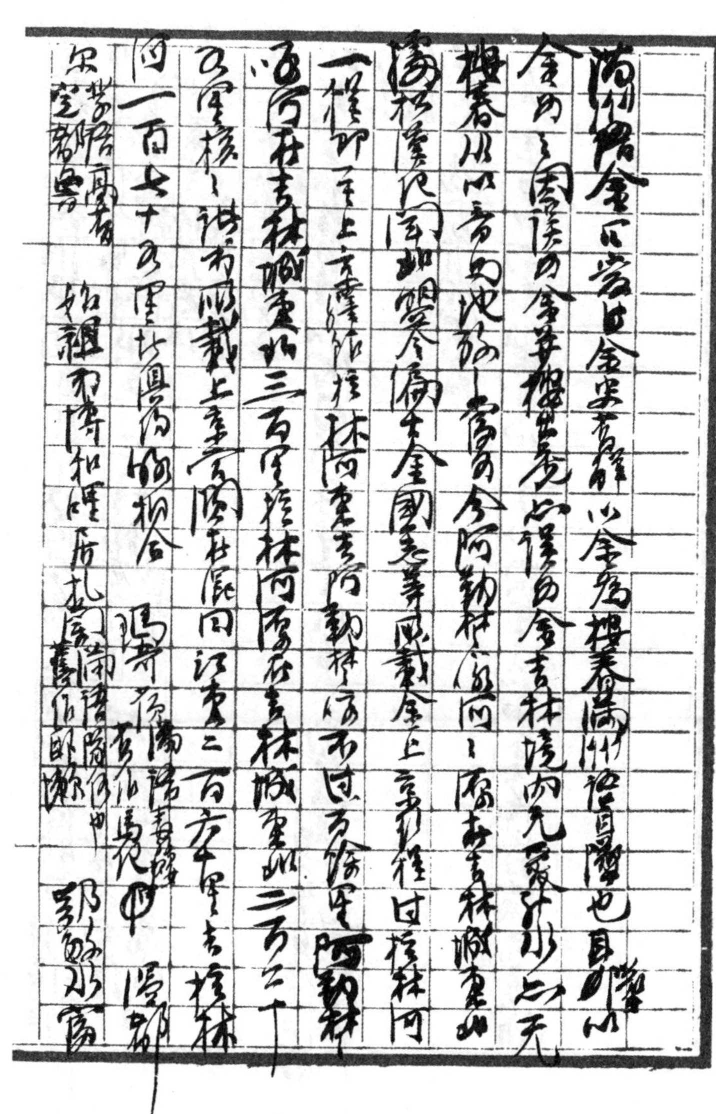

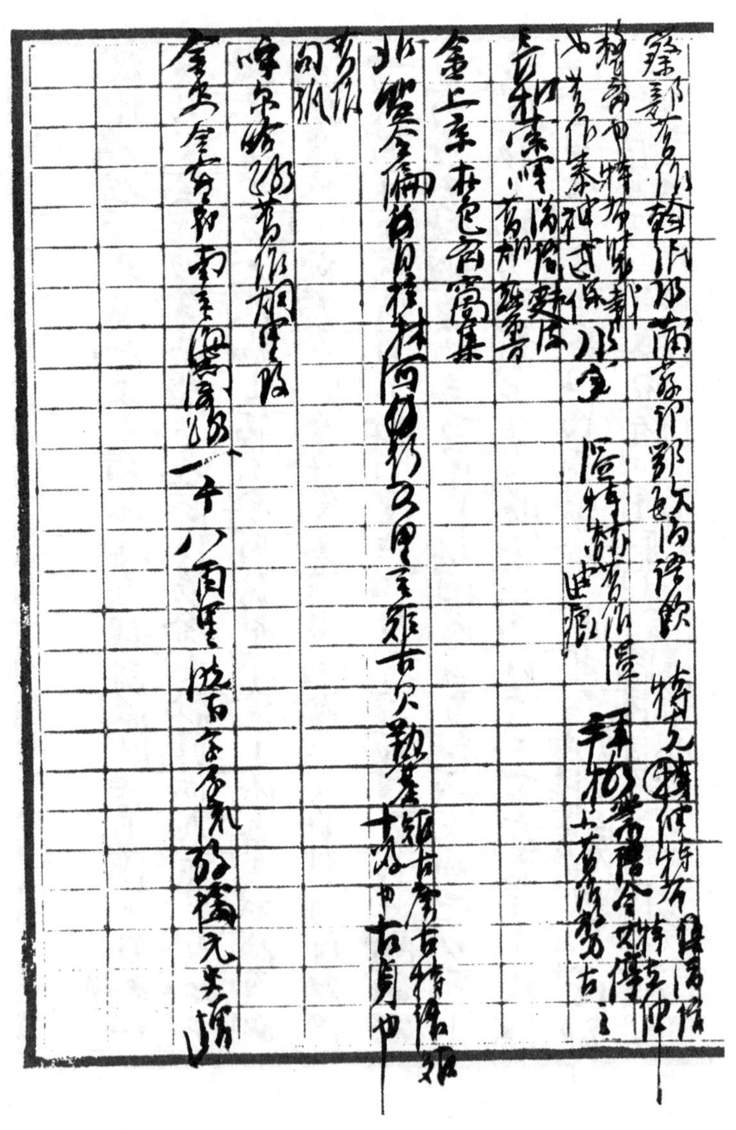

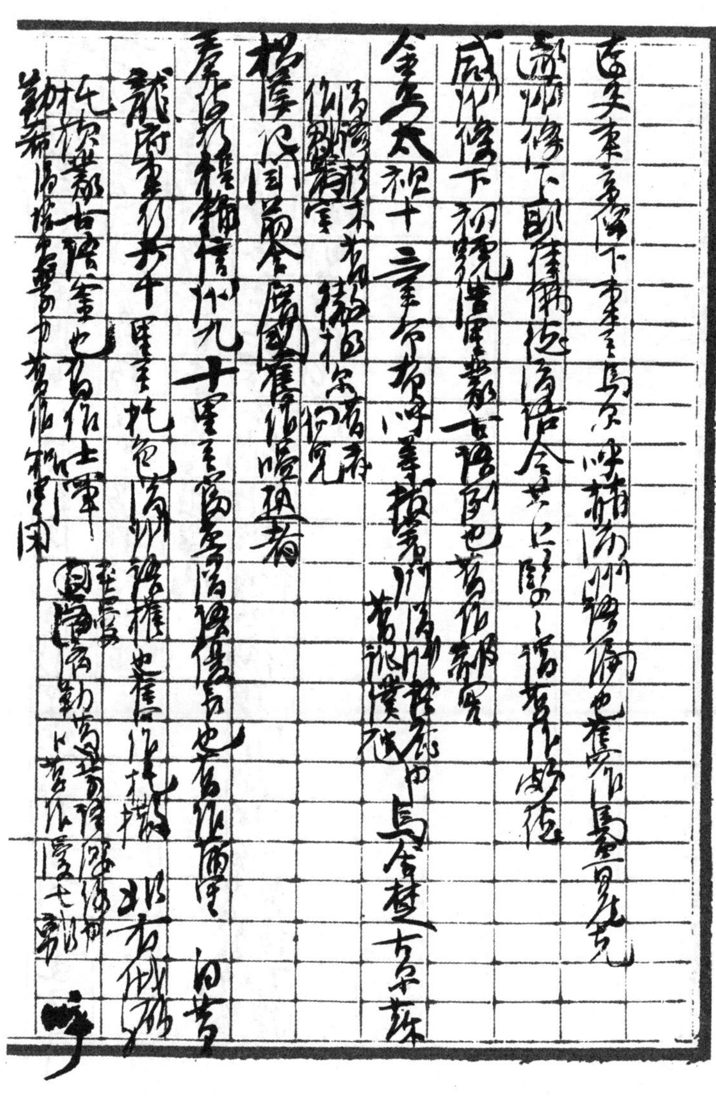

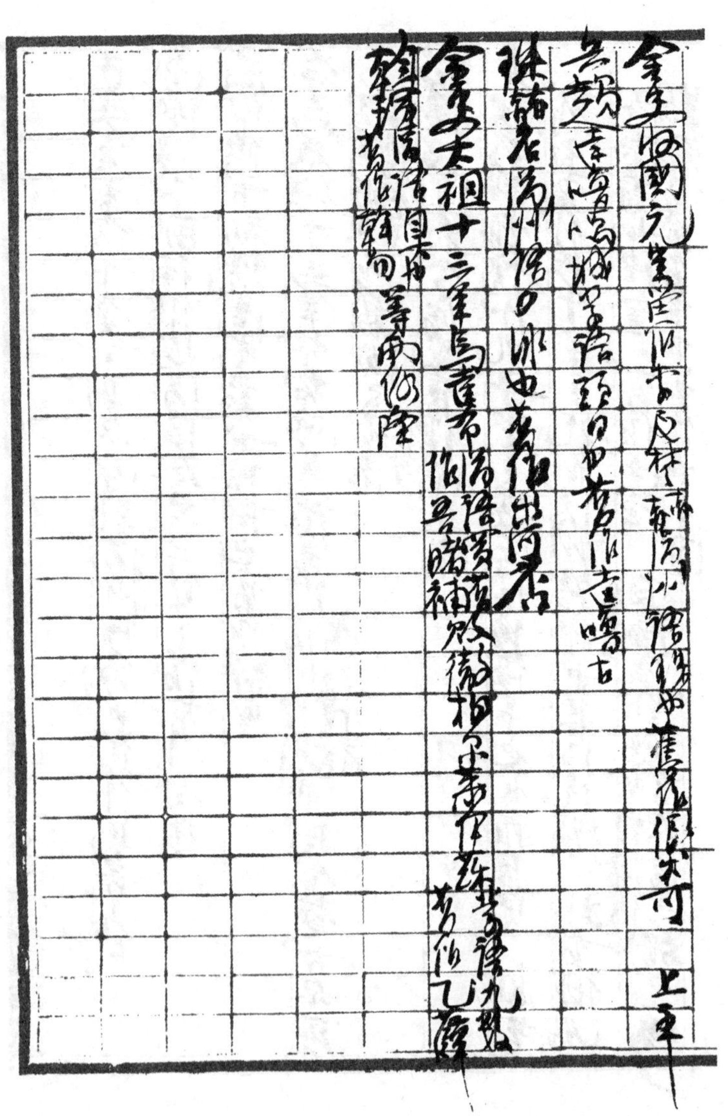

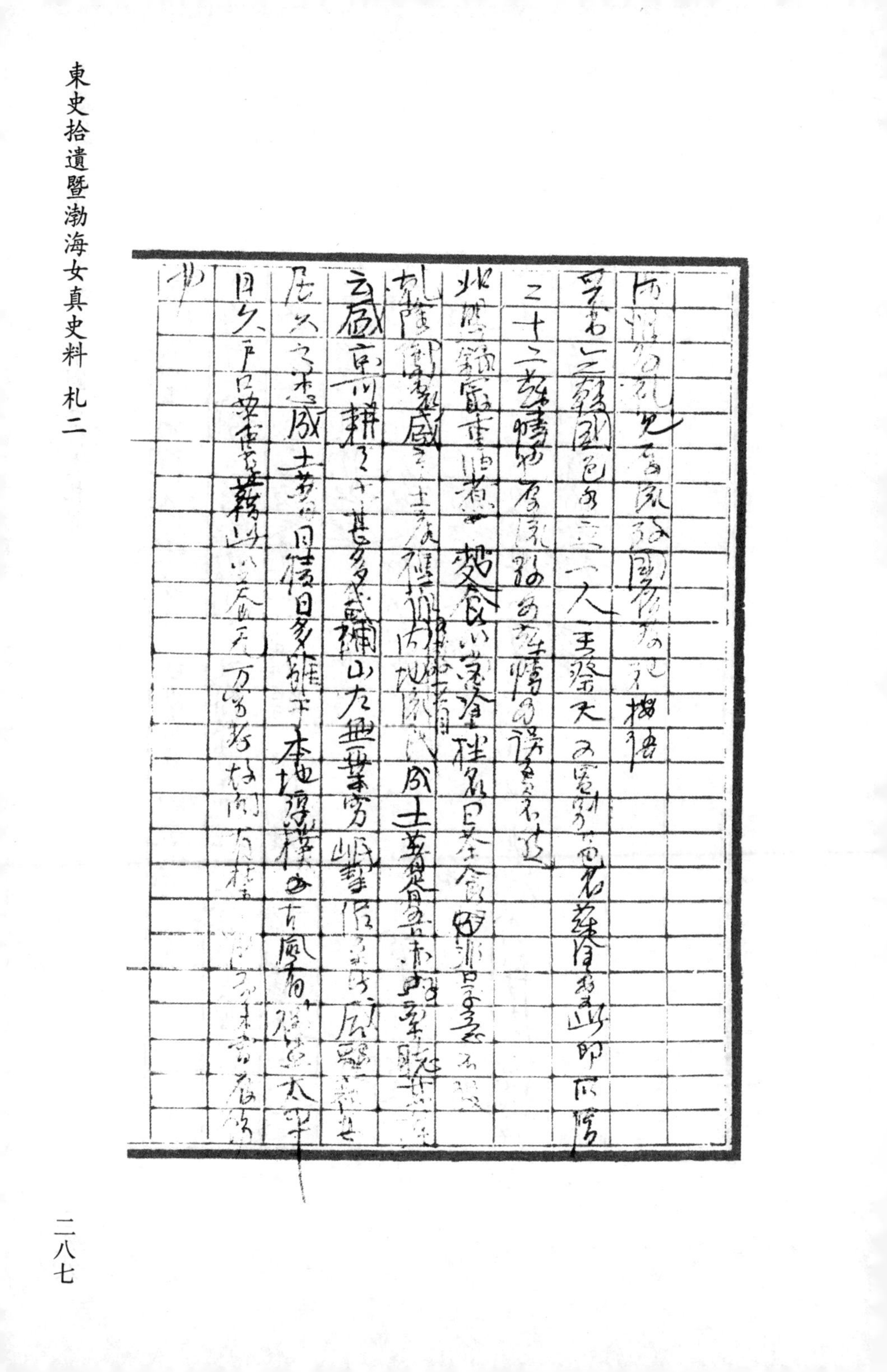

吳以[illegible]為桂本及桂本[illegible]也[illegible]十九卷[illegible]

女[illegible]九都之[illegible]九都[illegible]

[illegible]

老[illegible]

國[illegible]

寸[illegible]之[illegible]六卷

自[illegible]其又劉[illegible]之首[illegible]使[illegible]不[illegible]精于識也

[illegible]十六卷

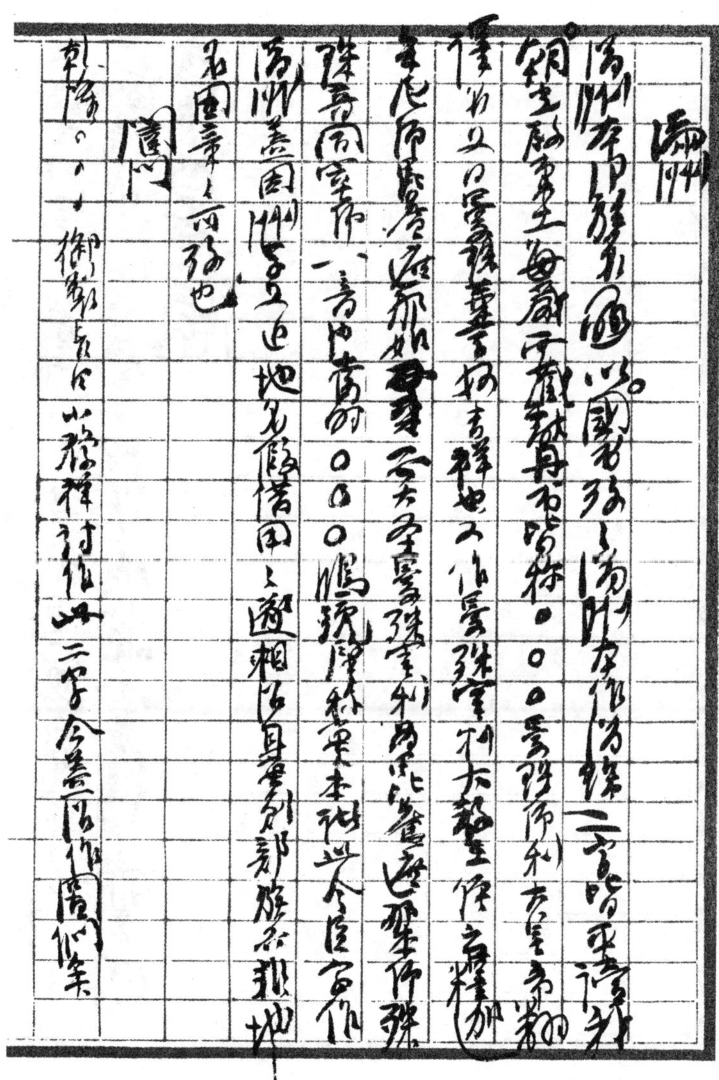

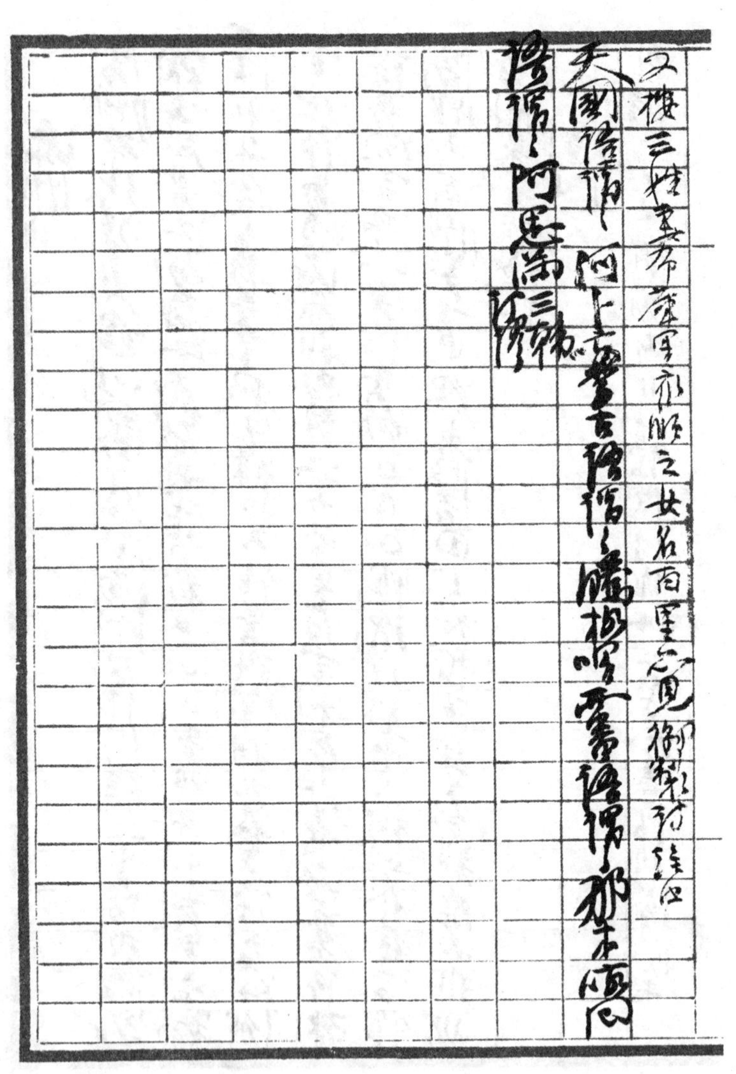
又據三姓東部落寧[illegible]之女名百里之見御製詩注

天國語謂之阿卜喀蒙古語謂之騰格哩西番語謂之那木喀

回語謂之阿思滿三[illegible][illegible]

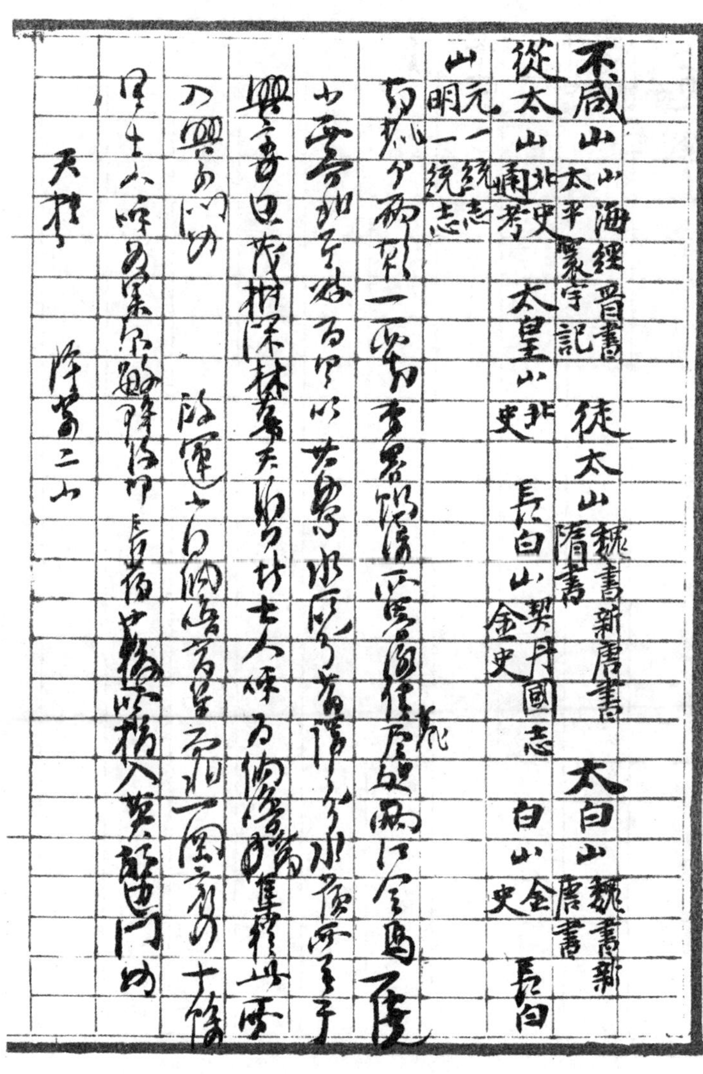
不咸山 山海經 晉書 太平寰宇記 徒太山 魏書 新唐書 隋書 太白山 魏書 新唐書 長白

從太山 北史 通考 太皇山 北史 長白山 契丹國志 金史 白山 金史

山 元一統志 明一統志

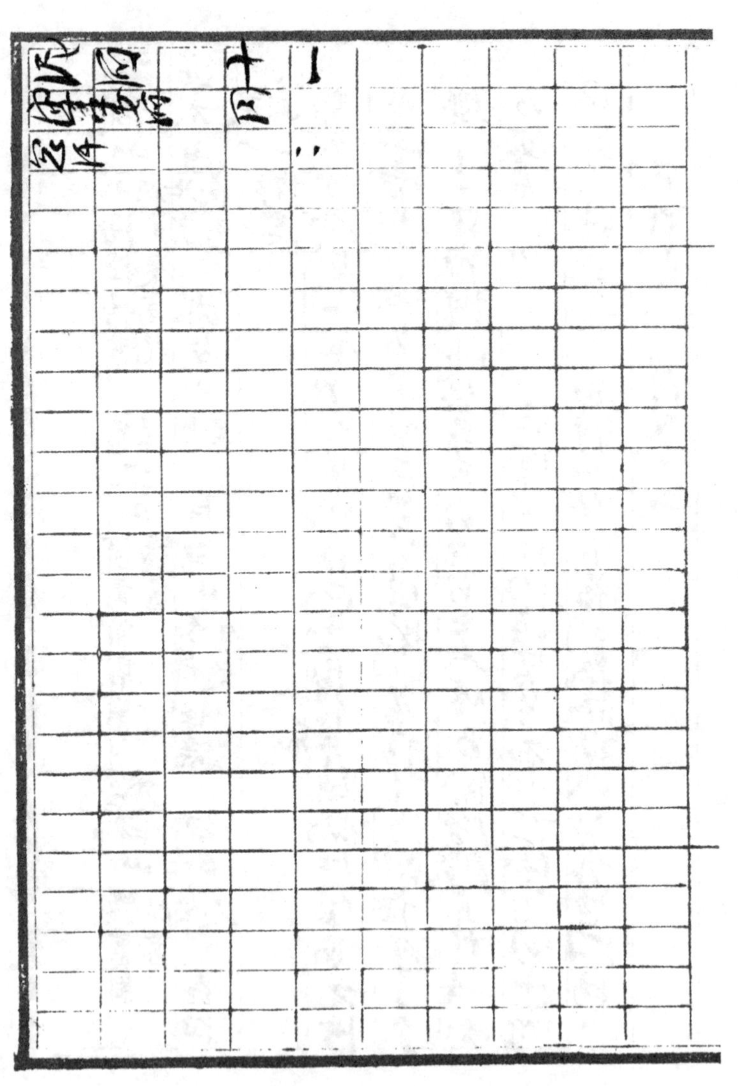

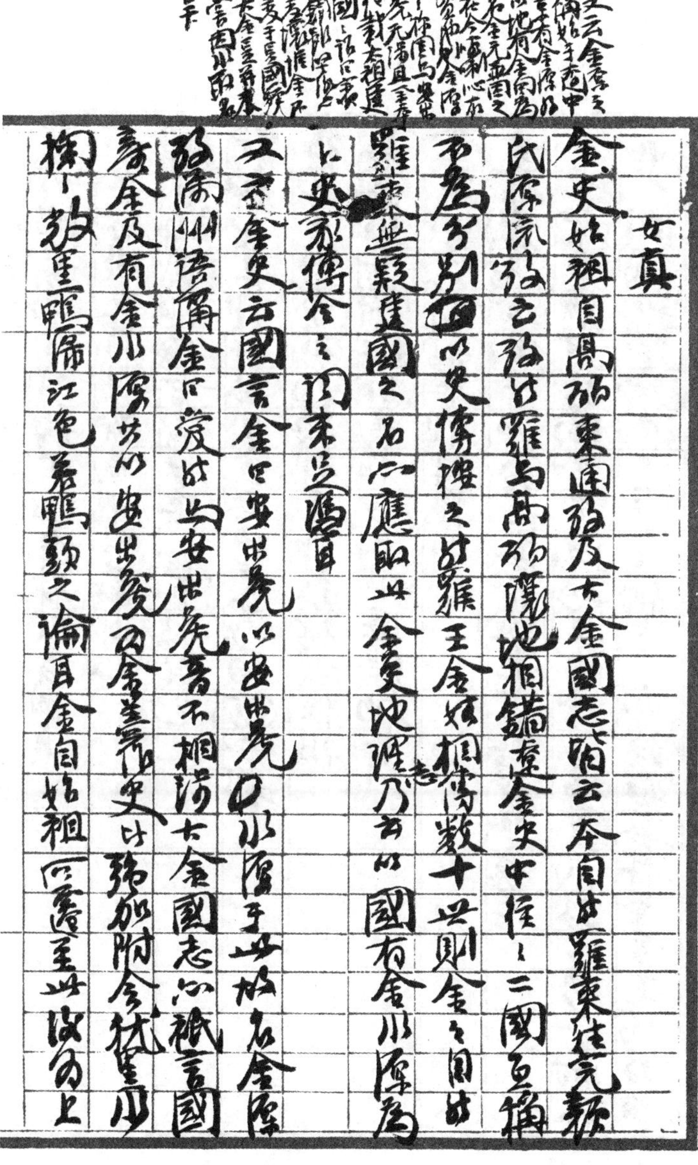

女真

金史始祖自高麗東國通鑑及大金國志皆云本自新羅來姓完顏

氏源流與之新羅與高句麗地相錯遂金史中往往二國互稱

而為分別曰以史傳攷之新羅王金姓相傳數十世則金之自新

羅無疑建國之名亦應取此金史地理志乃云以國有金水源為

名史家傅會之詞未足憑耳

又云金史云國言金曰按出虎以按出虎水源于此故名金源

滿洲語稱金曰愛新與按出虎音不相涉大金國志亦祇言國

產金及有金水源於按出虎何[illegible]金[illegible]史[illegible]強加附會猶[illegible]

[illegible]致里鴨綠江色若鴨頭之論耳金自始祖以後遷至此故曰上

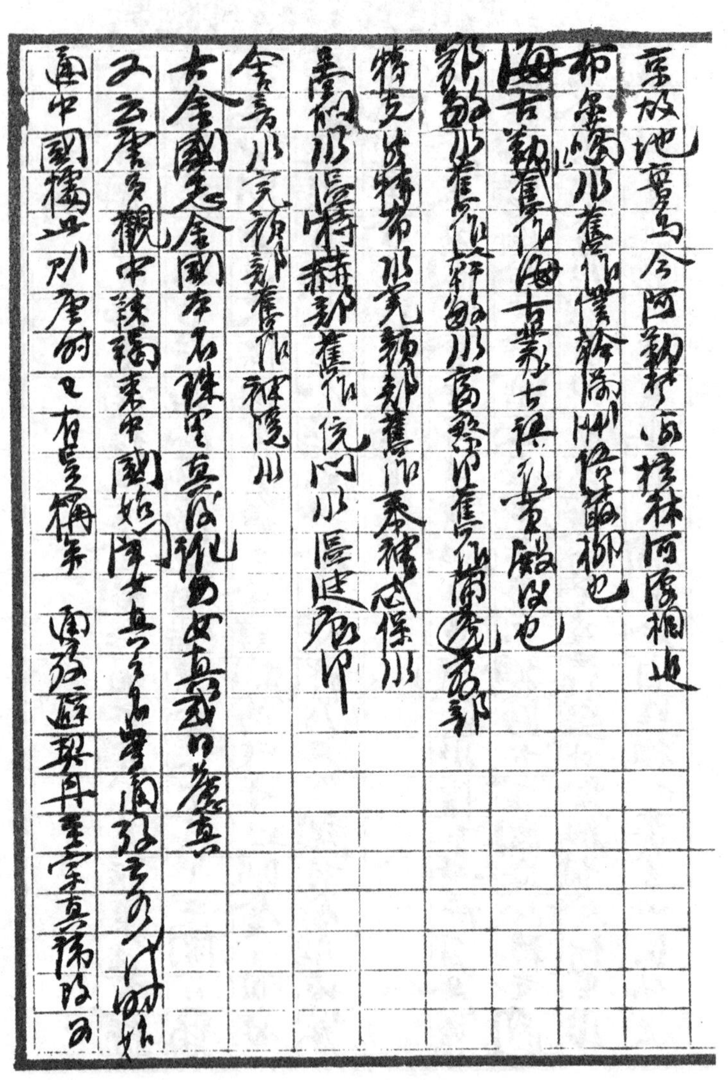
宰放地寶島今阿勒楚喀所轄林河隣相近也
布魯噶以舊作僕燕州僕燕州得稱柳也
海古勒舊作海古海古勒古語不常聞也
鄂勒以舊作[illegible]鄂勒以富察以舊作[illegible]
特克以特赫布以完顏部舊作泰神忒保以
呼爾以呼特赫部舊作統門以呼延以
金書以完顏部舊作[illegible]川
古金國志：金國本名珠里真，後訛為女真，或曰慮真。
又云：唐貞觀中靺鞨來中國，始聞女真之名，[illegible]
國中獨此以唐時已有是稱矣。　因避遼興宗宗真諱改曰

女直

見葉氏大金國志云　其居混同江之東長白山下　南鄰高麗北接室

韋西界渤海東瀕海（瀕）　其屬分六部有黑水部契丹因為混同江

居江之南者號熟女真以其屬契丹江之北为生女真亦有[illegible]

官命號太師某（陶宗儀云國語長白山　太師猶[illegible]部太師長也）契丹因[illegible]州混同江北八

十里建寨以守之契丹恐女真為患誘豪右數千家遷之遼陽之

南使不得與中國往來謂之合蘇[illegible]（集作合蘇款又作曷蘇館）（[illegible]）

[illegible]因曰哈州自咸州東北分界入山谷至粟末江中間所居之

室地熟女真也

女真隸咸州兵馬司[illegible]（舊作回霸亦作回拔咸州表今屬）（[illegible]稱人間東北至杉阿哩江）

倘六七百里今有輝發河○國初屬輝發部人滑吉努于河也築

城以居因號輝發國蓋沿其稱也○通考曰隸咸州兵馬司

[illegible]

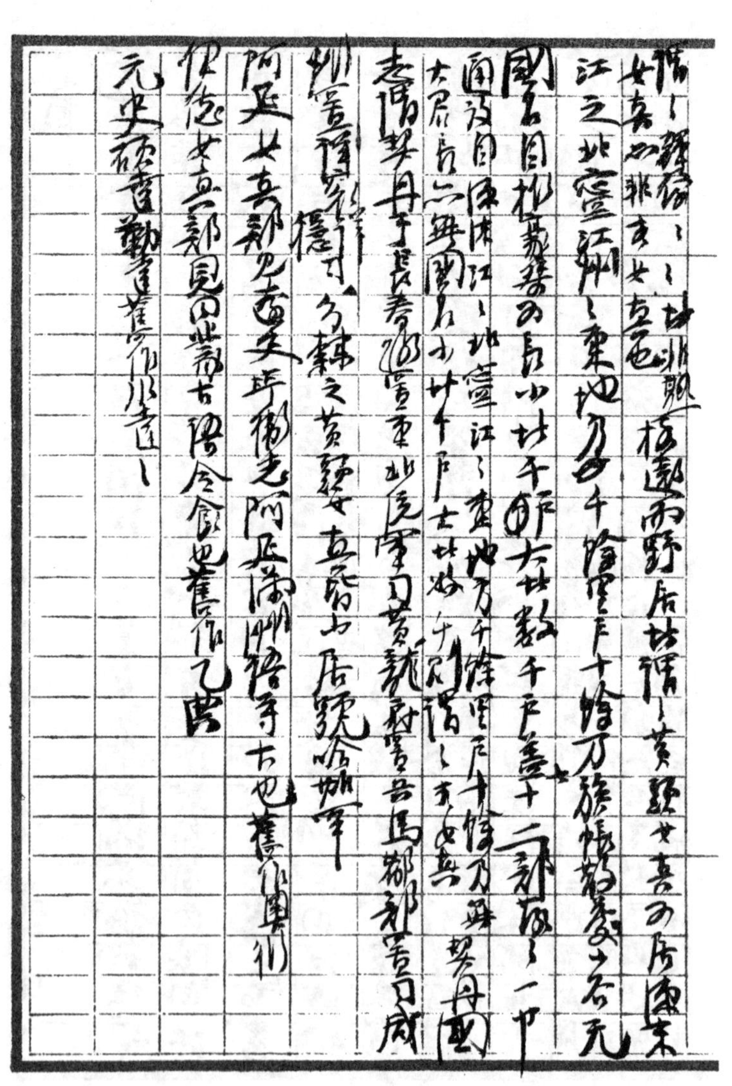

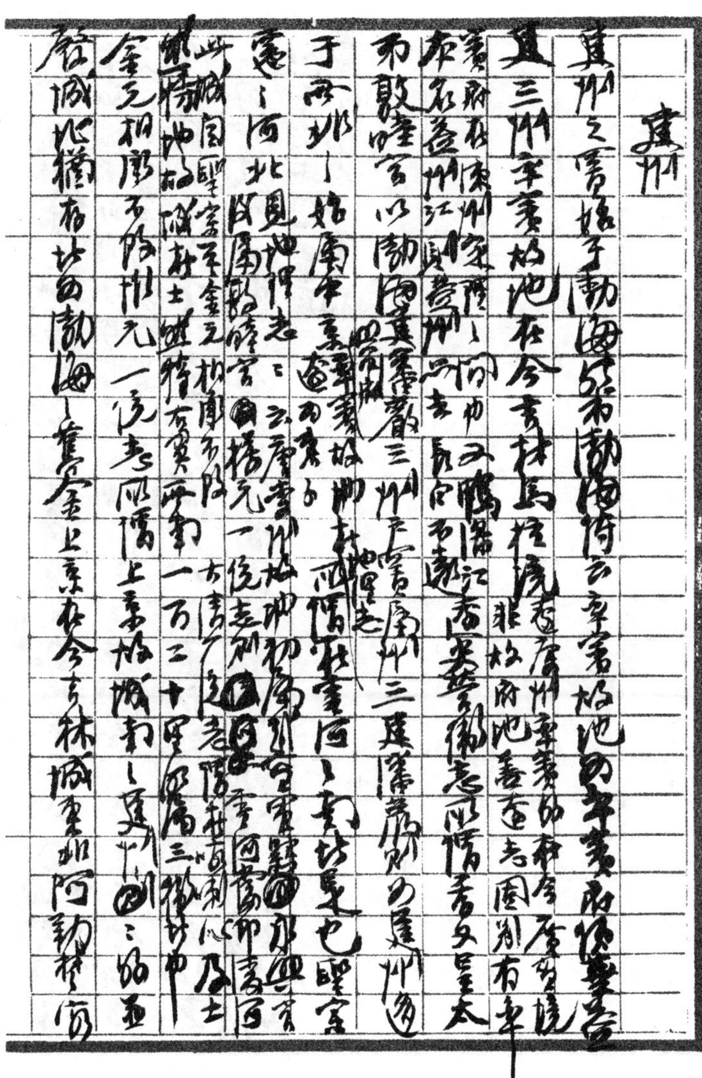

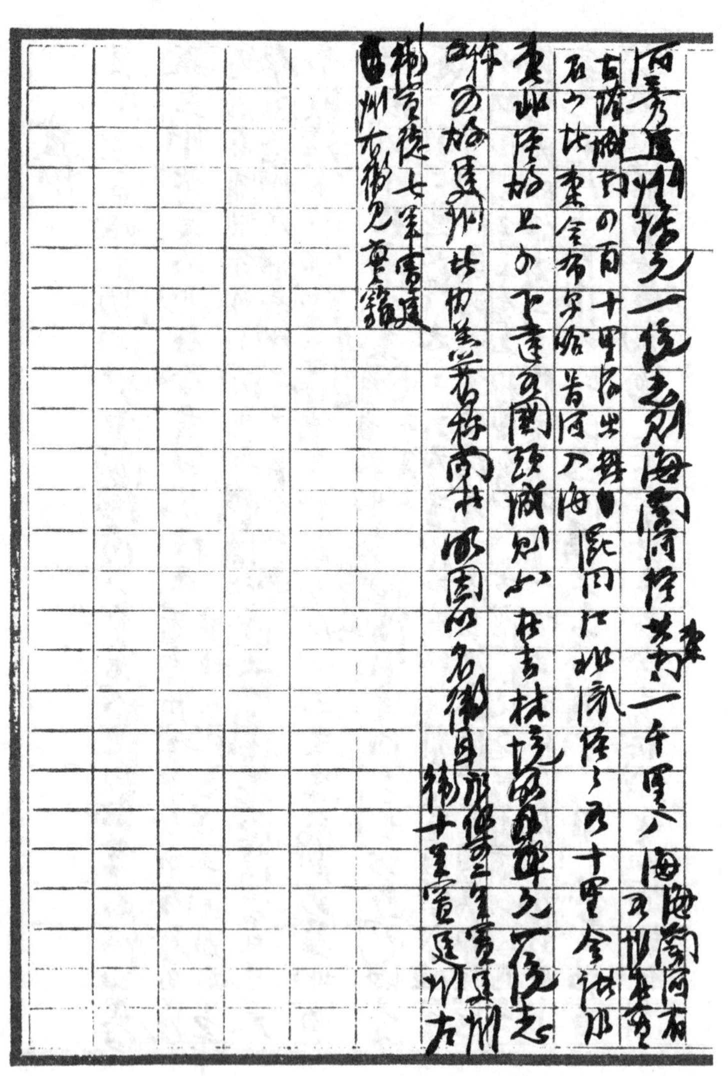

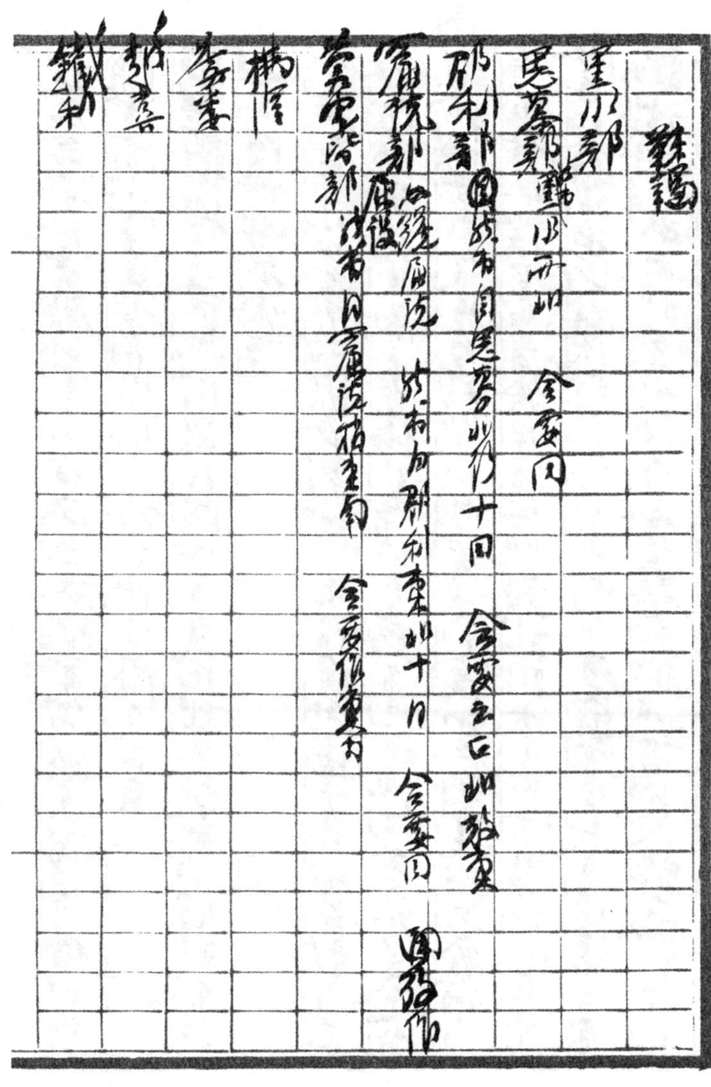

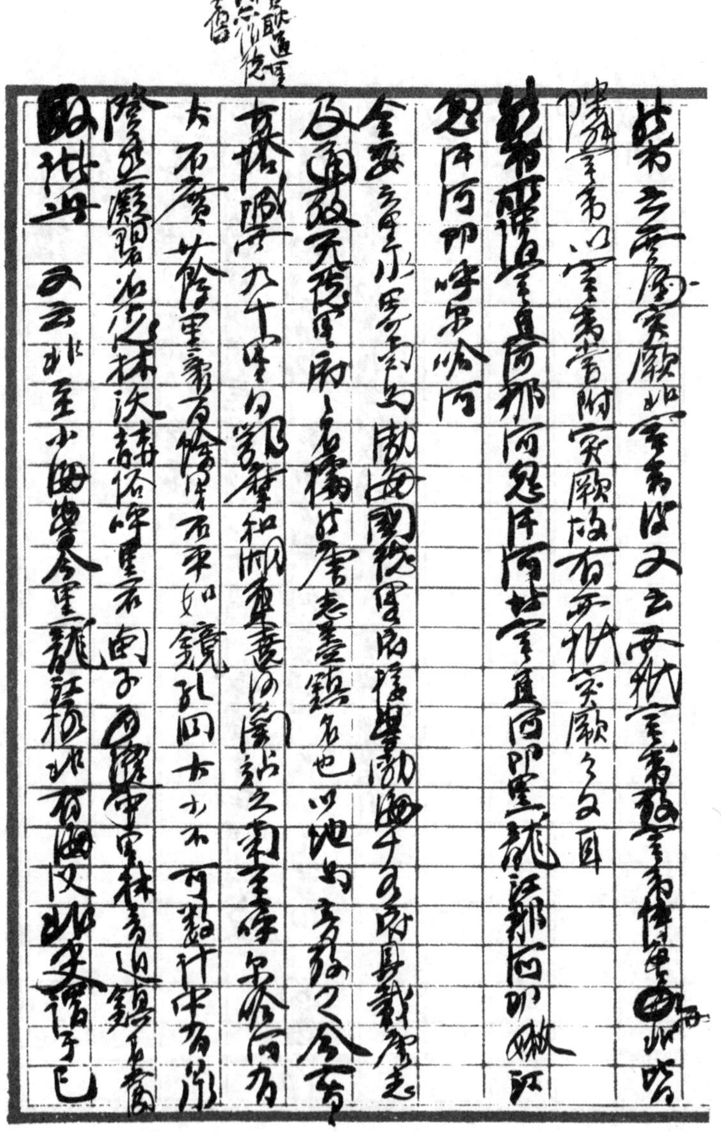

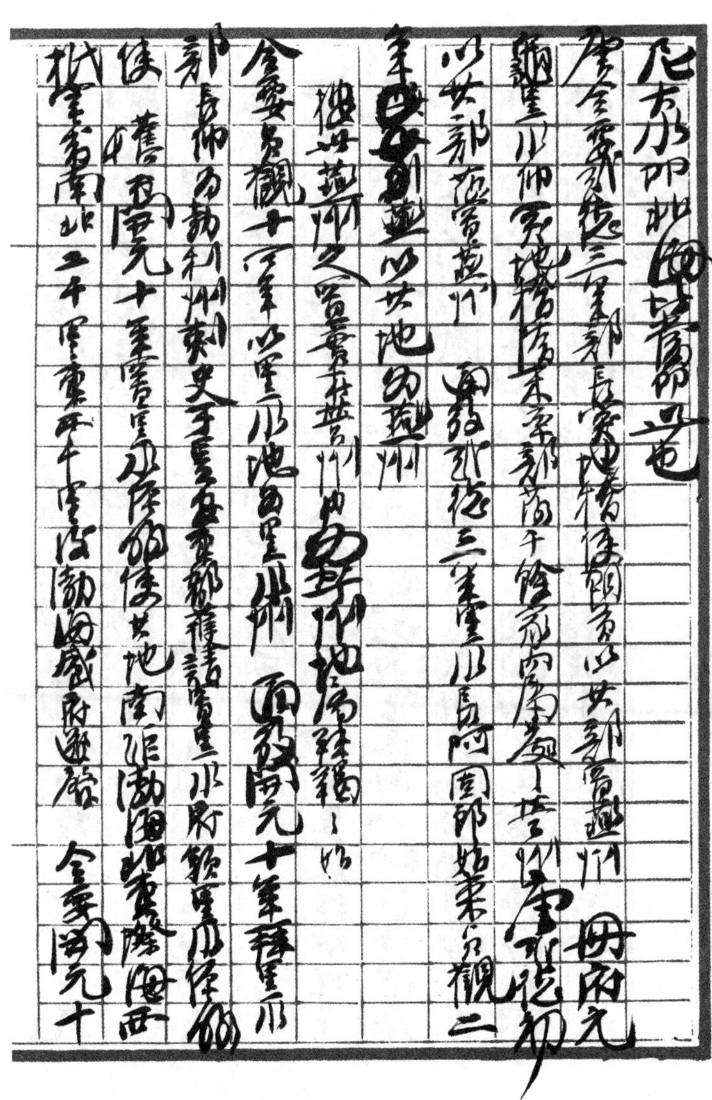

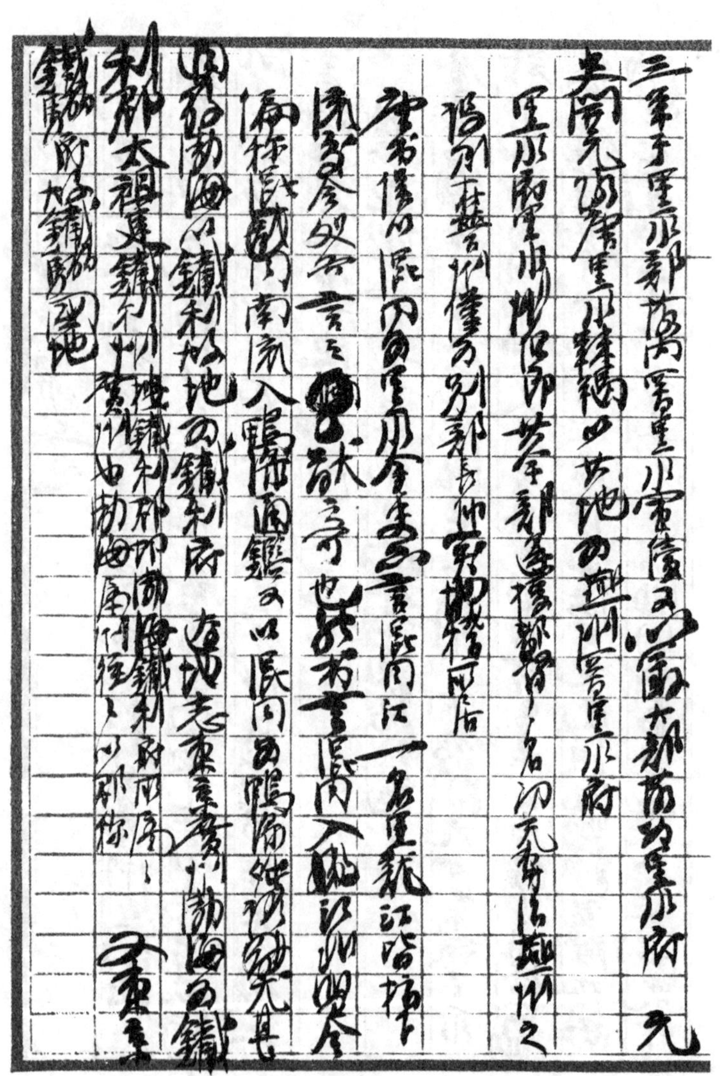

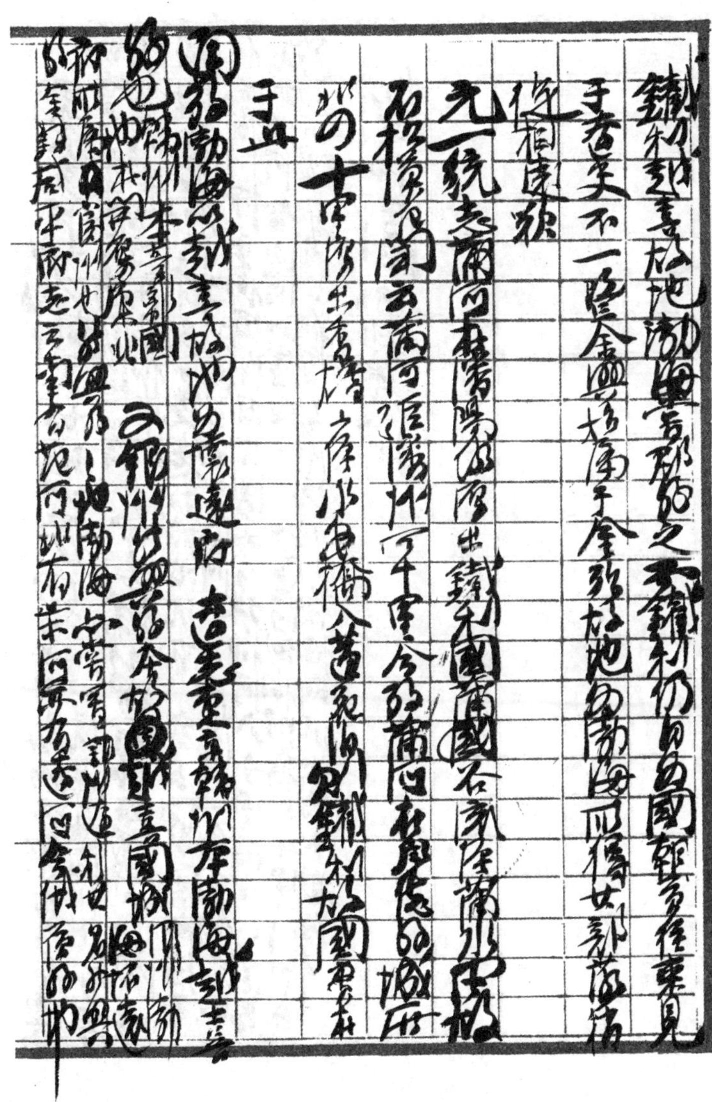

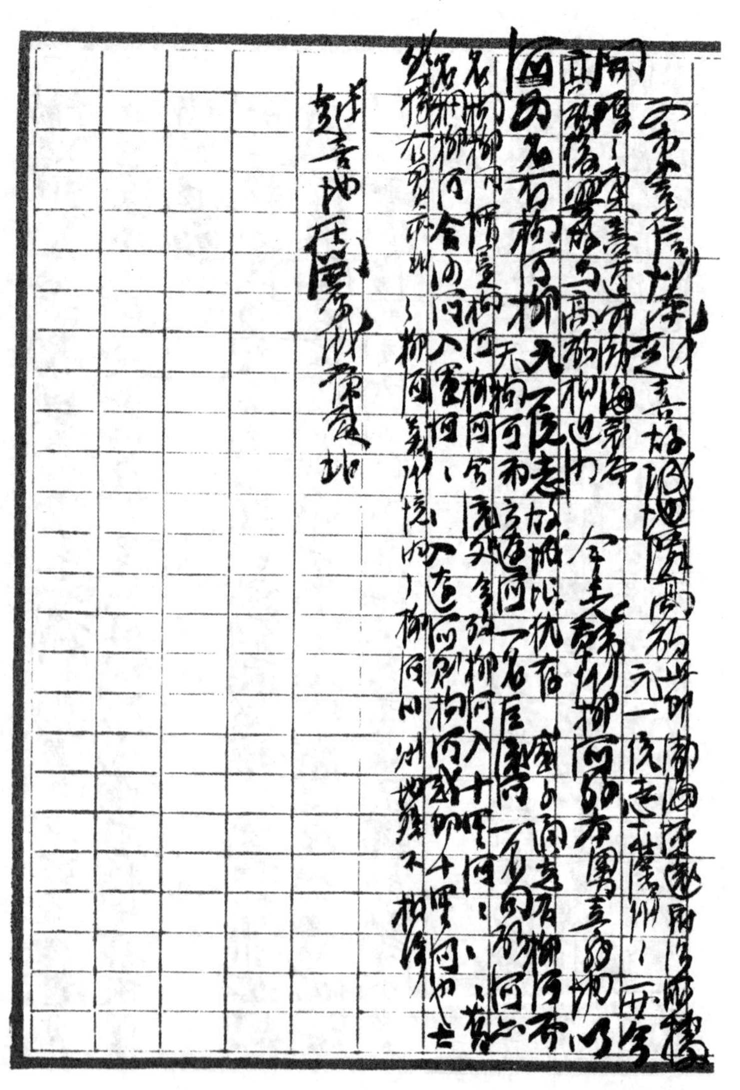

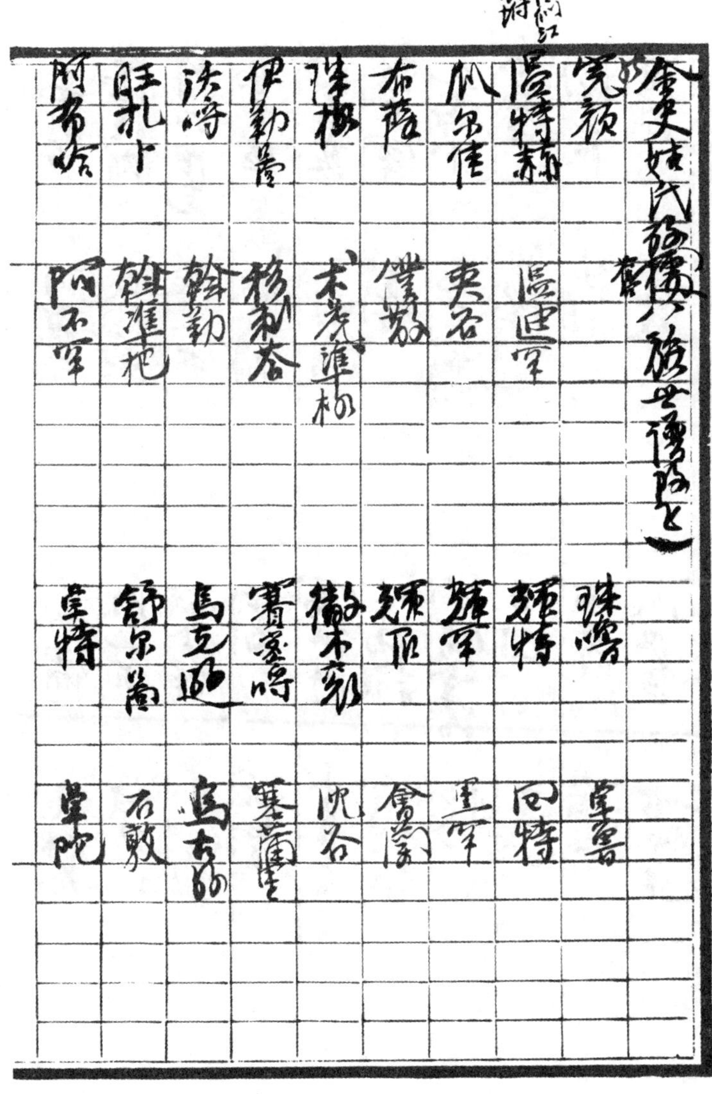

烏蘇古	阿勒準	烏凌阿	兀林答
博擺哳	乞擺思	阿克占	阿典
博多爾克	濮本古	赫舍哩	紇石烈
烏雲柱	暗石剌	納剌	納蘭
錫古蘇	石古苦	富珠哩	孛朮魯
珠爾罕	闊罕	珠勒根	阿勒根
光嘉喇	光吉剌 以上金源	納哈塔	納合
費摩	斐滿	費□	[illegible]盍
圖克坦	徒單	布希	蒲鮮
溫都	溫敦	瓜爾佳	古里甲

圖書　[illegible]古　阿達刺　撒答牙

[illegible]　[illegible]　阿珠　阿[illegible]

[illegible]扎　[illegible]　蘇[illegible]　[illegible]

博和哩　蒲古里　[illegible]　[illegible]土谷

必刺　必蘭　納木都魯　納[illegible]

斡準　斡雷　雅珠貝　[illegible]

都克塔　[illegible]　[illegible]　[illegible]

尼瑪哈　尼厖窟　尼厖古　[illegible]　[illegible]

托[illegible]特　[illegible]特　[illegible]　[illegible]

赫舒　[illegible]　古勒[illegible]　[illegible]

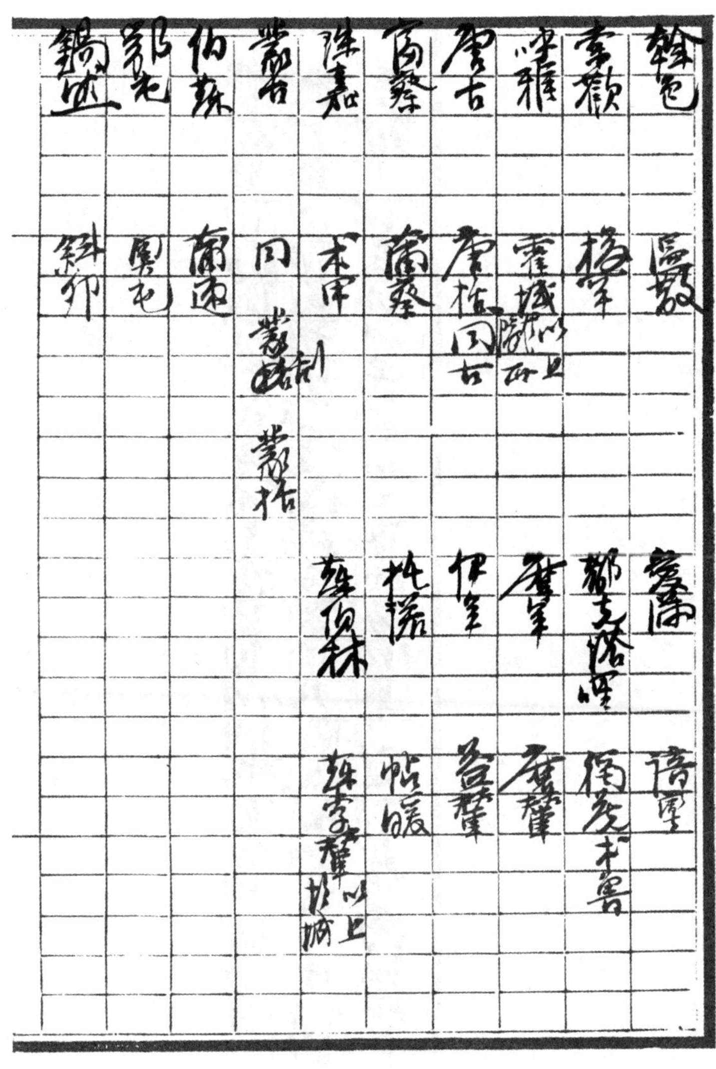

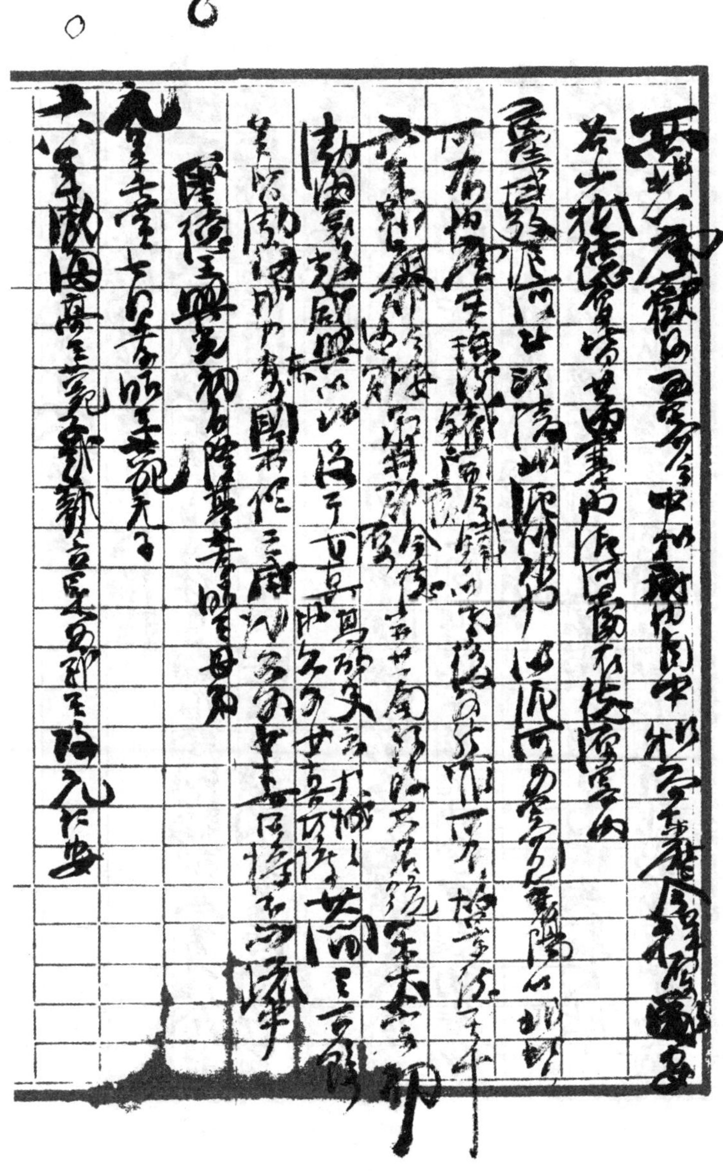

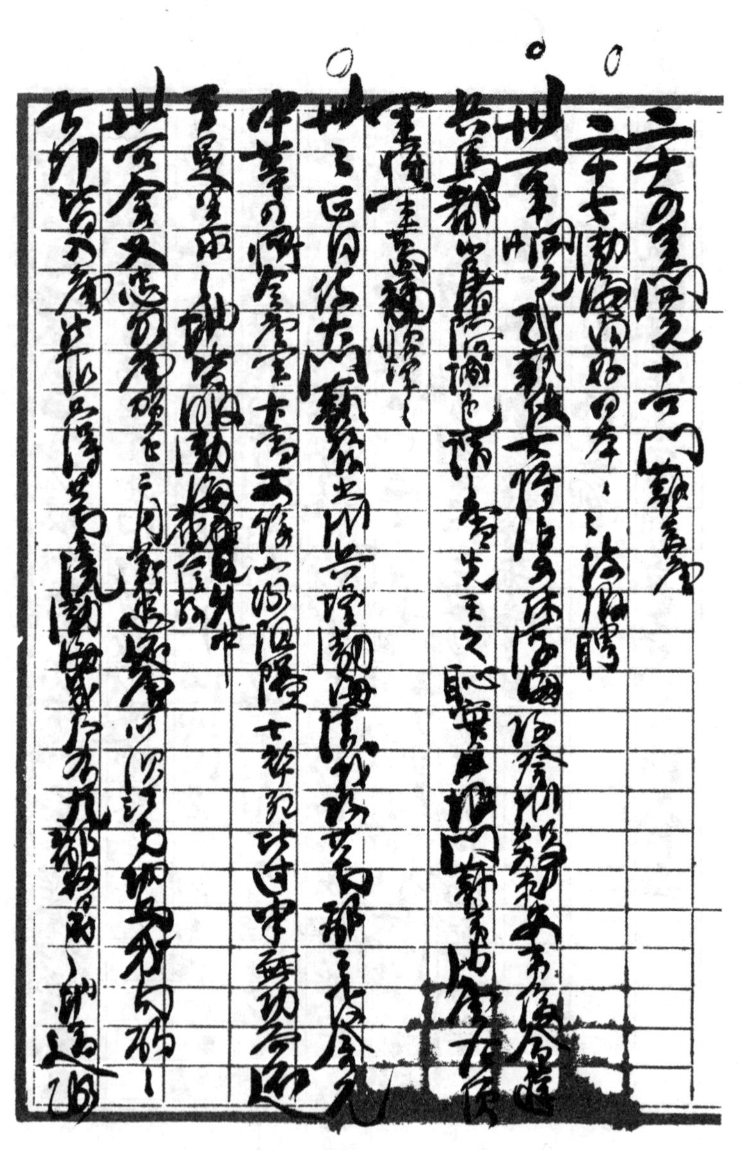

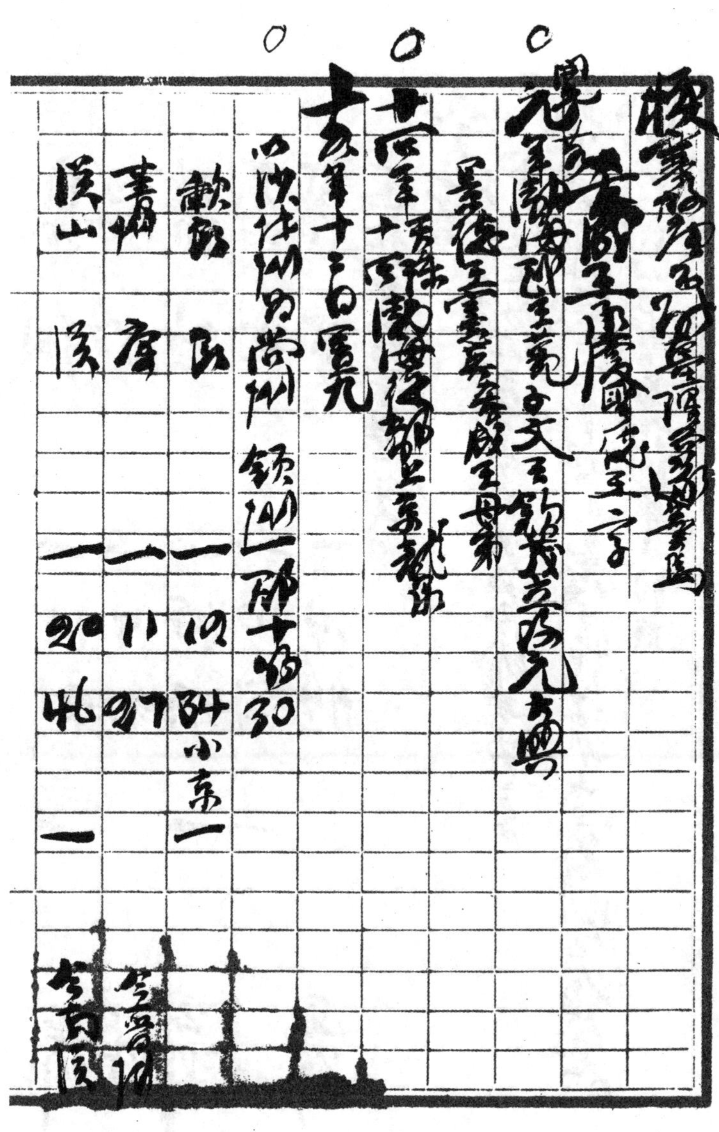

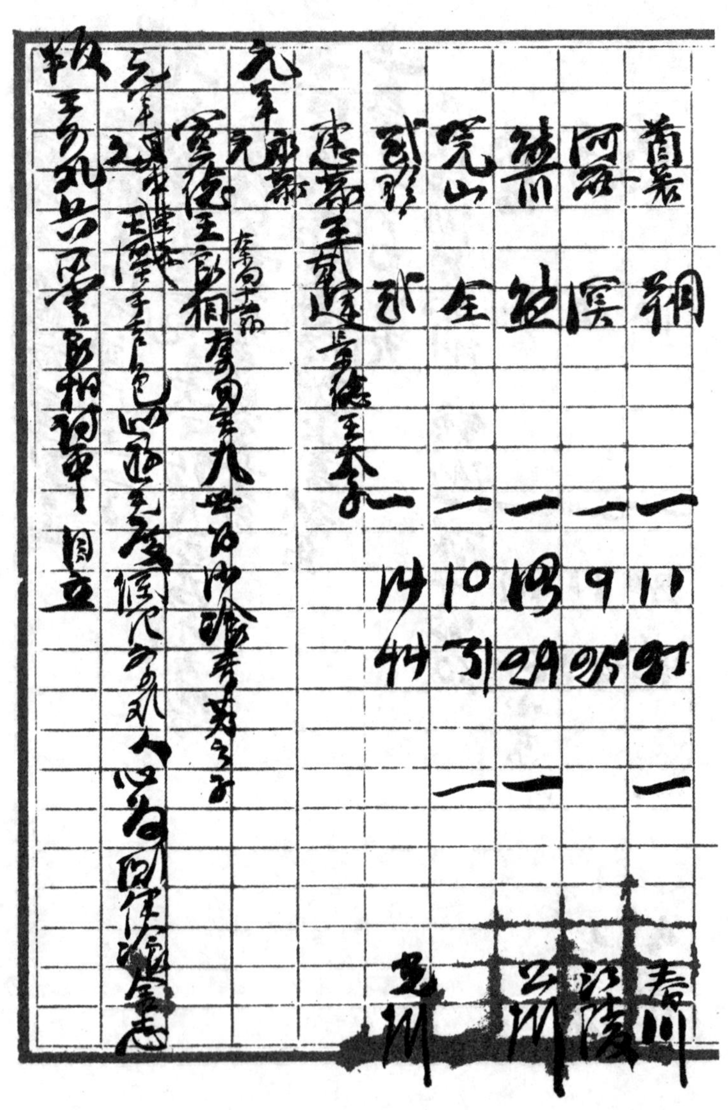

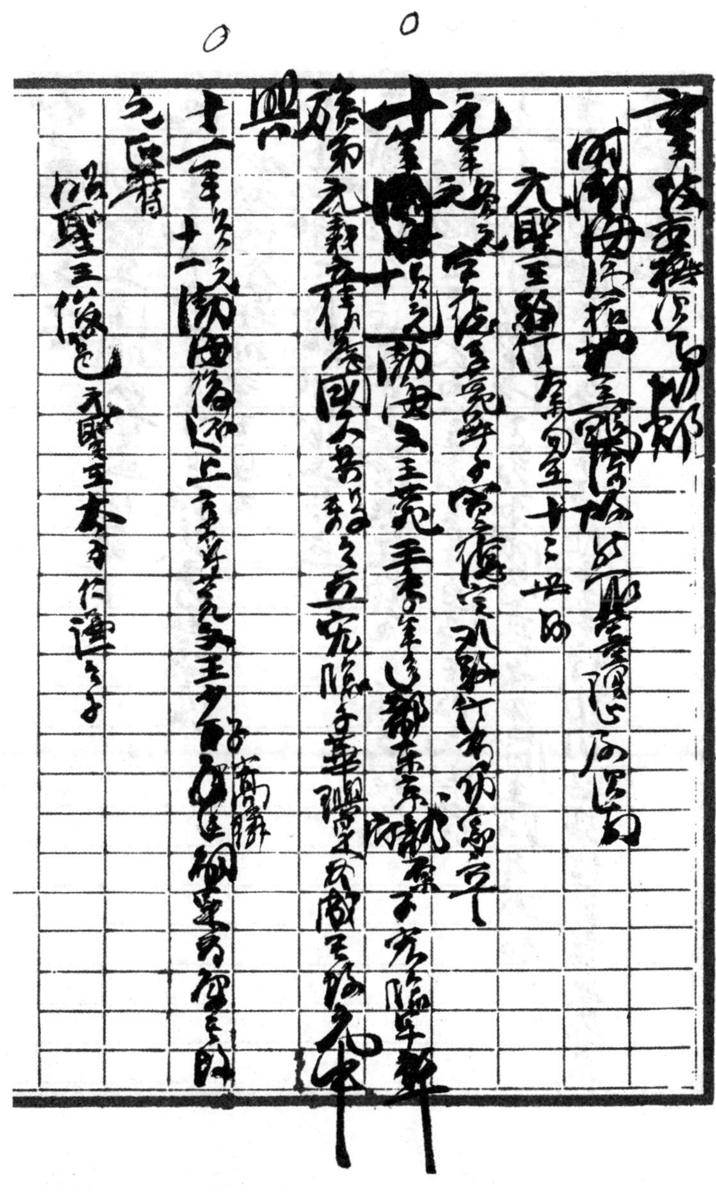

元年[illegible]元十六

[illegible]青州路[illegible]

元年[illegible]元十六[illegible]十三[illegible]大[illegible]

[illegible]

元年[illegible]元和七月[illegible]三月立

[illegible]

[illegible]

十一年[illegible]十月[illegible]

十二年[illegible]

[illegible]之其[illegible]

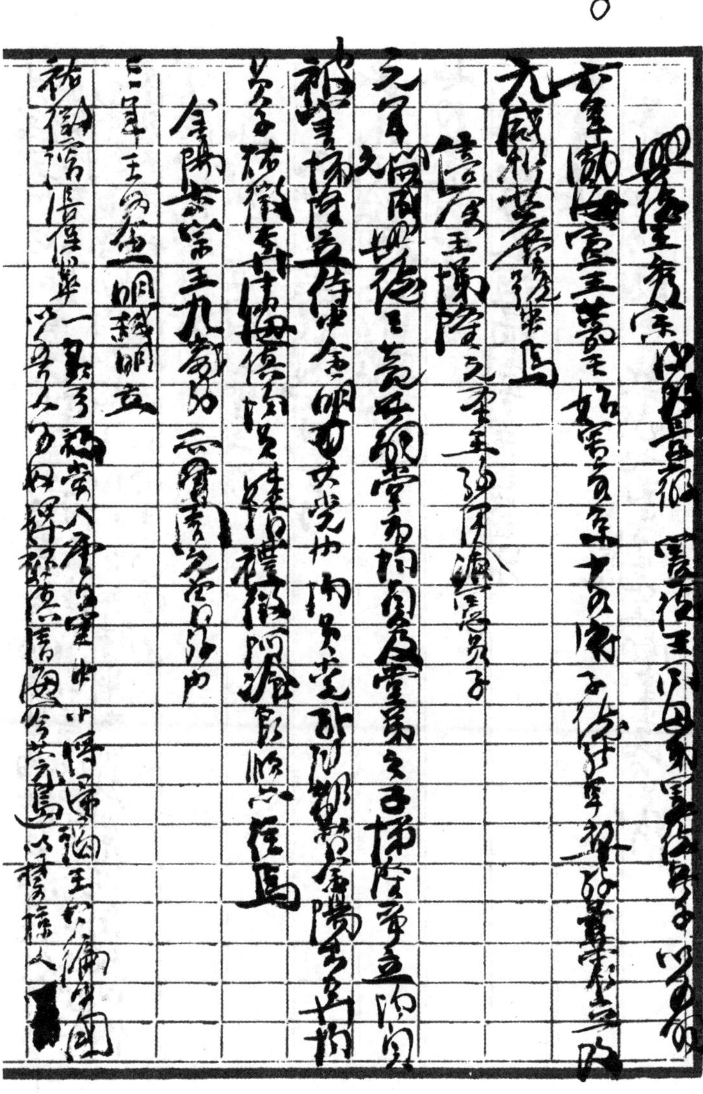

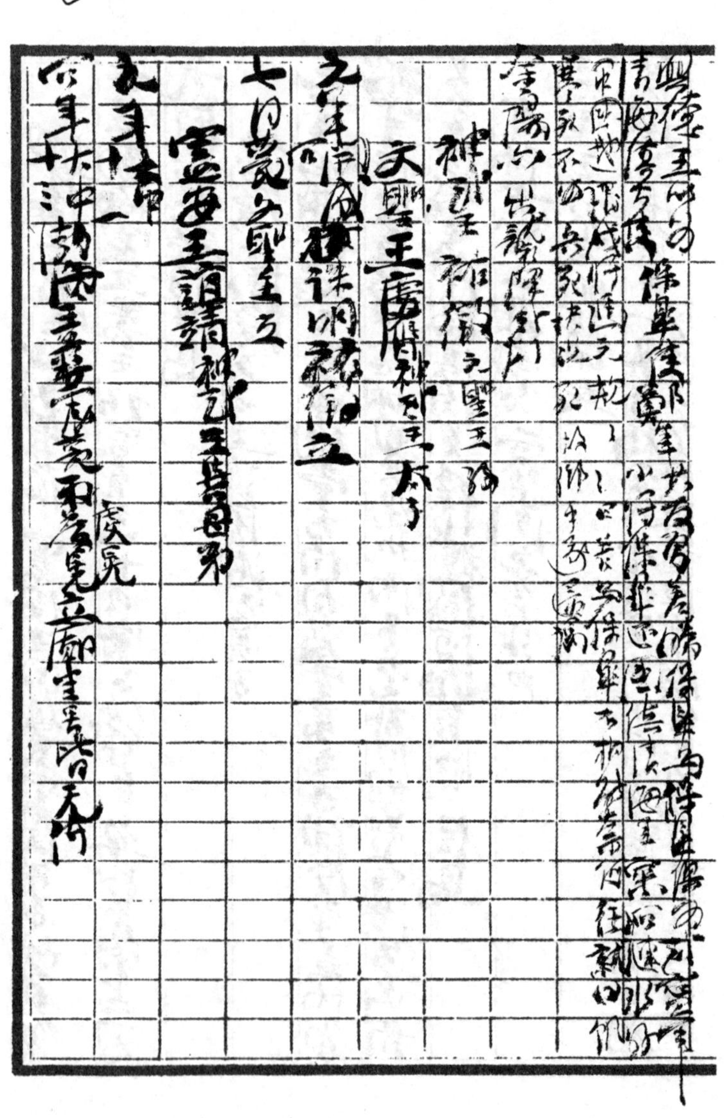

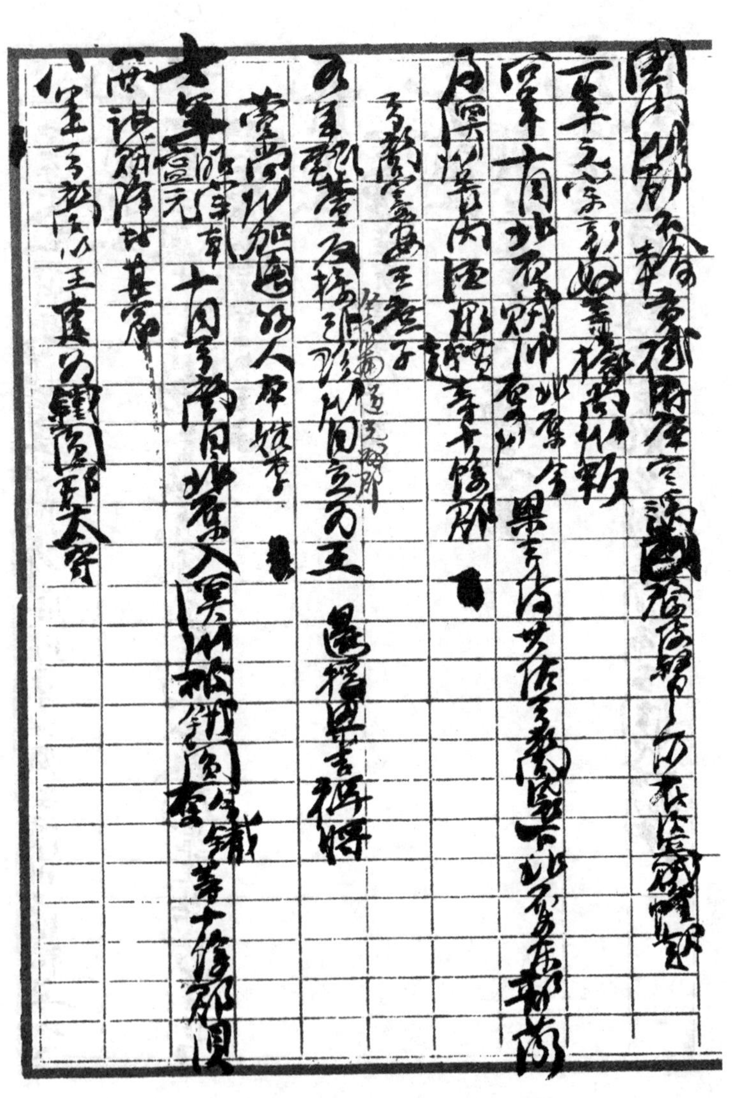

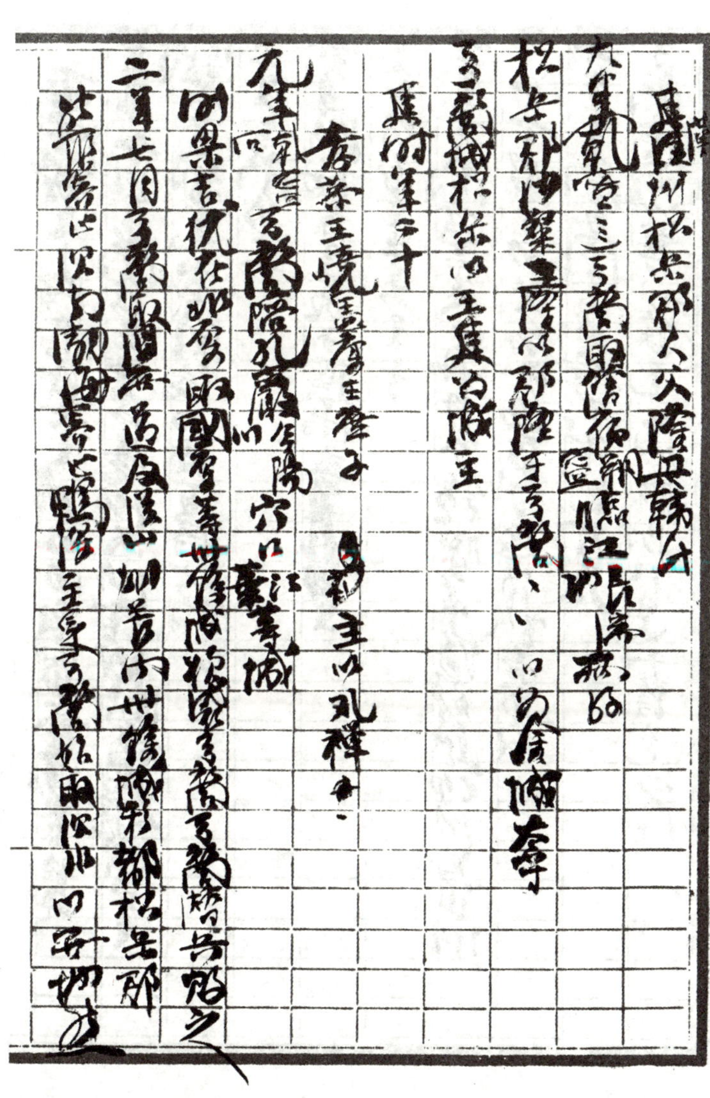

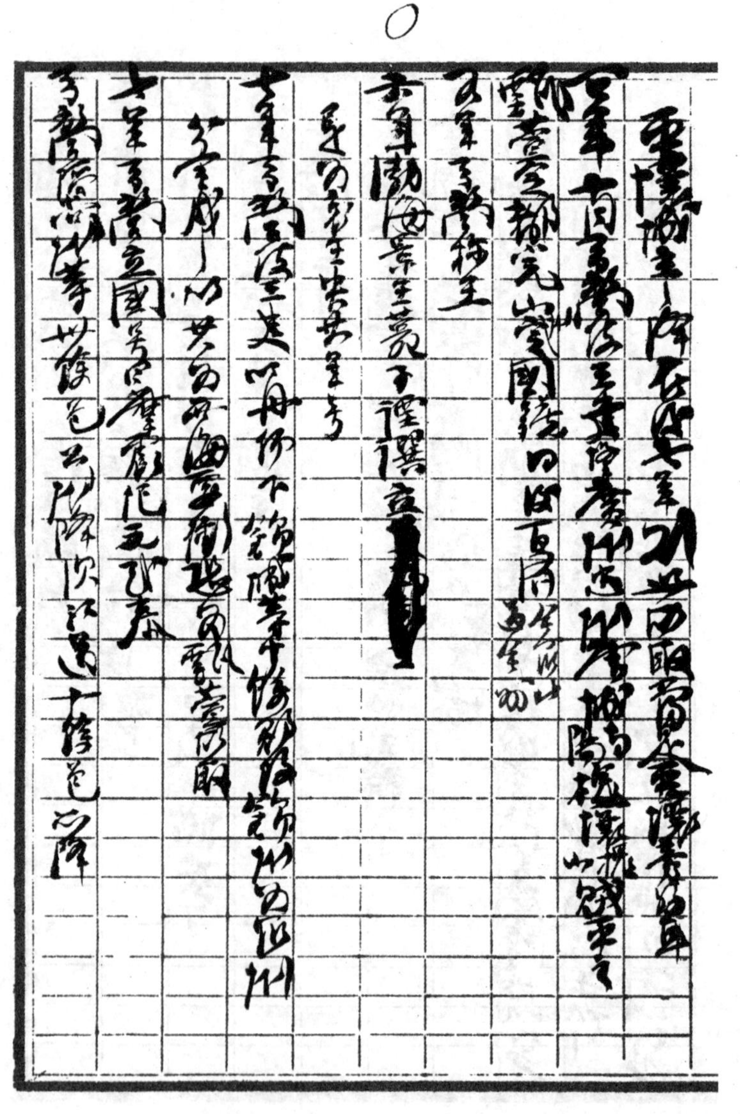

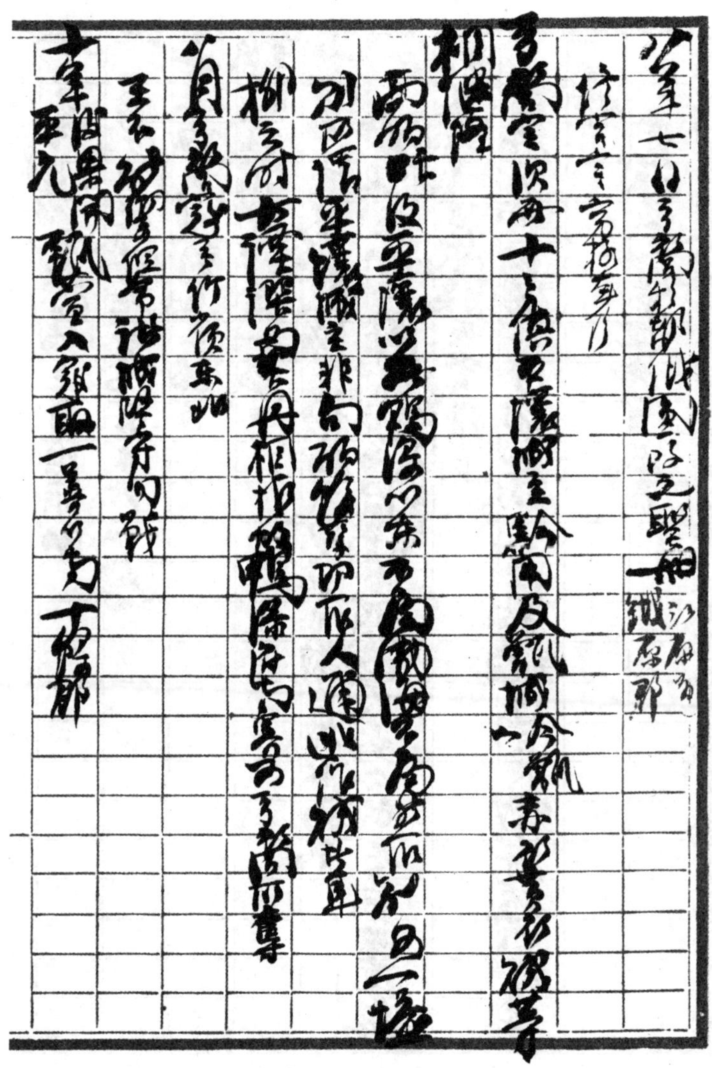

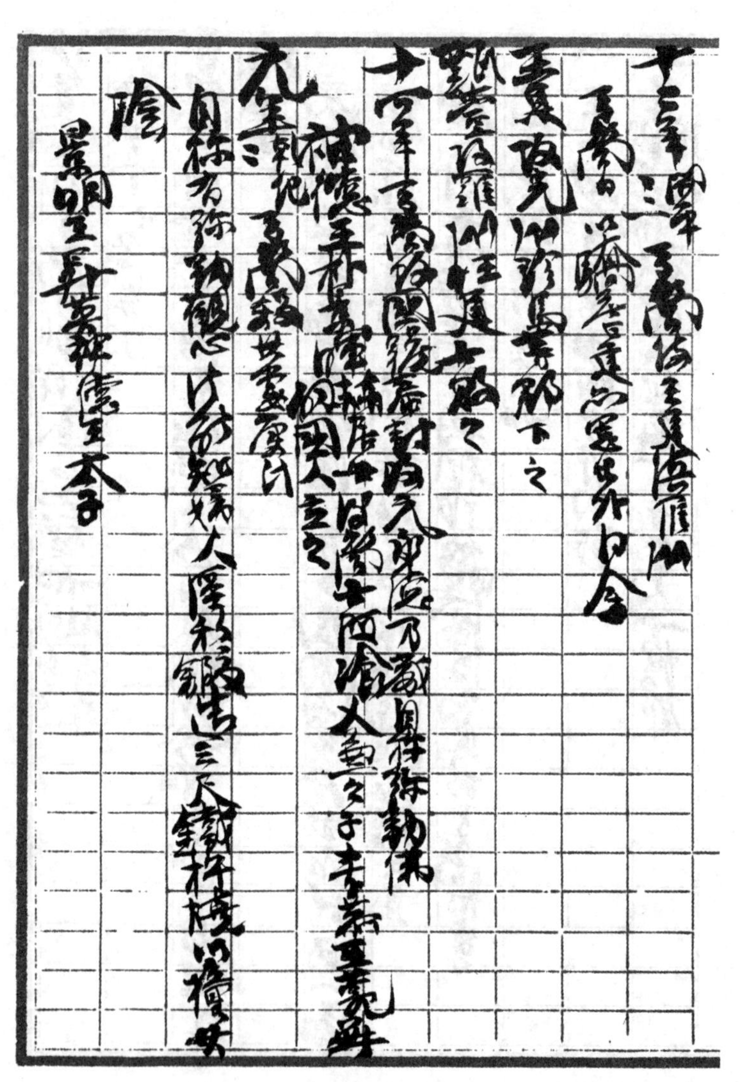

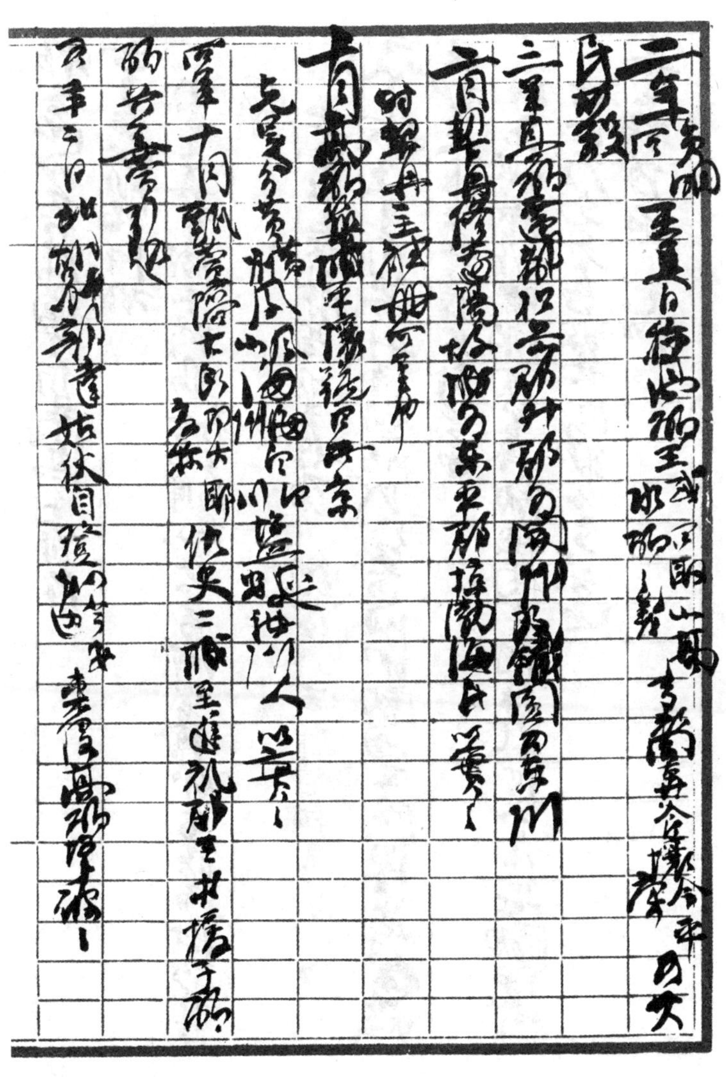

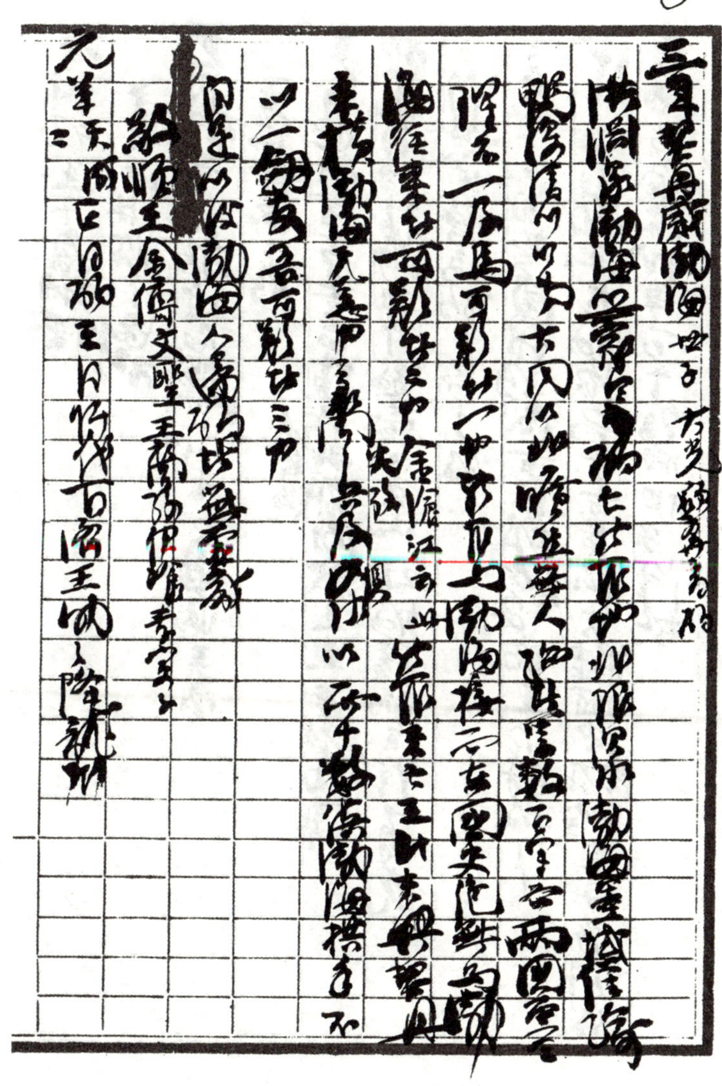

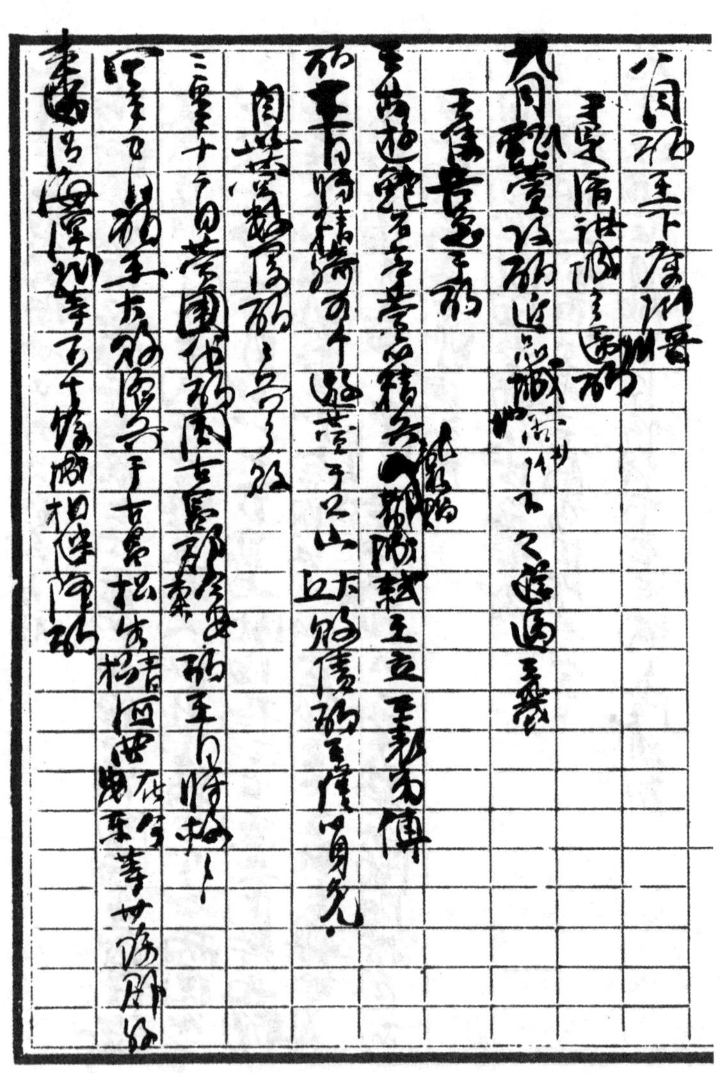

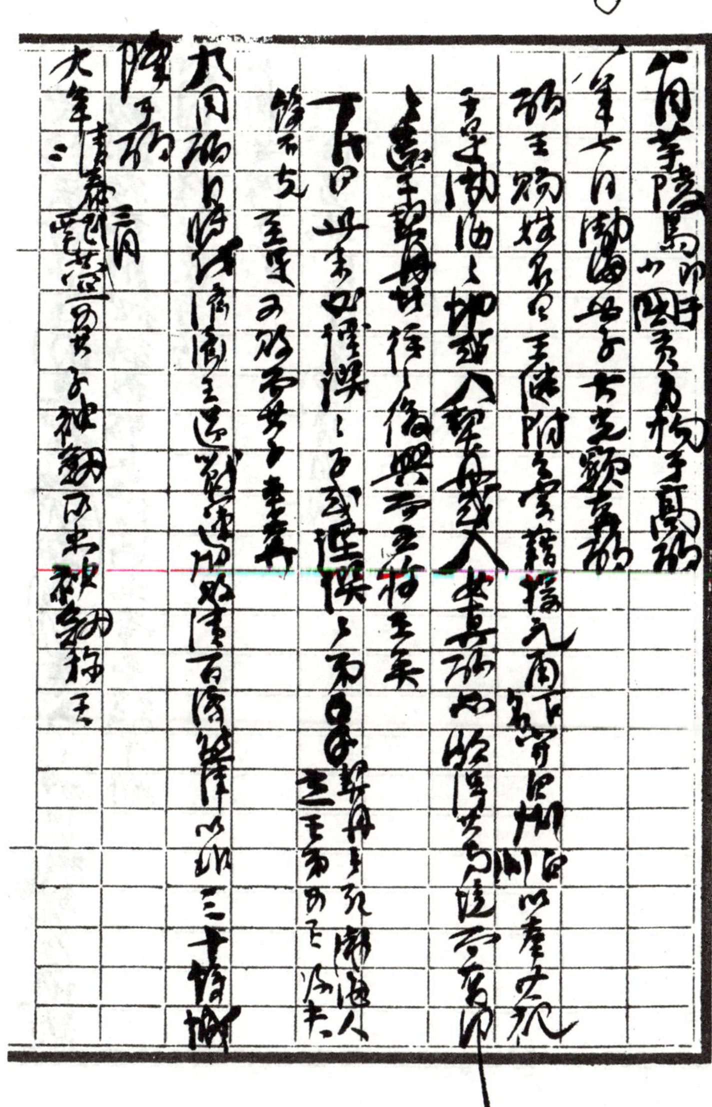

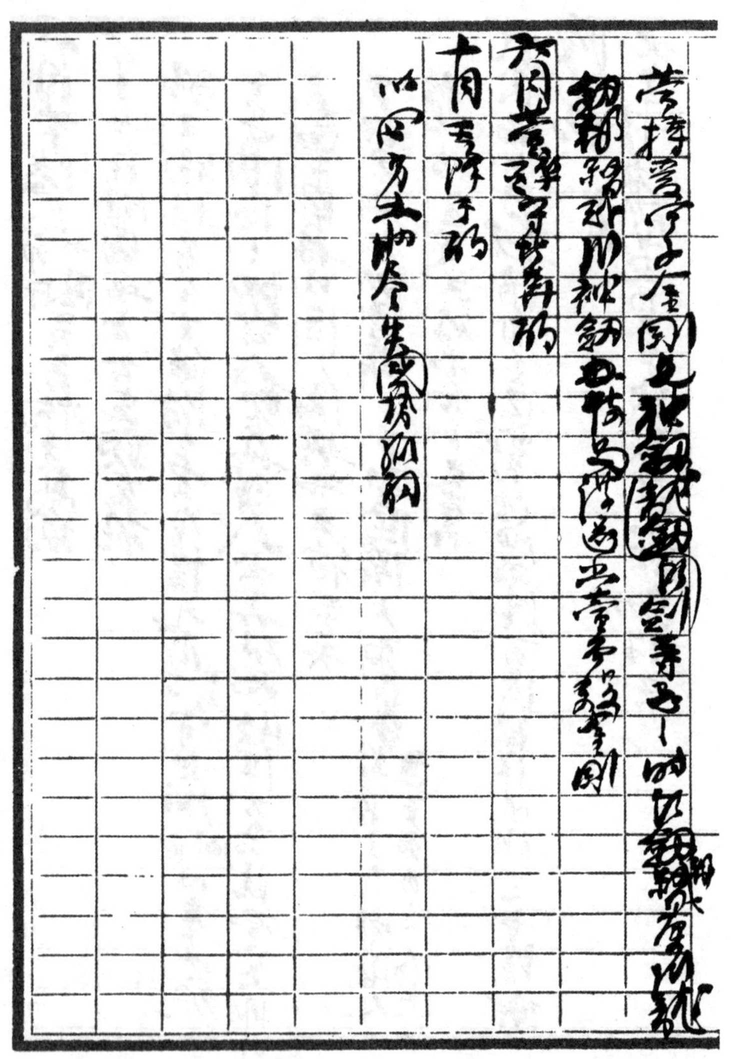